郑州大学厚山人文社科文库
ZHENGZHOU UNIVERSITY HOUSHAN
HUMANITIES&SOCIAL SCIENCES LIBRARY

区域创新系统的比较研究

万宇艳 ◎ 著

社会科学文献出版社
SOCIAL SCIENCES ACADEMIC PRESS (CHINA)

总　序

　　哲学社会科学是人们认识世界、改造世界的重要工具，是推动历史发展和社会进步的重要力量。习近平总书记在全国哲学社会科学工作座谈会上指出："一个没有发达的自然科学的国家不可能走在世界前列，一个没有繁荣的哲学社会科学的国家也不可能走在世界前列。"在这样的背景下，郑州大学哲学社会科学研究工作面临重大机遇。

　　一是构建中国特色哲学社会科学的机遇。历史表明，社会大变革的时代一定是哲学社会科学大发展的时代。党的十八大以来，以习近平为核心的党中央高度重视哲学社会科学。习近平总书记在全国哲学社会科学工作座谈会上的重要讲话为推动哲学社会科学研究工作提供了根本方向。《关于加快构建中国特色哲学社会科学的意见》为繁荣哲学社会科学研究工作指明了方向。进入新时代，我国将加快向创新型国家前列迈进。站在新的历史起点上，更好地进行具有许多新的历史特点的伟大斗争，推进中国特色社会主义伟大事业，需要充分发挥哲学社会科学的作用，需要哲学社会科学工作者立时代潮头、发思想先声，积极为党和人民述学立论、建言献策。

　　二是推进中原更加出彩的机遇。推进中原更加出彩，需要围绕深入实施粮食生产核心区、中原经济区、郑州航空港经济综合实验区、郑洛新国家自主创新示范区、中国（河南）自贸区、中国（郑州）跨境电子商务综合试验区、黄河流域生态保护和高质量发展等重大国家战略，为加快中原城市群建设、高水平推进郑州国家中心城市建设出谋划策，为融入"一带一路"国际合作、推进乡村振兴、推动河南实现改革开放和创新发展，提供智力支持，需要注重成果转化和智库建设，使智库真正成为党委、政府工作的"思想库"和"智囊团"。因此，站在中原现实发展的土壤之上，我校哲学社会科学研究必须立足河南实际、面向全国、放眼世界，弘扬中原文化的优秀传统，建设具有中原特色的学科体系、学术体系，构建具有中原特色的话语体系，为经济社会发展提供理论支撑。

三是加快世界一流大学建设的机遇。学校完成了综合性大学布局，确立了综合性研究型世界一流大学的办学定位，明确了建设一流大学的发展目标，世界一流大学建设取得阶段性、标志性成效，正处于转型发展的关键时期。建设研究型大学，哲学社会科学研究承担着重要使命，发挥着关键作用。为此，需要进一步提升哲学社会科学研究解决国家和区域重大战略需求、科学前沿问题的能力；需要进一步提升哲学社会科学原创性、标志性成果的产出水平；需要进一步提升社会服务能力，在创新驱动发展中提高哲学社会科学研究的介入度和贡献率。

把握新机遇，必须提高学校的哲学社会科学研究水平，树立正确的政治方向、价值取向和学术导向，坚定不移地实施以育人育才为中心的哲学社会科学研究发展战略，为形成具有中国特色、中国风格、中国气派的哲学社会科学学科体系、学术体系、话语体系做出贡献。

过去5年，郑州大学科研项目数量和经费总量稳步增长，走在全国高校前列。高水平研究成果数量持续攀升，多部作品入选《国家哲学社会科学成果文库》。社会科学研究成果奖不断取得突破，获得教育部第八届高等学校科学研究优秀成果奖（人文社会科学类）一等奖一项、二等奖两项、三等奖一项。科研机构和智库建设不断加强，布局建设14个部委级科研基地。科研管理制度体系逐步形成，科研管理的制度化、规范化、科学化进一步加强。哲学社会科学团队建设不断加强，涌现了一批优秀的哲学社会科学创新群体。

从时间和空间上看，哲学社会科学面临的形势更加复杂严峻。我国已经进入中国特色社会主义新时代，开始迈向全面建设社会主义现代化国家新征程，逐步跨入高质量发展新阶段；技术变革上，信息化进入新一轮革命期，云计算、大数据、移动通信、物联网、人工智能日新月异。放眼国际，世界进入全球治理的大变革时期，面临百年未有之大变局。

从哲学社会科学研究本身看，无论是重视程度还是发展速度等面临的任务依然十分艰巨。改革开放 40 多年来，我国已经积累了丰厚的创新基础，在许多领域实现了从"追赶者"向"同行者""领跑者"的转变。然而，我国哲学社会科学创新能力不足的问题并没有从根本上改变，为世界和人类贡献的哲学社会科学理论、思想还很有限，制度性话语权还很有限，中国声音的传播力、影响力还很有限。国家和区域重大发展战略和经济社会发展对哲学社会科学研究提出了更加迫切的需求，人民对美好生活的向往寄予哲学社会科学研究以更高期待。

从高水平基金项目立项、高级别成果奖励、国家级研究机构建设上看，各个学校都高度重视，立项、获奖单位更加分散，机构评估要求更高，竞争越来越激烈。在这样的背景下，如何深化郑州大学哲学社会科学研究体制机制改革，培育发展新活力；如何汇聚众智众力，扩大社科研究资源供给，提高社科成果质量；如何推进社科研究开放和合作，打造成为全国高校的创新高地，是我们面临的重大课题。

为深入贯彻习近平新时代中国特色社会主义思想和习近平总书记关于哲学社会科学工作重要论述以及《中共中央关于加快构建中国特色哲学社会科学的意见》等文件精神，充分发挥哲学社会科学"思想库""智囊团"作用，更好地服务国家和地方经济社会发展，推动学校哲学社会科学研究的繁荣与发展，郑州大学于 2020 年度首次设立人文社会科学标志性学术著作出版资助专项资金，资助出版一批高水平学术著作，即"郑州大学厚山人文社科文库"（简称"厚山文库"）系列图书。

厚山是郑州大学著名的文化地标，秉承"笃信仁厚、慎思勤勉"校风，取"厚德载物""厚积薄发"之意。"厚山文库"旨在打造郑州大学学术品牌，集中资助国家社科基金项目、教育部人文社会科学研究项目等高层次项目以专著形式结项的优秀成果，充分发挥哲学社会科学优秀成果的示范引领作用，推进学科体系、学术体系、话语体系创新，鼓励学校广大哲学社会科学专家、学者以优良学风打造更多精品力作，增强竞争力和影响力，促进学校哲学社会科学高质量发展，为国家和河南经济社会发展贡献郑州大学的智慧和力量，助推学校一流大学建设。

2020 年，郑州大学正式启动"厚山文库"出版资助计划，经学院推荐、社会科学处初审、专家评审等环节，对最终入选的高水平研究成果进行资助出版。

郑州大学党委书记宋争辉教授，河南省政协副主席、郑州大学校长刘炯天院士，郑州大学副校长屈凌波教授等对"厚山文库"建设十分关心，进行了具体指导。学科与重点建设处、高层次人才工作办公室、研究生院、发展规划处、学术委员会办公室、人事处、财务处等单位给予了大力支持。国内多家知名出版机构提出了许多建设性的意见和建议，在这里一并表示衷心感谢。

郑州大学哲学社会科学研究工作处于一流建设的机遇期、制度转型的突破期、追求卓越的攻坚期和风险挑战的凸显期。面向未来，形势逼人，使命催人，需要我们把握科研规律，逆势而上，固根本、扬优势、补短板、强弱项，努力开创学校哲学社会科学研究新局面。

周　倩
2021 年 5 月

前　言

　　本书在对区域创新系统理论的基本概念、动态演化以及研究成果的现实应用进行梳理的基础上，将"区域特性"与"产业特色"纳入考量，力图为当前中国典型的三大城市群域经济体区域创新系统的构建、区域创新能力的提高提供可操作的政策建议及前瞻性的指导。

　　产业群与城市群的耦合是指在特定的地域范围内，产业群和城市群两大系统之间，各构成要素相互影响、相互作用，推动资源和要素的优化配置，促进企业组织结构和产业结构的转型升级，优化城市空间结构和功能结构布局，共同构成一个动态开放、有机融合的区域经济体。在耦合发展过程中，通过企业与企业间的分工协作、城市与城市间的优势互补，产业链和城市链相互交织形成一个由资源要素流动网络、企业网络和城市网络融合在一起的群域经济体。结合中国的经济实践，归纳出三种典型的产业群与城市群耦合模式：棋盘式内生型产业群－多核散状城市群组合、卫星平台嵌入型产业群－网络城市群组合、轮轴式国家推动型产业集群－圈层城市群组合，分别以浙江城市群域经济体、珠三角城市群域经济体、武汉城市群域经济体为案例进行深入剖析，解析其耦合机制，总结其耦合特点，对不同的产业群与城市群耦合模式下所孕育的区域创新系统进行解剖，对其发展阶段、创新绩效的优劣进行判断。明确差异后，尝试从区域创新系统的子系统、区域创新系统的子体系、区域创新环境、区域创新机制四个方面对三大城市群域经济体进行比较分析，寻找产业群与城市群不同耦合模式对区域创新系统产生的影响。

　　浙江城市群域经济体的区域创新系统是在棋盘式内生型－多核散状城市群

耦合的模式上形成和发展的，具有独特性：（1）区域创新系统正处于成长期，展现出强劲的发展势头；（2）创新系统的创新综合效率值领跑三大城市群；（3）企业创新系统和产业集群系统都以民营企业为主力，以市场为导向，主要依靠省内外高校科研院所进行产学研联合创新；（4）区域创新环境呈"多板块"分化特征，不同成员城市创新环境的子指标水平存在不同程度的差异；（5）以内源式集群创新为主导，知识和技术的扩散主要通过企业间的横向学习进行。存在的问题包括：在一定程度上存在创新产出不足、区域创新环境水平从整体上看存在分化、区域创新机制的建立仍未成熟等。建议构建以多核散状的城市群为主体、以特色产业为支撑的中心镇产业集成创新模式。

珠三角群域经济体的区域创新系统是在卫星平台嵌入型产业集群－网络城市群耦合的模式上形成和发展的，其发展特点如下：（1）区域创新系统正处于成熟期；（2）区域创新系统的纯技术效率值在三大群域经济体中位居第一，同时也是三大群域经济体中唯一不存在创新资源投入冗余情况的区域；（3）企业创新系统受全球化推动，以高新技术企业为主力，依托孵化育成体系进行创新，产业集群创新系统的中心主体要素为外资企业和高新技术企业，产业集群创新投入及产出均居三大经济体之首；（4）区域创新环境的总体水平是三大经济体中最高的，成员城市的总体区域创新环境发展步伐不一致，并且创新环境的子指标也表现出持久的差异；（5）创新主体能够主动吸纳出现的先进技术，新思想、新技术、新产品沿着网络进行多方位的传播和扩散。珠三角群域经济体发展过程中依然存在一定的问题，如区域创新环境水平从整体上看分布不均衡等。建议构建基于网络城市群的增长极核，自主创新与全域合作创新相结合的区域创新模式。

武汉城市群域经济体是轮轴式国家推动型的产业集群与圈层城市相耦合的结果，具有以下发展特征：（1）区域创新系统正处于成长阶段，并逐步走向成熟发展阶段；（2）区域创新系统的创新绩效规模效应则处于最优状态，但是其纯技术效率值最低，也呈现出非常明显的创新产出不足的状态；（3）企业创新系统和产业集群创新系统是在国家战略和政府规划的鼓励下以核心龙头企业和高科技企业为主，依托城市圈的人才和科教资源进行创新；（4）成员城市的区域创新环境发展存在较大差距，同时受城市规模、发展进程等因素的制约，区域环境子指标发展特征的分类结果存在一定缺失；（5）区域创新学习机制属于自组织反馈机制。武汉城市群域经济体区域创新系统存在的问题包括：综合创新能力不平衡现象突出，创新效率低且呈现明显的两极分化，创新产出能力低，自组织反馈的学习机制容易封闭。建议构建主导产业牵引创新模式，以主导产业促进武汉群域经济体区域创新水平的提高。

目　录

第三篇　比较研究

第四篇　对策建议

第一篇

研究综述

20 世纪硅谷崛起，成了财富、智慧和高科技的代名词。硅谷的神话让人们意识到"区域"在创新中扮演的重要角色。区域创新系统的概念最早出现在英国卡迪夫大学库克（P. N. Cooke）教授于 1992 年发表的文章——《区域创新系统：新欧洲的竞争规则》① 中。继国家创新系统之后，学术界对区域创新系统的研究开始不断升温。国内外涌现出一批学者对区域创新系统进行了诸多理论和实践的研究；区域创新系统的另一重要思想来源则是产业集聚，基于产业集群构建区域创新系统的研究也很多。但是，大部分研究者无论是在理论上还是在实践上都未明确将区域创新系统与国家创新系统区分开来，更多的是将区域创新系统当作是国家创新系统的一个亚国家的类似物。在构建区域创新系统时，如何同时将"区域特性"与"产业特色"纳入考量，使之更加可见、可行、可用，成了"区域创新系统"研究者的一个困扰。本篇着重对区域创新系统理论的基本概念、动态演化以及研究成果的现实应用进行梳理。

---

① Cooke P. , " Regional innovation systems: Competitive regulation in the new Europe, " *Geoforum* 23 (1992): pp. 365 – 382.

第一章
区域创新系统理论的新发展

自 2008 年国际金融危机以来，全球经济复苏始终面临着重重障碍。中国经济历经 30 多年的高速增长后，增速开始悄然放缓。一方面，国际环境愈加复杂，中国的比较竞争优势伴随着人口、土地、资金和资源等生产要素价格的上涨而逐步削弱，出口需求不振；另一方面，国内则面临以前积累的矛盾以及"三期叠加"带来的诸多挑战，经济增长速度放缓成为保全经济平稳着陆的应有之义。

2014 年 5 月，"新常态"作为治国理念首次被媒体报道。此后，决策层对中国经济特征的基本判断也出现了"速度变化快、结构不断优化、动力不断转换的'新常态'"等内容。决策层提高了对经济增速放缓的容忍程度，同时更为重视经济发展质量。自党的十八大之后，习近平总书记等国家领导人把科技创新放到了首要位置，无论是针对创新驱动发展战略所提出的新思想、新要求，还是围绕它采取的以要素驱动、投资规模驱动为主的转变，都证明创新已成为中国整体发展的核心要素。

区域竞争力是国家竞争力的基石，提高区域竞争力的关键抓手就是区域创新能力，区域创新系统则是提升区域创新能力的基本架构。从区域层面进行科技创新，是调整区域经济结构和转变经济发展方式的重要环节。

第一节　区域创新系统的相关概念及内涵演变

从我国当前的经济、科技等基本国情来看，大部分省域对于创新的需求极为迫切。由于省域之间的发展状况差异较大，在区域层面的创新更具有现实意义。因地制宜地构建区域创新系统，已经成为区域经济增长的关键。

首先需要明确区域创新系统的概念和内涵。由区域内政府、高校、企业及各种科技、中介服务机构等组成的以生产、储存、转让知识、技术以及新产品为目的的立体交互网络就是区域创新系统。区域创新系统的研究脱胎于对国家创新系统的研究，同时衍生出的还有诸如产业创新系统、技术系统、地方创新系统等概念。

一　国家创新系统

国家创新系统这一概念是由弗里曼（C. Freeman）提出的[①]。1987年，弗里曼发现以技术创新为主要方向的产业政策和组织以及制度方面的革新是日本快速工业化的重要助推器。他认为国家创新系统就是由能够优化国家创新资源配置、协调国家创新活动的各个公共及私有部门所组成的网络系统。大量学者试图从不同的角度对创新系统进行界定[②]，如表 1 - 1 所示。

表 1 - 1　国家创新系统

角度	定义	代表性观点
制度设计	为推进技术创新而设计的相关制度和机构构成，以达到适应社会经济范式和技术经济范式的要求	弗里曼(1987)：国家创新系统是指国民经济中涉及产品引入和扩散等过程在内的所有机构；纳尔逊(1993)：国家系统的重点是制度结构的适应，通过其相互作用决定一国企业绩效的一系列机构；Metcalfe(1995)：国家创新系统是一组便于政府干预创新过程的政策制定与执行的机构。

---

① 〔英〕克里斯托夫·弗里曼：《技术政策与经济绩效：日本国家创新系统的经验》，张宇轩译，东南大学出版社，2008。

② R. R. Nelson, *National Innovation Systems：A Comparative Analysis* (Cambridge：Oxford University Press，1993)，p. 94.

续表

角度	定义	代表性观点
要素互动	关注国家创新系统构成要素之间的关联与反馈	伦德瓦尔(1992):国家创新系统是适用于产品引入、扩散和使用等方面的新知识过程;Patel 和 Pavitt(1994):以产生和应用创新为共同目的的相关组织主体及其作用关系;OECD(1997):国家创新系统绩效主要取决于构成要素的相互作用。
主体联系	国家创新系统的关键是各主体之间的联系,系统的绩效取决于各主体如何联系起来成为一个创新的几何体	I. Padmore,H. Schuetze,H. Gibson(1998):系统方法的本质就是"万物皆有联系",由此选择用系统中要素间的相互联系来描述创新系统。
资源配置	知识配置和资源配置	OECD(1997):国家创新系统为各主体提供了一个科学技术知识在一国内部循环流转的网络系统。

这些学者的侧重点各不相同,但是能够形成共识的是,国家创新系统的核心是相互作用的网络或系统,构建国家创新系统的主要目的在于促进资源在各主体之间的合理配置。

二　区域创新系统

英国卡迪夫大学的库克等最早为区域创新系统给出以下定义:在具有根植性特征的制度环境中,进行系统性交互学习的一系列企业及其他部门机构[1]。这个概念可以从以下三方面进行把握:第一,"交互学习"是指知识在区域创新系统各构成主体之间进行流转、融合,最终形成一种集体资产;第二,"制度环境"包括习俗、规则、价值观等;第三,"根植性"是区域创新系统与国家创新系统最显著的区别,企业的创新活动是根植于特定的地区,它们的创新活动建立在本地企业之间相互学习的过程中,知识技术的流转也发生在本区域。

---

[1]　P. Cooke, K. Morgan, "The Associational Economy: Firms, Regions, and Innovation," *Oxford*: *Oxford University Press* 32 (1998): pp. 51–62.

尽管学者们对区域创新系统的理解不尽相同，但其研究结论总体可以提炼为以下内容：一是需要一定空间范围和开放性的地理边界；二是地方政府、高校、科技以及研究服务机构是创新主体；三是不同创新主体之间通过相互作用构成创新系统的组织体系；四是创新（组织和空间）体系中创新主体与环境相互影响实现创新功能，并对区域社会、经济和生态产生影响；五是系统的持续运作实现了创新的持续发展。

三 技术系统

技术系统就是工程学或工艺学所说的能够利用自然规律、改造自然规律等相关内容的技术体系。

艺福德（Mumford）等[1]、吉尔（Gille）等最早给出了技术系统的定义并进行了详细阐述。休斯（Hughes）在研究西方电气化发展时使用了技术系统这个概念，物质产品、法规、法律、自然资源以及组织是构成技术系统的主要要素，每个组成要素都和其他要素相互作用。休斯（Hughes）认为，不应该把组织当成技术系统的外部环境，而应该作为系统的组成部分来对待，因为技术系统通常是和它依存的组织同时演化的。[2] 塔什曼（Tushman）和罗森科普夫（Rosenkopf）将技术系统物化成产品体系，由此得出了组装结构复杂程度逐渐增加的四类产品：未组装产品、简易组装产品、较复杂结构产品和完全复杂结构产品。[3] 卡尔森（Carlsson）定义技术系统为：某一经济（或技术）领域中，结合相关制度为促进技术的创新及使用而形成的网络结构。[4]

通过对技术系统概念的深入了解，技术系统的研究边界将不再是国家地理边界，而可能会是能够得到技术的任何区域范围，如地区性的、国际性的或是全球性的范围。

① L. Mumford, "Values for Survival," *The Journal of Philosophy* 40 (1947): pp. 811 – 812.

② F. M. Hughes "Power System Control and Stability," *Electronics & Power* 10 (1977): pp. 49 – 51.

③ M. L. Tushman, Rosenkopf L. "Organizational Determinants of Technological Change: towards a Sociology of Technological Evolution," *Research in Organizational Behavior* 14 (1992): pp. 311 – 347.

④ B. Carlsson, *Technological Systems and Industrial Dynamics.* (New York: Springer US), 1997, p. 97.

四 产业创新系统

产业创新系统是以产业链相关企业为创新主体，结合地方政府、高校、科技及中介服务机构等组织所构成的为实现自身技术创新、产业升级的网络体系。这一概念源于 20 世纪 90 年代对国家创新系统和技术系统的研究，其中马勒尔巴（Malerba）和布雷斯齐（Breschi）认为产业创新系统主要是指为产品创新、生产及销售提供大量市场及非市场互动的相关组织[①]。Malerba 等认为，通过产业创新系统能够更好地认识产业部门的范围、相互作用、创新和生产过程等一系列内容。[②]

1999 年，我国开始了产业创新系统的相关研究。张凤和何传启通过对国家创新系统结构的分析，将产业创新系统定义为"关于产业知识、技术创新的组织机构网络系统"。柳卸林[③]在《21 世纪的中国技术创新系统》中将产业创新系统与网络关系进行了相应的对比，认为产业创新系统类似于一个网络系统，其中产业链上的相关企业、顾客、机构等如同网络的节点，而部门之间的相互作用则是节点之间的相互作用，创新流动、贸易流动、知识流动等是节点之间的联结方式，产业创新系统中的创新机会与节点的数量以及节点之间影响程度的大小呈正向关系。张治河认为"产业创新系统是指在良好外部环境保障下，由市场需求、政策调控等多种因素影响，引发技术创新从而实现产业体系创新的网络体系"。[④]

结合以上产业创新系统的定义可以看出：（1）产业创新系统是一个网络系统，产业链上的相关企业、顾客和机构等是网络节点；（2）产业创新系统

---

① S. Breschi, F. Malerba, "Sectoral Innovation System: Technological Regimes, Schumperterian Dynamicx, and Spatial Boundaries," *Edquist Systems of Innovation Technologies Institutions & Organization* 12（1997）: pp. 65 – 67.

② F. Malerba and S. Mani, *Sectoral Systems of Innovation and Production in Developing Countries*（UK: Edward Elgar Publishing Limited, 2009）, p. 66.

③ 柳卸林主编《21 世纪的中国技术创新系统》，北京大学出版社，2000。

④ 张治河：《面向"中国光谷"的产业创新系统研究》，武汉理工大学博士学位论文，2003。

同国家创新系统和区域创新系统一样，重视创新主体的创新效率；（3）产业创新系统对知识、技术系统、制度尤为重视；（4）产业创新系统以促进产业创新为最终目的。

五 地方创新系统

地方创新系统指的是行政区域中省级以下，由地方政府主导，企业、高校、科研及中介服务机构等共同构成的创新系统，其中企业往往作为主体部分。该系统主要包括两方面内容：一是技术创新方面，如提高技术进步以促进经济增长、加速创新扩散等；二是制度创新方面，如因地制宜地进行地方制度创新、产权制度创新、激励约束机制创新等。

地方创新系统主要由三大子系统所构成：（1）主体子系统：地方政府、企业、高校、科研及中介服务机构等；（2）功能子系统：制度创新、技术创新、管理创新等功能机制；（3）环境子系统：基础设施环境、社会文化环境等。其中功能子系统和环境子系统主要通过主体子系统反映相关创新活动效果。

通过对创新系统研究成果的回顾，可以看出，关于创新系统的研究历时已久，研究角度丰富，概念繁杂，彼此之间无论是研究范围还是研究类型都存在交叉现象，表1-2对不同类型创新系统的特征进行了归纳。

表1-2 不同类型创新系统的特征

类型	发展动力	边界	研究重点	评价
国家创新系统	国家发展需要	以国家为研究边界	研究国家内介入创新活动的主体节点之间的关系	过于宏观,不易深入
区域创新系统	区域创新主体自发动力,受商业发展牵制的动力	地理上越来越区域化,跨越行政疆界甚至国界	区域内各创新主体及其支撑结构的相互作用机制,创新系统评价等	不同类型创新系统的可行载体,为产业、地方创新系统提供创新环境

类型	发展动力	边界	研究重点	评价
产业创新系统	以产业链上各主体的共同价值驱使为动力	以某国家的特定产业为范围,无明显的空间限制	目的是产业结构高级化,分析产业范围内的创新活动中的竞合关系	忽略创新活动在空间上的联系
技术系统	主导技术变迁	以技术边界划分系统网络,没有明显的空间特性	技术系统内的各成员的技术合作、知识溢出,包括供需关系引发的技术变革	创新系统内的最初动力与核心应与产业、区域配合
地方创新系统	交易成本降低	地域色彩强烈,地理上的集聚强化了创新能力	研究产业、企业和机构的集聚,分工协作,由此产生的外部规模经济及创新氛围	典型的集聚方式

第二节 中国区域创新能力的空间分布

区域创新能力的差异与区域经济发展的多样性息息相关。受地理位置、科技发展、教育投入等因素影响,中国各地区之间区域创新能力的差异非常显著。本节先对中国区域创新能力从整体上做一个判断,概括区域创新能力的空间分布特征,并在此基础上分析成因,了解中国区域创新能力演化的趋势。

一 中国区域创新能力的演化历程

中国各地区的创新能力分布十分不均衡。改革开放前,工业基础较好的地区创新能力要比工业基础薄弱的地区强:东北地区、华东地区(以上海为代表)和华北地区(以北京为代表)优于南方沿海地区。改革开放后,南方沿海地区的经济实力赶超北方,区域创新中心也发生了转移,深圳等城市成为新的创新中心,各种要素向创新中心集聚,周边则出现了创新空洞化的现象。

二 中国区域创新能力的评价指标体系

评价中国各地区的区域创新能力，首要任务就是建立一套科学、高效、合理的区域创新能力评价指标体系。本书借鉴国内外相关研究成果，按照构建评价指标体系的科学原则，构建了区域创新能力评价指标体系，对中国区域创新能力的分布特征进行全面分析。

（一）研究综述

21世纪以后，越来越多的学者开始从对区域创新能力的定性分析转变为定量研究，即研究区域创新能力评价指标体系。一开始，多数学者是选择单一指标因素来分析区域创新能力，如国外学者 Michael Fritsch、Viktor Slavtchev 从知识技术角度研究了大学与区域创新能力之间的关系，发现了地区的科研水平和集聚程度对该地区区域创新能力的影响较大；Feldman 通过创新区位熵来测算美国区域创新能力在各州的差异表现；中国学者陈劲、陈钰芬等选择了外商直接投资（FDI）指标，分析了其与我国区域创新能力的相互影响[1]；王山河也选择用创新区位熵指标对中国2000年、2005年省与省之间区域创新能力的差异进行了比较分析[2]。

但是，单一指标因素的研究无法实现对区域创新能力的全面评判，研究机构和各国政府开始尝试构建由更多指标因素组成的评价指标体系，以克服单一因素评价的缺陷。例如，美国的国家创新能力指数、OECD的"科学、技术和产业计分表"、欧盟的创新记分牌都曾被世界各国多次引用和借鉴；瑞士洛桑国际管理开发学院选择了国内经济、国际化程度、政府管理、金融、基础设施、管理、科学技术、国民素质八个方面的指标因素进行分析，从而得出了世界各国区域创新能力的对比。

国内的区域创新能力评价指标体系可以归纳为两大类：一类是针对截面数据设计的横向评价指标体系，即以多地区某一时间点的数据为研究对象的评价

---

① 陈劲、陈钰芬、余芳珍：《FDI对促进我国区域创新能力的影响》，《科研管理》2007年第1期。
② 王山河：《中国区域创新能力的省际差异研究》，《统计与决策》2008年第17期。

指标体系。如王德禄对中关村地区高新技术产业区域创新能力进行的分析①、罗守贵和甄峰对江苏省 13 个城市区域创新能力进行的评价分析②，均是采用了横向区域创新能力评价指标体系。另一类是针对面板数据的纵向区域创新能力评价指标体系，即利用某地区一个时间段内的数据进行评价的指标体系。例如，万广华、范蓓蕾、陆铭通过构建纵向区域创新能力评价指标体系分析了1995～2006 年中国各省区市区域创新能力变化趋势③；冉茂瑜等利用该评价指标体系对 2001～2005 年四川省区域创新能力发展趋势进行了分析，发现四川省区域创新能力提升的瓶颈问题，并给出了针对性的建议。④

（二）设计原则

评价指标体系的设计遵循以下五项基本原则。

1. 全面性原则

一个完整的区域创新能力系统包含了多方面的能力子系统，每个能力子系统又涉及多个指标因素，因而正确地评价一个地区的区域创新能力，就需要该区域创新能力评价指标体系涵盖所有的能力子系统。

2. 可控性原则

一是指标数据的可得性。数据资料可以通过查阅各种资料（如城市统计年鉴、教育统计年鉴、科技统计年鉴等）得到，或根据现有资料进行简单加工整理获得，或采用问卷调查方法获得。二是数据资料的客观性。一方面，要保证数据真实、有效；另一方面，尽量避免采用主观赋值等方法得到数据资料。三是评价指标不宜过多，应尽可能简化。

3. 针对性原则

区域创新能力评价指标体系在构建时要有一定的针对性，避免过于复杂。针对每个能力子系统的具体内容，尽可能地选取具有足够代表性、影响程度相对较高的指标，从而建立一个正确、适用的区域创新能力评价指标体系。

---

① 王德禄：《区域创新——中关村走向未来》，山东教育出版社，1999。
② 罗守贵、甄峰：《区域创新能力评价研究》，《南京经济学院学报》2000 年第 3 期。
③ 万广华、范蓓蕾、陆铭：《解析中国创新能力的不平等：基于回归的分解方法》，《世界经济》2010 年第 2 期。
④ 冉茂瑜、周彬、顾新：《"十五"期间四川区域创新能力研究》，《科技管理研究》2010 年第 2 期。

4. 可比性原则

要求评价指标体系中每个指标的统计口径、适用范围等都是明确的,而且要求在评价指标选取时尽量多采用相对指标,从而确保能够实现通过评价结果对区域创新能力进行横向或纵向的比较分析。

5. 动态性原则

指标选择既要有反映区域创新活动结果的现实指标,也要有反映区域创新能力活动的过程指标,综合评判区域创新能力的发展现状以及发展趋势。另外,区域创新能力在发展过程中,各能力子系统内部的各种指标因素处于不断变化的环境中,因而要根据区域创新能力所处的发展阶段,对其进行一系列动态的调整。

(三)主要指标

构建区域创新能力评价指标体系需要包含以下五个方面的内容。

1. 知识创造能力

知识创造能力主要是指一个地区的科技知识创造能力,主要体现在科研的投入水平和产出水平。

2. 知识流动能力

知识流动能力一定程度上代表了一个地区企业对知识、创新的需求水平。技术市场交易、技术转移和外国直接投资三方面内容可以直观地反映一个地区的知识流动能力。

3. 企业技术创新能力

企业技术创新能力是一个地区区域创新能力最为核心的部分。基于企业技术创新链条构成可以看出,企业的人才投入能力、经费投入能力、制造能力和创新产出能力等是构成企业技术创新能力的主要部分。

4. 区域创新环境

区域创新环境包含的因素较多,大致可以从区域创新服务水平、区域创新基础设施水平、教育投入水平、区域创新基金、金融环境和创业水平等多方面来判断区域创新环境。

5. 区域创新经济绩效

一个地区的经济状况可以直观反映区域创新能力的强弱,因此可以用宏观经济形势、产业结构、居民收入水平和就业水平等方面的内容来描述区域创新的经济绩效。

通过借鉴和研究国内外多种区域创新能力评价指标体系，综合中国区域创新能力的发展情况，本书建立区域创新能力评价指标体系，如表 1-3 所示。

表 1-3 区域创新能力评价指标体系

一级指标	二级指标
知识创造能力 A	研究与试验发展全时人员当量 A_1，政府研发投入 A_2，政府研发投入占 GDP 的比例 A_3，发明专利申请数 A_4，发明专利授权数 A_5，国际国内论文总数 A_6
知识流动能力 B	技术市场交易金额 B_1，技术市场交易金额增长率 B_2，规模以上工业企业国内技术成交总额 B_3，规模以上工业企业国外技术引进金额 B_4，外商投资企业年底注册资金总额 B_5
企业技术创新能力 C	规模以上工业企业 R&D 人员数 C_1，规模以上工业企业 R&D 经费内部支出总额 C_2，规模以上工业企业有研发机构的企业数 C_3，发明专利申请量 C_4，新产品销售收入 C_5
区域创新环境 D	电话用户数 D_1，互联网宽带接入用户 D_2，高技术企业数 D_3，居民消费水平 D_4，教育经费支出 D_5
区域创新经济绩效 E	人均 GDP 水平 E_1，第三产业增加值 E_2，高技术产业主营业务收入 E_3，高技术产业就业人数 E_4

（四）实证结果

选取全国 31 个省区市作为研究对象，采用主成分分析法进行区域创新能力的评价。受数据的可得性约束，数据主要来源为 2019 年《中国统计年鉴》《中国科技年鉴》、各省统计年鉴、各省科技年鉴以及各地方统计信息网、统计公报等。

1. 知识创造能力

执行 SPSS 软件中 Analyze - Data - Reduction - Factor 菜单选项。对知识创造能力子系统进行主成分分析，得到了知识创造能力主成分的表达式为：

$$Y_1 = 0.42 A_1 + 0.34 A_2 + 0.38 A_3 + 0.42 A_4 + 0.45 A_5 + 0.44 A_6 \quad (1-1)$$
$$Y_2 = -0.40 A_1 + 0.56 A_2 + 0.47 A_3 - 0.39 A_4 - 0.30 A_5 + 0.24 A_6 \quad (1-2)$$

由此可计算出 31 个省区市知识创造能力子系统的主成分值，用 $SCORE =$ $0.7319\,Y_1 + 0.2681\,Y_2$，得到各省区市的综合值，如表 1 - 4 所示。

表 1 - 4　31 个省区市知识创造能力水平主成分值及综合值

区域	Y_1	Y_2	综合值	排序
北　京	3.91	4.84	4.16	1
广　东	6.34	- 2.94	3.85	2
江　苏	4.76	- 1.34	3.12	3
上　海	1.99	2.3	2.08	4
浙　江	2.7	- 1.61	1.55	5
山　东	1.37	- 0.42	0.89	6
四　川	0.68	0.79	0.71	7
湖　北	0.6	0.55	0.58	8
陕　西	0.26	1.2	0.51	9
安　徽	0.28	- 0.18	0.16	10
湖　南	- 0.01	0.09	0.02	11
天　津	- 0.22	0.51	- 0.03	12
辽　宁	- 0.31	0.43	- 0.11	13
河　南	- 0.06	- 0.39	- 0.15	14
福　建	- 0.1	- 0.42	- 0.18	15
重　庆	- 0.48	0.14	- 0.32	16
河　北	- 0.64	- 0.13	- 0.5	17
江　西	- 0.72	- 0.35	- 0.62	18
黑龙江	- 1.17	0	- 0.86	19
吉　林	- 1.3	- 0.05	- 0.97	20
云　南	- 1.28	- 0.12	- 0.97	21
山　西	- 1.34	- 0.16	- 1.03	22
甘　肃	- 1.41	- 0.03	- 1.04	23
广　西	- 1.41	- 0.24	- 1.09	24
贵　州	- 1.48	- 0.29	- 1.17	25
宁　夏	- 1.66	- 0.16	- 1.25	26
内蒙古	- 1.63	- 0.3	- 1.27	27
新　疆	- 1.74	- 0.37	- 1.37	28
海　南	- 1.9	- 0.38	- 1.49	29
青　海	- 1.94	- 0.4	- 1.52	30
西　藏	- 2.08	- 0.54	- 1.67	31

2. 知识流动能力

执行 SPSS 软件中 Analyze – Data – Reduction – Factor 菜单选项,对知识流动能力子系统进行主成分分析,确定了第一个成分为主成分,主成分的表达式为:

$$Y_1 = 0.30 B_1 - 0.04 B_2 + 0.54 B_3 + 0.55 B_4 + 0.57 B_5 \tag{1-3}$$

$$Y_2 = -0.35 B_1 + 0.92 B_2 + 0.11 B_3 + 0.12 B_4 + 0.03 B_5 \tag{1-4}$$

由此可计算出 31 个省区市知识流动能力子系统的主成分值,用 $SCORE = 0.7385 Y_1 + 0.2615 Y_2$,得到各省区市的综合值,如表 1 – 5 所示。

表 1 – 5   31 个省区市知识流动能力水平主成分值及综合值

区域	Y_1	Y_2	综合值	排序
广　东	7.44	0.73	5.69	1
上　海	3.61	0.32	2.75	2
江　苏	1.52	- 0.43	1.01	3
北　京	2.04	- 2.22	0.93	4
山　东	0.67	0.11	0.52	5
重　庆	- 0.67	3.26	0.36	6
浙　江	0.31	0.44	0.34	7
河　北	- 0.7	2.37	0.10	8
辽　宁	0.19	- 0.39	0.04	9
四　川	- 0.39	1.14	0.01	10
福　建	- 0.11	- 0.42	- 0.19	11
河　南	- 0.59	0.71	- 0.25	12
湖　南	- 0.36	- 0.14	- 0.30	13
天　津	- 0.26	- 0.54	- 0.33	14
湖　北	- 0.19	- 0.84	- 0.36	15
贵　州	- 0.92	0.91	- 0.44	16
安　徽	- 0.5	- 0.32	- 0.45	17
陕　西	- 0.37	- 0.75	- 0.47	18
山　西	- 0.78	0.18	- 0.53	19
吉　林	- 0.74	0.03	- 0.54	20
海　南	- 0.89	0.34	- 0.57	21

区域	Y_1	Y_2	综合值	排序
江　西	− 0. 64	− 0. 38	− 0. 57	21
黑龙江	− 0. 61	− 0. 5	− 0. 58	23
宁　夏	− 0. 99	0. 52	− 0. 60	24
广　西	− 0. 87	0. 13	− 0. 61	25
云　南	− 0. 71	− 0. 59	− 0. 68	26
内蒙古	− 0. 79	− 0. 64	− 0. 75	27
甘　肃	− 0. 88	− 0. 58	− 0. 80	28
青　海	− 0. 95	− 0. 46	− 0. 82	29
西　藏	− 0. 97	− 0. 84	− 0. 94	30
新　疆	− 0. 91	− 1. 15	− 0. 97	31

3. 企业技术创新能力

执行 SPSS 软件中 Analyze – Data – Reduction – Factor 菜单选项，对企业技术创新能力子系统进行主成分分析，得到了企业技术创新能力主成分的表达式为：

$$Y_1 = 0.45 C_1 + 0.44 C_2 + 0.44 C_3 + 0.45 C_4 + 0.45 C_5 \qquad (1-5)$$

由此可计算出 31 个省区市企业技术创新能力子系统的主成分值，利用 $SCORE = Y_1$ 得到各省区市的综合值，如表 1 – 6 所示。

表 1 – 6　31 个省区市企业技术创新能力水平主成分值及综合值

区域	Y_1	综合值	排序
广　东	8	8	1
江　苏	6. 27	6. 27	2
浙　江	3. 66	3. 66	3
山　东	2	2	4
安　徽	0. 65	0. 65	5
河　南	0. 15	0. 15	6
湖　北	0. 13	0. 13	7
上　海	0. 09	0. 09	8
湖　南	0. 05	0. 05	9

续表

区域	Y_1	综合值	排序
福　建	0.05	0.05	9
江　西	-0.33	-0.33	11
四　川	-0.41	-0.41	12
河　北	-0.42	-0.42	13
重　庆	-0.54	-0.54	14
北　京	-0.63	-0.63	15
辽　宁	-0.64	-0.64	16
天　津	-0.7	-0.7	17
陕　西	-0.91	-0.91	18
山　西	-1.06	-1.06	19
云　南	-1.13	-1.13	20
广　西	-1.14	-1.14	21
贵　州	-1.18	-1.18	22
内蒙古	-1.21	-1.21	23
吉　林	-1.24	-1.24	24
黑龙江	-1.28	-1.28	25
甘　肃	-1.32	-1.32	26
新　疆	-1.32	-1.32	26
宁　夏	-1.32	-1.32	26
海　南	-1.4	-1.4	29
青　海	-1.41	-1.41	30
西　藏	-1.43	-1.43	31

4. 区域创新环境

执行 SPSS 软件中 Analyze – Data – Reduction – Factor 菜单选项，对区域创新环境子系统进行主成分分析，得到了区域创新环境能力主成分的表达式为：

$$Y_1 = 0.50 D_1 + 0.49 D_2 + 0.47 D_3 + 0.18 D_4 + 0.51 D_5 \qquad (1-6)$$

由此可计算出 31 个省区市区域创新环境子系统的主成分值，利用 $SCORE = Y_1$，得到各省区市的综合值，如表 1 – 7 所示。

表 1 - 7   31 个省区市区域创新环境水平主成分值及综合值

区域	Y₁	综合值	排序
广 东	6.62	6.62	1
江 苏	3.94	3.94	2
山 东	2.71	2.71	3
浙 江	2.37	2.37	4
河 南	1.8	1.8	5
四 川	1.67	1.67	6
河 北	0.87	0.87	7
湖 南	0.57	0.57	8
安 徽	0.38	0.38	9
湖 北	0.28	0.28	10
上 海	0.05	0.05	11
福 建	0.05	0.05	11
北 京	- 0.1	- 0.1	13
江 西	- 0.23	- 0.23	14
广 西	- 0.36	- 0.36	15
辽 宁	- 0.47	- 0.47	16
云 南	- 0.49	- 0.49	17
陕 西	- 0.53	- 0.53	18
重 庆	- 0.65	- 0.65	19
贵 州	- 0.71	- 0.71	20
山 西	- 0.91	- 0.91	21
黑龙江	- 1.11	- 1.11	22
内蒙古	- 1.25	- 1.25	23
天 津	- 1.27	- 1.27	24
新 疆	- 1.32	- 1.32	25
甘 肃	- 1.39	- 1.39	26
吉 林	- 1.44	- 1.44	27
海 南	- 2.02	- 2.02	28
宁 夏	- 2.17	- 2.17	29
青 海	- 2.41	- 2.41	30
西 藏	- 2.49	- 2.49	31

5. 区域创新经济绩效

执行 SPSS 软件中 Analyze – Data – Reduction – Factor 菜单选项，对区域创新经济绩效子系统进行主成分分析，得到了区域创新经济绩效主成分的表达式为：

$$Y_1 = 0.36 E_1 + 0.54 E_2 + 0.54 E_3 + 0.54 E_4 \qquad (1-7)$$

由此可计算出 31 个省区市区域创新经济绩效子系统的主成分值，利用 $SCORE = Y_1$，得到各省区市的综合值，如表 1 – 8 所示。

表 1 – 8　31 个省区市区域创新经济绩效水平主成分值及综合值

区域	Y_1	综合值	排序
重　庆	6.73	6.73	1
湖　北	4.34	4.34	2
安　徽	1.53	1.53	3
上　海	1.4	1.4	4
广　东	1.37	1.37	5
广　西	0.99	0.99	6
福　建	0.87	0.87	7
北　京	0.48	0.48	8
辽　宁	0.34	0.34	9
内蒙古	0.26	0.26	10
云　南	0.16	0.16	11
陕　西	– 0.15	– 0.15	12
黑龙江	– 0.21	– 0.21	13
江　苏	– 0.4	– 0.4	14
江　西	– 0.41	– 0.41	15
吉　林	– 0.51	– 0.51	16
山　东	– 0.63	– 0.63	17
四　川	– 0.67	– 0.67	18
河　南	– 0.9	– 0.9	19
贵　州	– 0.98	– 0.98	20
新　疆	– 0.98	– 0.98	20
浙　江	– 1.01	– 1.01	22
天　津	– 1.05	– 1.05	23

区域	Y_1	综合值	排序
西　藏	– 1.13	– 1.13	24
河　北	– 1.2	– 1.2	25
山　西	– 1.26	– 1.26	26
湖　南	– 1.31	– 1.31	27
青　海	– 1.33	– 1.33	28
宁　夏	– 1.42	– 1.42	29
海　南	– 1.45	– 1.45	30
甘　肃	– 1.46	– 1.46	31

6. 各地市区域创新能力综合值

以上文区域创新能力分项评价所得到的知识创造能力、知识流动能力、企业技术创新能力、区域创新环境和区域创新经济绩效五个综合得分为变量,将各变量的方差贡献率与累计方差贡献率的比重计算出权重,然后根据权重对各变量进行加权,得到目标层区域创新能力的综合评价。最终得到 2018 年 31 个省区市的区域创新能力综合值排名情况,如表 1 – 9 所示。

表 1 – 9　31 个省区市区域创新能力综合值比较

地区	综合值	排序
广　东	7.02	1
江　苏	3.77	2
浙　江	1.97	3
上　海	1.86	4
山　东	1.57	5
北　京	1.53	6
湖　北	0.55	7
四　川	0.5	8
重　庆	0.36	9
安　徽	0.27	10
河　南	0.27	10
福　建	– 0.03	12

续表

地区	综合值	排序
湖　南	− 0.07	13
河　北	− 0.1	14
辽　宁	− 0.26	15
陕　西	− 0.38	16
江　西	− 0.58	17
天　津	− 0.72	18
广　西	− 0.83	19
云　南	− 0.93	20
贵　州	− 1.08	21
黑龙江	− 1.09	22
山　西	− 1.12	23
吉　林	− 1.21	24
内蒙古	− 1.26	25
甘　肃	− 1.42	26
新　疆	− 1.53	27
宁　夏	− 1.61	28
海　南	− 1.66	29
青　海	− 1.85	30
西　藏	− 1.95	31

三　中国区域创新能力的分布特点

根据指标体系的测算结果，可以归纳出中国区域创新能力呈现以下三大特征。

（一）总体呈梯形分布

中国区域创新能力自西向东呈梯形分布，东部地区的创新能力较强，西部地区的创新能力较弱，中部省份的创新能力基本处于两者之间。对各省区市区域创新能力综合值进行分析，可以将 31 个省区市分成三大板块：第一板块有广东、江苏、浙江、上海、山东、北京等，多为东部地区；第二板块有湖北、四川、重庆、安徽、河南、福建、湖南、河北、辽宁、陕西、江西和天津等，多为中部地区；第三板块包括广西、云南、贵州、黑龙江、山西、吉林、内蒙古、甘肃、新疆、宁夏、海南、青海和西藏，多数为西部地区。

（二）子指标表现各异

在区域创新能力的五个子指标上，不同的地区表现水平存在不同程度的差异。例如，北京在知识创造能力和知识流动能力方面存在一定的优势；上海在知识流动能力和区域创新经济绩效上领先；广东省的总体创新能力尤其是知识流动能力、企业技术创新能力和区域创新环境位居全国第一；而西部地区多数省份，无论是知识流动能力还是企业技术创新能力、区域创新环境和创新经济绩效等方面上都落后于其他地区。

（三）同一城市群成员的创新能力发展特征相似

通过对31个省区市的区域创新能力进行全面分析比较可以发现，尽管各个城市群的创新能力要素不尽相同，但是同一城市群中各个城市的创新能力发展速度具有极强的相似性。长三角城市群和珠三角城市群的区域创新能力整体较高；由河南、湖北、湖南、安徽、山西、江西组成的中部六省，无论是整体区域创新能力还是在各创新能力要素上都处于中间地位；西部的大多数省份区域创新能力则相对薄弱，与中东部地区相比仍有很大的改善空间。

四　中国区域创新能力的地区分类

根据多层次因子分析的结果，结合区域创新能力综合因子分析的结果，可以把31个省区市按照区域创新综合能力划分为四类，按其发展特征可进一步归纳为"成就型地区"（包括广东、江苏）、"成熟型地区"（包括北京、上海、浙江、山东）、"成长型地区"（包括湖北、四川、重庆、安徽、河南、福建、湖南、河北、辽宁、陕西、江西和天津）和"落后型地区"（包括广西、云南、贵州、黑龙江、山西、吉林、内蒙古、甘肃、新疆、宁夏、海南、青海、西藏）。

（一）成就型地区区域创新能力总体特征

1. 综合实力强劲，子指标表现平稳

成就型区域不仅在区域创新综合能力上表现突出，在知识创造能力、知识流动能力、企业技术创新能力、区域创新环境和创新经济绩效等创新能力要素这些指标都高于大部分其他类型地区，区域创新系统运行较为平稳。

2. 不同地区的子指标存在显著差异

尽管成就型区域总体上在区域创新综合能力方面占据绝对优势，但是再把这几个地区进行比较，其区域创新能力构成要素水平也存在很大的差异，特别是在企业技术创新能力上差异比较显著。

3. 企业技术创新能力和区域创新环境是绝对优势

从指标排名来看，广东省知识创造能力指标中的"研究与试验发展全时人员当量""发明专利申请数""发明专利授权数"等多项指标，知识流动能力指标中的"规模以上工业企业国外技术引进金额"和"外商投资企业年底注册资金总额"等指标，企业技术创新能力指标中的"规模以上工业企业R&D人员数""规模以上工业企业R&D经费内部支出总额""发明专利申请量"等多项指标均列第一名。

4. 未来提升空间

成就型地区想要进一步提高区域创新能力，形成更大范围的辐射和带动作用，需要持续加强区域创新要素的投入力度，如资本、人力资源、技术等方面的投入，保持区域创新能力优势。

（二）成熟型地区区域创新能力的特征

1. 子指标水平优势不尽相同

四个地区的优势子指标各不相同。企业能够发挥出区域创新系统核心主体的引领作用，推进了区域创新能力提升；高校及科研机构强有力地推动了区域创新能力的提升；创新载体优质的服务促进了区域创新成果的转化；创新环境优越，为区域创新能力的提高提供了客观条件。

2. 主要动力各不相同

深厚的工业基础、较为完备的金融体系、高度的信息化和较为完善的市场机制使得山东省的区域创新环境在全国范围内排名第三。而上海和北京两地经济发展一直保持较高水平，企业技术创新水平比较高。此外，成熟型地区无论是创新成果的产出水平还是创新技术的市场交易额都比较高。

3. 存在的问题

成熟型地区创新人力资源的投入和经费投入力度不足。其中，区域创新环

境指标略弱，北京与上海区域创新环境水平测度的综合值分别为 - 0.1 与
0.05，与成熟型地区其他城市相比略显不足；同时，成就型地区与成熟型地区
之间还不能突破行政边界的限制，无法对成长型和落后型地区产生联合辐射。

（三）成长型地区区域创新能力特征

1. 优势子指标各不相同

依据各城市优势指标的差异，可以将成长型的 12 个地区进一步划分为三
类：四川、陕西、天津、辽宁——较强的知识创造能力；安徽、湖北、福建、
江西和重庆——较强的企业技术创新能力；河南、河北和湖南——较强的区域
创新环境。

2. 存在的问题

成长型地区区域创新能力存在的问题也是全国范围内面临的共性问题，即
研发投入缺口较大；企业缺乏核心创新能力，尚未成为该地区区域创新能力的
核心主体；创新技术市场化程度低；基础设施投入不足，基础设施环境能力
较弱。

（四）落后型地区区域创新能力特征

1. 区域创新能力薄弱

通过对全国 31 个省区市区域创新能力的综合对比发现，落后型地区无论
是区域创新能力整体水平，还是区域创新能力各子系统发展水平均居于末位。

2. 存在的问题

该类型地区对于创新的投入不仅总额数量少，而且分配也不科学；企业创
新意识不足，技术以引进为主，无法掌握核心技术；高校和科研机构与企业间
的合作较少，缺乏高效率的产学研平台，创新成果的市场转化能力较弱等。

第三节　区域创新系统理论的研究意义

区域创新系统作为国家创新系统和企业创新系统连接的桥梁，其理论的创
新对于中国经济的发展具有重要的理论价值和实践意义。当前世界经济竞争激
烈，对经济版图的划分正在进行：经济强国和跨国公司在品牌方面采取强攻战
略，全面推进品牌覆盖；技术方面，推行垄断标准；生产方面，实施高端生产

战略，力图引领行业发展方向；经营模式方面，以资本为链条、以品牌为标志、以组织为依托，在全球输出经营模式；资源方面，推行控制资源战略，追求势力经济。中国能否在世界经济版图中获得一席之地的关键就是"创新"。

一　区域创新系统理论创新的理论意义

从产业群和城市群的耦合角度对区域创新系统进行研究是一个新兴的研究方向，涉及以下三个基础理论的扩展，具有丰富的研究价值。

一是区域创新系统的产生和培育理论。大多数研究对区域创新系统的特殊性没有给予充分的重视，无论是理论上还是实践上都未明确将区域创新系统与国家创新系统区分开来，更多是将区域创新系统当作是国家创新系统的一个亚国家的类似物。基于集群的区域创新系统模式及内部机制研究也存在进一步探索的空间。本书从产业群与城市群耦合角度出发，发现在不同的耦合模式、耦合特征下，区域创新系统的培育、发展、构建、演化路径各不相同，绩效也各有差异。

二是区域创新系统的创新机制理论。以往主要将区域创新系统的创新机制分为两部分进行研究：一是创新系统的构成，二是系统内部的相互作用。目前虽然关于区域创新系统的构成仍存有一定争议，但对于基本构成的分类还是基本得到了认同。然而，以往的研究成果主要关注各个主体要素对区域创新系统的贡献程度等内容，在一定程度上缺乏方向性和目的性。本书在对区域创新系统的两大子系统、两大子体系以及支撑体系比较分析的基础上，充分考虑各个主体要素对区域创新系统的贡献程度，分别从创新主体、创新环境支撑、创新学习机制、创新传导机制、创新系统发展阶段几个角度分析区域创新系统运行机制，综合以往研究内容构建更为全面的研究体系，为研究区域创新系统的创新机制提供了一个更加科学的研究范式和理论支持框架。

三是企业创新系统理论。学者们多数是从区域创新系统的组成、主体之间的互动或者绩效等角度对其组织和空间结构展开研究，对于市场经济中微观主体企业的行为模式刻画还不够深入，因此难以解决企业面临的创新问题。本书第三篇将从微观层面对企业展开研究，通过翔实的案例对不同耦合模式下的企业创新行为进行研究，为优化企业创新系统绩效提供理论上的指导。

二 区域创新系统理论创新的现实意义

首先，提高区域创新能力是提升中国国家整体实力的必然选择。随着经济全球化、知识全球化的深入，"自主创新能力"成为各经济强国争先抢夺的战略制高点。美国围绕"再工业化"出台了《国家创新战略》和《国家先进制造业战略计划》；德国通过了"工业4.0"计划，发布了"高技术战略2020"；日本发布了《科技创新综合战略》；俄罗斯制定了《2013～2020国家科技发展计划》；欧盟颁布了"工业复兴战略"，启动"地平线2020"计划。中国要想在此竞争中获得先机，成为创新型国家，提升区域创新能力是题中应有之义。

其次，从产业群与城市群耦合的视角研究区域创新能力，有利于构建跨行政区域的高端产业功能区，建立产业新体系。通过全面实施创新驱动发展战略引导自主创新，推动集成创新，鼓励企业实现产品升级、技术升级、管理升级和商业模式升级；推动产业的平台化发展，拓展产业发展空间，实现产业带和城市带的吻合，产业空间布局与城市空间布局的协调。

最后，推动区域创新能力的提高是促进地区均衡发展的必由之路。区域创新系统的构建能够克服市场失灵，促进知识的生产和扩散，有利于从大区域战略的角度把产业布局、城镇化建设和提高区域创新能力有机结合起来，从而缩小区域之间发展的差距，促进区域经济的协调发展。

第二章
产业集群与区域创新系统的研究概述

本章从产业集群切入，首先按照内涵、特征及分类对产业集群的相关理论进行梳理。在此基础上，论述产业集群和区域创新系统的关系，分析两者的关联特性以及互动机制，最后探讨基于产业集群的区域创新系统形成机理、内部构成和运行机制。

第一节　产业集群的相关理论

产业集群的相关研究成果颇为丰富，然而关于它的定义目前仍然莫衷一是。本节首先梳理产业集群概念的演化轨迹，而后提炼其特征。

一　产业集群的内涵及特征

集群及产业集群概念最早始于经济学家马歇尔提出的外部经济理论。马歇尔基于新古典经济学理论，以规模经济理论为基础提出新的概念——产业区，并将其定义为相关企业在特定地区形成的集群。在这种产业区内，各类规模不同的企业相互协作或竞争，产生更加强大的产业竞争力，这种外部规模经济是促进企业集群形成的主要动因。①

工业区位理论的创立者韦伯基于区位理论，认为通过比较收益与成本可以

---

① 〔英〕马歇尔：《经济学原理》，朱志泰等译，商务印书馆，2005。

确定集群，各个企业经由各种联系相互组织起来进而产生集聚，这便形成了产业集群的雏形，并且他认为成本节约是促使集群形成的动因。①

新古典经济学的代表人物之一克鲁格曼在新经济地理学的基础上，把贸易理论和区位理论结合起来，论证了产业集聚发生的机制，进而提出了产业集群的新经济地理论。②

伴随着20世纪70年代信息革命的推进和经济全球化的深入，对新产业区的认识和研究日益兴起。Bagnasco指出产业区主要由大量专业化的中小企业集聚而成，这些企业具有区位临近优势，可以通过共享各类基础设施来降低生产成本，他认为专业化的生产和区域创新环境及网络是形成产业集聚的主要动因。萨克森宁（Saxenian）以企业与其所处的社会环境之间的互动关系为着眼点，提出了社会环境因素是促进产业集群发展的重要因素之一。③

美国经济学家波特（Porter）于20世纪90年代首次明确提出了产业集群的概念并进行了深入的研究④，掀起了新时期产业集群的研究高潮，成为现今接受度和认可度最高的产业集群理论。其代表著作《国家竞争优势》和《竞争论》对产业集群的概念做出系统的论述，即产业集群是指在特定领域中，一群在地理上集中，且有相互关联性的企业、专业化供应商、服务供应商、相关产业的厂商，以及相关的机构如大学、制定标准化的机构、产业协会等所组成的群体。这些群体在集聚作用下或竞争或合作，共享良好的基础设施和市场环境，并且产生外部经济，从而最终形成竞争优势。

之后，国内一些学者对产业集群理论也进行了广泛的研究，并各自从多个角度提出不同的见解。张辉认为，产业集群是介于市场和等级制之间的一种全新的空间经济组织形式，是由具有合作关系的各类企业及众多相关的组

① 〔德〕阿尔弗雷德·韦伯：《工业区位论》，李刚剑等译，商务印书馆，1997。
② 〔美〕保罗·克鲁格曼：《地理与贸易》，张兆杰译，北京大学出版社，2000。
③ 〔美〕安纳利·萨克森宁：《地区优势：硅谷和128公路地区的文化与竞争》，曹蓬等译，上海远东出版社，2000。
④ M. E. Porter, Presentation on "Thailand's Competitiveness: Creating the Foundations for Higher Productivity", Bangkok Institute of Business Administration, Chulalongkorn University, 2003.

织机构交错联系而构成的空间集聚体。① 王缉慈认为产业集群中的各类企业
和相关联的机构在地理上相互临近，并且通过共生或互补的关系紧密联系在
一起。②

关于产业集群的内涵，至今都尚未形成统一的定义。综合众多学者的研究
成果，本书认为产业集群应当具有以下特征。

一是产业集群在地域或区位上具有较强的临近性。这种空间集聚可降低交
易成本，形成知识溢出，从而增强产业和区域的竞争力。

二是产业集群内部各企业具有较强的关联性，包括产业链关联和技术关
联，并形成密切的竞争与合作关系。

三是产业集群具有区域创新性。集群内的企业共享基础设施和知识成果，
有利于信息的搜集、知识的交流和技术的突破，从而在产业集群内形成活跃的
创新交互关系。

四是产业集群具有复杂的网络结构。一个产业集群内不仅包括企业，还应
当包括科研机构、金融机构、教育培训机构、地方权力部门、民间协会及团体
等众多群体。这些部门通过业务上的密切合作和交流，可以提高产业集群获得
和集聚知识的能力，从而增强产业集群的活力。

二　产业集群的分类

关于产业集群的类型，国内外学者基于不同的研究视角和研究目的，形成
了不同的分类标准，较为普遍的产业集群分类主要有两种。

一是依据产业集群内各企业的关系进行分类。Markusen 等认为有四种类
型：由中小企业集聚而成的马歇尔式产业区，跨国公司分工厂组成的卫星平台
式产业区，由一个或几个重点企业带动的轮轴式产业区和国家力量依赖型产业
区。③ Hayter 提出产业集群可以分为两大类，一类以众多中小企业为主体，另

①　张辉：《产业集群竞争力的内在经济机理》，《中国软科学》2003 年第 1 期。

②　王缉慈：《关于发展创新型产业集群的政策建议》，《经济地理》2004 年第 4 期。

③　Wilfred J. Ethier, James R. Markusen, "Multinational Firms, Technology Diffusion and Trade", *Journal of International Economics* 41 (1996), pp. 1 – 28.

一类则是由一个或几个大企业为核心。[1] Alex Hoe 基于产业集群内企业的关系将其分为创新链集群和产品链集群两种;[2] 国内学者仇保兴把产业集群划分为市场主导的产业集群、中心大企业外围小企业的锥形产业集群和信息联络型产业集群。[3] 而王缉慈等提出了具有中国特色的四类产业集群,即当地乡镇工业基础上的特色集群、境外产业转移集群、大型企业配套集群和行政规划下的科技产业集群。[4]

二是依据产业集群的形成机理进行分类。Schmitz 从产业集群的形成原因出发,将其分为创新型产业集群和低成本型产业集群[5];而 Shahid Yusuf 则将其分为生产型和服务业型产业集群[6];Gordon 等人把产业集群分为产业综合体、单纯集聚体和社会网络等三大类[7];王缉慈基于创新角度把集群分为以低成本为基础的产业集群和以创新为特点的产业集群;[8] 陈佳贵、王钦提出我国的产业集群可分为内源品牌型产业集群、内源传统型产业集群和外商投资型产业集群。[9] 李庆华、王文平和朱云平则都从内生模式和外生模式对产业集群进行了划分。[10][11]

[1] R. Hayter, *The Dynamics of Industrial Location*: *The Factory*, *the Firm and the Production System* (New York: Wiley, 1997), p. 144 – 145.

[2] Alex Hoe, *Three Variations on Identifying Cluster*, Paper Presented by OECD workshop on Cluster Analysis and Cluster Based Policy, Amsterdam, 1997, 10 (10/11).

[3] 仇保兴:《发展小企业集群要避免的陷阱——过度竞争所致的"柠檬市场"》,《北京大学学报》(哲学社会科学版) 1999 年第 1 期。

[4] 王缉慈等:《创新的空间——企业集群与区域发展》,北京大学出版社,2001。

[5] Stefan W. Schmitz, "Uncertainty in the Austrian Theory of Capital," *The Review of Austrian Economics* 17 (2004), p. 67.

[6] Shahid Yusuf, "China's Macroeconomic Performance and Management During Transition," *Journal of Economic Perspectives* 8 (1994): pp. 71 – 92.

[7] C. Gordon, "The International Market Entry Choices of Start-up Companies in High-technology Industries," *International Marketing* 8 (2000): pp. 33 – 62.

[8] 王缉慈:《创新及其相关概念的跟踪调查》,《中国软科学》2002 年第 12 期。

[9] 陈佳贵、王钦:《中国产业集群可持续发展与公共政策选择》,《中国工业经济》2005 年第 9 期。

[10] 李庆华、王文平:《企业间知识分割与产业集群演化研究》,《技术经济》2006 年第 7 期。

[11] 朱云平:《基于 CAS 理论的内生型产业集群困境分析》,《宏观经济研究》2012 年第 2 期。

三　产业集群的创新优势

从地域上看，产业集群存在于一个区域内，对区域经济的发展和创新起着重要作用。其创新优势主要表现在以下几个方面。

一是产业集群有利于降低成本，包括信息成本、谈判成本、交易成本、创新成本等。在专业化分工明显的产业集群中，企业可以依托临近的空间，根据生产的实际需要建立网络结构来进行交易，在保证市场产品多样化和个性化的同时，也可以节约各类市场成本，如搜寻成本、谈判成本、交易成本等。而从创新成本来看，便利的地理位置为企业之间提供了更频繁的交流与学习机会，有利于刺激新技术、新产品的研发和扩散，进而使企业创新成本降低。

二是产业集群有利于创新能力的提高。创新体现于知识的进步和技术的革新。产业集群自身是一个学习型的空间组织，可以促进信息的扩散以及知识的传播。具体来说，因区域地理临近的企业聚集在一起，相互共生或互补，通过彼此密切的合作与交流获取多方面的隐性知识，如市场状况、营销策略、管理制度、文化理念等。产业集群这种主体间相互学习和进步的过程有助于各种新技术、新知识的传播，从而形成知识溢出效应，这对于提高企业创新能力和区域创新能力乃至整个区域经济的发展至关重要。

第二节　产业集群与区域创新系统的关联特性及互动机制

产业集群与区域创新系统两者不仅紧密相连，而且具有相似性。创新是产业集群最重要的优势之一，产业集群又是区域创新系统发展的主要载体。基于产业的区域创新系统是以企业、高校及科研机构、地方政府、金融及中介机构等为核心要素，以知识技术的创新和扩散为导向，以提高区域创新能力为目的，以内部各要素之间的互动以及各要素与外部创新环境的互动为联结而形成的网络系统。

一　基于产业集群的区域创新系统基本理论

（一）基于产业集群的区域创新系统研究进展

随着技术创新理论由线性模式向网络范式的转变，国内外学者关于区域创新系统的研究日益深入，并逐步和产业集群理论结合起来。如波特等认为，产业集群是区域创新系统产生的重要模式，其创新并非单个企业独立的行为，而是需要与外界大量交换信息，从而推动区域创新并且提高效率。[①] 我国学者龚荒、聂锐认为，区域创新系统是通过系统内部各个要素的交互作用来推动该地区的技术创新流动与产业群的活动;[②] 周丽群等认为，通过区域产业网络中行为主体的经济活动和各个要素的优化配置与整合，可以实现产业集群与区域优势的良性互动与循环，进而形成区域经济发展的"空间极点"，促进要素的集聚和产业集群的形成，之后通过集群的各种优势又可以进一步扩大区域优势。[③]

产业集群与区域创新系统具有相似性和交叉性，关于产业集群是否可以看作是区域创新系统，不同的学者观点不尽相同。Asheim 和 Coenen 通过研究较为成熟的知识密集型产业集群，提出产业集群就是区域创新系统。[④] 国内学者朱清海、李崇光提出，产业集群是一个创造和扩散知识的体系，它从本质上可以看作是一个区域性的创新体系，因此产业集群是区域创新系统的模式之一。[⑤] 但是，其他一些经济学家认为，这种观点仅仅是静态的，它忽略了集群创新的动态演化过程。Tim Padmore 等认为，区域创新系统中至少包括一个产业集群，它是产业集群发展的高级阶段，并基于此提出了区域创新系统的 GEM 模型。[⑥]

2003 年后，基于我国科技部对软科学项目的支持，国内学者关于产业集群和区域创新系统的研究更加广泛和深入，区域经济的发展也愈加体现出两者

---

① M. E. Porter, "Clusters and the New Economics of Competition," *Harvard Business Review* 98 (1998): pp. 77 – 90.

② 龚荒、聂锐:《区域创新体系的构建原则、组织结构与推进措施》,《软科学》2002 年第 6 期。

③ 周丽群、郑胜利:《区域优势转化与产业集群形成》,《广西经济管理干部学院学报》2004 年第 1 期。

④ B. T. Asheim, L. Coenen, "Contextualising Regional Innovation Systems in a Globalising Learning Economy: On Knowledge Bases and Institutional Frameworks," *The Journal of Technology Transfer* 31 (2006): pp. 163 – 173.

⑤ 朱清海、李崇光:《产业集群、金融创新与区域经济发展》,《科学·经济·社会》2004 年第3 期。

⑥ T. Padmore, H. Gibson, "Modeling Systems of the Innovation: a Frame Work for Industrial Cluster Analysis in Region," *Region Policy*, 26 (1998): pp. 625 – 641.

结合的必要性。如陈柳钦等基于产业集群与区域创新系统的内涵，提出了两者在地域方面、结构方面、功能方面和目标上均存在一定的关联，故而应将两者紧密结合，并提出了相关的建设路径和政策。① 付丹等认为区域创新系统的主要构成要素之一就是产业集群，建立的区域创新系统涵盖了两大子系统、五个主体系和两个支撑体系，并深入分析了各主体要素的功能及特征。② 宋之杰等应用区位熵理论对河北省的产业集群定位进行了分析，并提出了具体建设思路。③

综上所述，国内外学者已经对产业集群和区域创新系统的双向结合展开了深入研究，产业集群及区域经济发展的相互关联性也已经得到广泛认同。但综观现有的研究成果，仍然缺乏对产业集群区域创新系统的模式和内部机制的深入研究，对其发展路径、构建、措施等的讨论也有待补充和完善。

（二）基于产业集群的区域创新系统的内涵

通过梳理国内外学者对区域创新系统内涵的界定，我们认为，基于产业集群的区域创新系统是指区域层面的创新系统，它是以企业、高校及科研机构、地方政府、金融及中介机构等为核心要素，以知识技术创新和扩散为导向，以提高区域创新能力为目的，以内部各要素之间的互动及各要素与外部创新环境的互动为联结而形成的网络系统。

具体来看，其内涵包括：一是具有一定的地域空间范围和开放的边界；二是创新主体应包含生产企业、研发机构、高校或研究所、地方政府机构及服务机构等多个组织机构；三是创新主体之间通过多种不同的关联形成创新系统的组织结构和空间结构；四是各主体的创新功能主要依赖自身及其与环境的相互作用来实现。

---

① 陈柳钦：《产业集群与区域创新体系互动分析》，《重庆大学学报》（社会科学版）2005年第6期。
② 付丹、李柏洲：《基于产业集群的区域创新系统的结构及要素分析》，《科技进步与对策》2009年第17期。
③ 宋之杰、金婷：《基于产业集群的河北区域创新系统建设思路探析》，《燕山大学学报》（哲学社会科学版）2010年第1期。

二　产业集群与区域创新系统的关联特性

产业集群和区域创新系统之间存在强烈的关联性，具体表现在以下三个方面。

1. 地域关联

从地域空间上看，产业集群和区域创新系统都是在某一个特定的区域内发展，都属于区域经济的研究范畴。它们在以交易为主体、以创新为动力的发展过程中相互作用、相互结合，在空间上有着很大的重合。其中，产业集群的空间集聚特征明显，其分布有可能在某一行政区域范围内，也有可能是延伸到行政区域之外，因此产业集群的边界与区域的行政边界不一定对应，其边界是模糊的，但其呈现空间集聚并且分布在一定的地理范围内的特征十分明确。区域创新系统的组织构架往往与地方行政联系密切，因而其边界多在一个地区的行政区域之内，界限十分清晰。不同于行政区域，区域创新系统的边界是开放的。一般来说，产业集群的规模越大，越有可能有跨区域分布，但从上一级行政区域的角度看，这种跨某一行政区域的产业集群仍然会包含在某个上一级行政区域内。因而，某个区域创新系统中可能包含多个产业集群，而一个产业集群也有可能存在于一个更大的区域创新系统中。对产业集群和区域创新系统进行耦合研究，其目的就是研究某一区域范围内的产业集群，构建可以促进产业集群发展的区域创新系统。

2. 参与主体关联

从参与主体来看，产业集群和区域创新系统的构成主体有很大的相似性。产业集群的主体主要是企业群以及与其相联系的地方政府、金融机构、中介服务机构、科研院校及文化环境等，而这些组织机构同时也是区域创新系统主体的主要构成要素。因为产业集群与区域创新系统存在地域上的关联，所以两者在资源、环境等创新方面也形成了密切的联系。如果区域创新系统的某一主体要素或资源位于某一个产业集群内，则也将构成该产业集群的主体要素或资源，否则将成为该产业集群的外部发展环境。

3. 目标关联

区域创新系统旨在合理构建和配置创新资源，促进产业创新，并最终提高区域创新能力，增强区域竞争力。它的主要功能是促进新知识的扩散和溢出、新技术的生产及应用等。产业集群内的企业由于区位上临近，形成竞争或互补关系，在相互比较或交流学习中使知识得以快速扩散，从而增强创新能力，因此两者在促进创新方面的功能是一致的。同时，由于产业集群是特色产业与区域经济的有机结合，它通过空间集聚可以降低各种交易成本、信息成本、创新成本等，从而提高产业的竞争力，促进区域的经济发展，这与区域创新系统的目标高度一致。总之，产业集群是区域经济发展的重要载体，区域创新系统的构建可以直接促进产业集群创新能力和竞争力的提高，而产业集群的快速、特色、多样化发展又反过来增加了区域经济的活力。

三　产业集群与区域创新系统的互动机制分析

产业集群是特色产业与区域经济的有机结合，与区域创新系统具有天然的联系。国内学者丰硕的研究成果表明，一个完善的区域创新体系是产业集群得以建立和发展的重要基础，而产业集群则构成了区域创新体系的主要载体和模式。基于众多研究成果，可以得出结论：一方面，产业集群是区域创新系统的主要载体，集群中的企业则是创新的实践主体，一个产业集群创新能力的高低直接影响到该区域创新系统竞争力的大小。产业集群的主要优势之一就是知识和技术的创新，一个区域创新系统如果缺少了产业集群的支撑，则将失去发展的动力。另一方面，区域创新系统能力的提升又将为产业集群的发展提供必不可少的外部支撑，并且促进产业集群结构的优化和升级，两者相互影响、共同发展。产业集群与区域创新体系的关联度越高，越有利于推动产业和区域经济以及创新的发展。两者的作用机制分析如下。

（一）产业集群对区域创新系统的作用机制

如前所述，区域创新系统的行为主体主要包括企业、政府、金融机构、中介代理机构、高校及科研机构等，产业集群对区域创新系统的影响正是体现在产业集群对这些行为主体的影响上。因此，本节分析产业集群对区域创新系统的作用正是基于微观角度，通过分别探讨产业集群与这些行为主体之间的相互作用而展开。它们的互动关系可以用图 2-1 表示。

如图 2-1 所示，区域创新系统是形成以产业集群（企业）为核心的政、

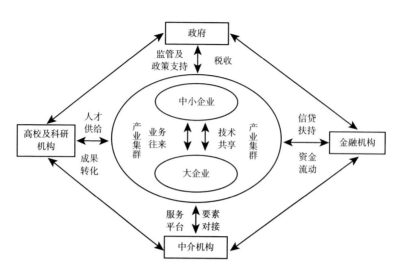

图 2 - 1　产业集群与区域创新系统主体间的互动关系

研、学、金以及其他中介机构的网络框架。其中，区域创新系统的行为主体主要围绕着产业集群产生联系，它们通过相互学习、协同互动，从而不断实现系统的创新。产业集群这种辐射性的网络关系突破了传统的线性创新模式，成为区域创新系统的最初发展模式。因此，产业集群为区域创新系统提供了必要的网络基础，成为其重要的载体之一。区域创新系统的内部作用机制包括以下几种。

一是产业集群企业间的作用机制。产业关联性和区位上的临近性是产业集群的重要特征，集群内部的企业由于频繁的业务往来和交流形成了密切的合作和信任关系，但同时企业的同质性又导致各企业之间具有竞争的关系，进而形成两重性的互动机制。其中，合作互动关系有利于企业在技术、生产、销售等方面进行有效地分工协作，激发共同利益，扩展企业资源利用的边界，使产业集群的协同效应和外部规模经济效应得以充分发挥。另外，若竞争性互动关系表现为理性的竞争，则将激励企业不断改进生产工艺、知识技术、管理创新等，有利于增强集群的竞争力。而如果是恶性的竞争关系，则将对企业和整个产业集群产生不利影响。

二是产业集群对高校和研究机构的作用机制。高校和研究机构拥有众多的专业技术人员和相关研究设备，具有强大的知识储备能力和创造能力，是进行前沿性科学研究的基地，但却缺乏将知识转化为实践技术的机会和能力，必须依托企业和产业集群，通过密切的产、学、研结合才能转化为知识成果，创造实际生产力。因此，高校及研究机构通过基础性、理论性研究产生知识成果，而产业集群中的企业将这些成果与市场、技术有机结合或者应用，两者的互动关系表现为将知识创造能力和企业需求与技术相结合，实现知识成果的转化。

三是产业集群与政府的作用机制。政府的管理和扶持是产业集群形成与发展的重要基础。其一，产业集群的发展依赖于政府的监管，包括组织控制、财务监督、经营指导等；其二，政府为产业集群提供了必要的外部发展环境，保障产业集群的有序运行，包括建立各种层次的市场、创造有利于信息传递的环境、搭建企业与高校及其他辅助机构之间良好的合作平台等。

四是产业集群与金融机构的作用机制。金融机构主要包括国有银行、商业银行、各种基金组织以及借贷资本的机构、风险投资机构等。一方面，金融机构可以为产业集群中的企业提供金融支持。由于政府对企业的资金扶持往往十分有限，产业集群中的企业尤其是处于创业期的中小企业亟须金融机构的信贷扶持。金融机构作为区域创新系统的辅助机构之一，其投融资优势和金融支持是促进产业集群和区域技术创新的重要推动力。另一方面，产业集群的发展能够有力地吸引风险投资，也促进了金融机构投融资体系的完善。

五是产业集群与中介机构的作用机制。中介机构是区域创新系统的构成要素之一，它涵盖行业协会、信息咨询机构、律师和会计师事务所、人才市场等众多服务机构。这些中介机构通过发挥自身的信息、技术、咨询、代理、管理等方面专长，为产业集群内的企业搭建各种有利平台，服务于产业集群的发展，促进其专业化分工与合作。此外，中介机构可以推动产业集群中的企业与其他要素主体之间的联系，促进产业、技术和市场的对接，进而加速知识和创新成果的转化。

总之，产业集群通过与区域创新主体要素——企业、高校院所、科研机构、金融机构、中介及其他辅助机构等的互动对区域创新系统产生作用，成为区域创新系统的重要基础和载体。产业集群特有的空间集聚性、专业化、网络结构性降低了创新成本，促进了区域创新系统内创新能力的培育及应用，最终成为促进区域经济发展和提升区域竞争力的有效途径。

（二）区域创新系统对产业集群的作用机制

产业集群是区域创新系统的重要载体，而区域创新系统大力推动了产业集群的形成和发展。两者的整合度越高，将越有利于产业和区域的发展。我国产业集群和区域创新系统通过多年的发展，现已形成几种较为典型且各具特色的区域创新系统发展模式，如北京模式（以原始创新为主）、苏州模式（以政府推动为主）、深圳模式（以企业为主）、上海模式（以多要素协调发展为主）等，这些区域中产业集群发展也十分突出。

区域创新系统对产业集群的影响及作用在一些国外学者的文献中也得以论证。如 Asheim 等以北欧地区为研究对象，大量分析了产业集群和区域创新系统的相关案例，考察不同类型区域创新系统政策对促进中小企业创新能力和竞争力的影响[1]。研究结论表明，区域创新系统能为产业集群的发展提供全面且多样化的支持。Isaksen 以欧洲的产业集群为例，论证了区域创新系统的重要性，提出激励产业集群内经济活动的重要因素之一是创新资源与合作[2]。以下分别从这两个角度分析区域创新系统对产业集群的作用机制。

1. 区域创新系统为产业集群提供良好环境

一个具有竞争优势的产业集群离不开良好的发展环境，包括专业化的生产网络、人才保障、知识创新、市场环境和共享的基础设施等方面，而区域创新系统恰好可以为产业集群提供各种必要的硬件、软件设施以及良好的资源环境。第一，区域内的政府有意识地对产业集群培育和扶持，并进行相应的监督管理，为产业集群和区域创新提供了良好的宏观政务环境；第二，区域创新系统吸引了大批的人才和各类丰富的资源，区域内的行为主体通过交流与合作，产生了新思想、新技术、新知识，并可以迅速将这种知识技术转化为实际生产力，进而为产业集群的发展营造良好的创新和文化氛围，带动产业集群的发展；此外，区域创新系统内完善的基础设施为产业集群内企业的正常生产和经济活动提供了重要保障，是其实现经济、环境与社会效益的必要条件，推动产

① B. Asheim, *Regional Innovation Policy for Small – Medium Enterprises*（Cheltenham：UK Edward Elgar Publishing, 2003）, p. 98.

② Arne, Isaksen, "Evaluation of a Regional Innovation Programme：the Innovation and New Technology Programme in Northern Norway," *Evaluation and Program Planning* 22（1999）：p. 176.

业集群形成可持续发展的竞争优势。

2. 区域创新系统对产业集群实现结构优化

第一，创新提升了集群的整体技术水平，并优化了产业结构。企业作为区域创新系统的主体之一，其经营方式呈现出多样性，经由区域的创新平台，一个企业的创新活动便可在产业集群的内部产生扩散效应和溢出效应，使得其他多个企业受益，生产技术、工艺、管理等方面可以得到改善，从而推动产业集群的创造力和竞争力的提升。

第二，区域创新系统优化传统的产业结构，促进了高新技术产业的发展。区域创新具备完善的技术、知识、人才、资金和各类基础设施，为各类企业提供多种创新资源，随着技术的不断改进，使企业产品的科技含量和附加值不断提升，从而带动传统产业集群不断升级，推动高新技术产业的形成和发展。

第三节 基于产业集群的区域创新系统的构建及运行机制

一 基于产业集群的区域创新系统的形成机理

基于产业集群的区域创新系统的形成来源于多种动因，其中既有内部创新成本降低和集群带动作用的驱使，也有外部各种创新政策的推动。它的形成机理可以从以下三个方面进行论述。

（一）成本驱动效应

产业集群的形成是由于集群内部各企业追求内部低要素成本和外部规模经济所致，而基于产业集群的区域创新系统形成的动力之一就是源于创新成本的降低。Cooke 等认为区域经济活动的空间集聚会降低创新成本，从而刺激经济增长。[1] 盖文启等提出，基于产业集群的区域创新系统降低了企业之间的交易费用，从而推动高新技术企业的发展。[2]

[1] P. Cooke, K. Morgan, *The Associational Economy: Firms, Regions, and Innovation* (America: Oxford University Press) 32, 1998, pp. 51 - 62.

[2] 盖文启、王缉慈：《论区域创新网络对我国高新技术中小企业发展的作用》，《中国软科学》1999 年第 9 期。

产业集群和区域创新系统的主要参与主体涵盖企业、高校、相关科研院所、政府、金融中介及其他咨询机构等，这些主体的广泛性增加了系统内部信息的不对称。根据信息经济学理论，信息不对称会使市场中的交易双方产生利益失衡，从而影响资源配置效率，增加了创新主体间的交易成本。产业集群内的企业之间以及企业和其他行为主体之间由于长期密切的沟通及业务往来，组成了区域创新网络，并形成了彼此信任的社会制度安排，因此减少了企业的信息搜寻成本、运输成本、社会成本等诸多交易成本，大大降低了信息不对称所导致的低效率、高成本，进而能够促进企业及其他参与主体之间的专业化分工与合作，促进知识的创新和积累，成为驱动区域创新系统生成的主要因素。

（二）集群带动效应

集聚是产业集群的主要特征，波特通过研究创新行为中的集聚问题，提出了集聚可以产生要素优势，减少交流成本。本书认为集群效应主要包括以下三个方面。

一是公共资源效应。公共资源效应主要体现在基础性设施、人力资源和资金资源三个方面。首先，区域创新系统的形成与发展离不开公共基础性设施，包括交通运输、通信、教育、医疗保健、文化娱乐等，以及政府提供的诸多政策和服务，如税收优惠政策、产业扶持政策、人才吸引政策、相关的法律、金融等中介服务。这些公共资源具有明显的规模经济效应，如果仅依靠单个企业，则会由于巨额的资金投入和高昂的使用成本而难以承受，产业集群则可以形成良好的规模经济效益。其次，人才是区域创新系统进行创新并保持活力的重要资源，产业集群善于将各种行业、各种层次的人才吸引到区域系统内，从而为企业注入新鲜血液，推动创新的产生和发展。此外，创新尤其是高科技产业创新离不开资金的支持，产业的集群效应有利于吸引风险投资，并且降低风险资本寻找投资项目的搜寻成本和信息成本。美国的硅谷、中国的中关村等这些著名的高科技产业集群的创新与发展，正是依托和得益于区域内丰富的公共资源。

二是知识溢出效应。知识溢出是知识扩散的方式之一，其连锁效应、模仿效应、竞争效应和带动效应十分显著。一个稳定且互惠的社会网络有利于相关人员的相互交流，可以扩大知识的溢出及扩散效应。在产业集聚的区域内，相同行业的生产厂家，处于上下游产业链的供应商、客户，以及科研机构、政府、金融保险等中介机构交织在一起，它们之间的密切交流加速了知识的传播速度和传播广度，产生了显著的知识溢出效应，进而推动了区域创新系统的形成。

三是社会资本效应。社会资本是指个体或团体之间的关联，如社会网络、互惠性规范和由此产生的信任，是个体或团体在社会结构中所处的位置给其带来的资源。产业集群通过企业和社会环境的相互联系，有利于社会资本的形成及其作用的发挥。而在社会资本丰富的区域，企业更容易获取创新资源，并得到专业化信息、技术及人才的支撑，有利于区域内企业之间及企业与其他行为主体之间的交流和知识共享。

（三）政策推动效应

在产业集群的区域创新系统的形成及发展过程中，除了上述的成本驱动、集聚带动效应之外，政府的政策效应也是促进区域创新系统生成的重要力量，这种效应可以通过对相关成功案例的观察和经验研究得出。

以美国硅谷为例，为了促进产业和区域创新，美国政府在基础设施、大学发展、人才培养上投入了巨大的精力和财力，并努力建立有效且完善的风险资本市场。政府通过经济、政策、法规等管理手段引导创新活动，并提供一系列的规范和体制，如法律法规、风险资本、税收、会计、移民、研发等，可以说，政府便是区域创新网络的组织、建设以及维护者。美国政府在硅谷的创新系统中突出了两个领域——军事技术与民用技术、大学与企业的创新协同，这大力推动了硅谷的产业和区域的创新发展。英国政府则专门成立了区域发展机构，其与地方政府、相关企业理事会、小企业服务机构以及其他中介机构一起，为促进产业集群和区域创新系统的发展而共同努力。

在中国，优秀的产业集群和区域创新系统背后也都有政府的积极参与和大力扶持。以河北清河县羊绒产业为例，在其区域网络的形成中，政府积极参与、引导和服务，成立了专门的"保护外地客商办公室"，并组织成立相关劳动力市场和行会，宽松的政策环境有力地推动了当地产业和区域系统的创新与发展。

二　基于产业集群的区域创新系统的构建

一个完整的区域创新系统由三个层次构成：一是由多个进行专业化生产的企业所构成的核心层；二是围绕核心企业进行活动的相关互补性企业及服务性企业；三是涵盖政策、制度、基础设施等因素在内的制度环境和创新环境。许继琴认为产业集群的区域创新系统是一个由企业创新系统、产业集群创新系统和区域创新体系共同组成的系统。[①] 杨倩构建了制造业集群的区域创新系统框架，包括两个层次以及六个子系统。[②]

与前人的研究思路不同，基于区域创新系统的五大行为主体，即企业、高等院校、相关科研院所、金融机构、中介及其他辅助机构，按其创新功能进行重新分类，我们构建了一个完整的区域创新系统结构：两大子体系、两层创新系统和一个支撑体系，并尝试分析各要素之间的互动关系。具体来看，两大子体系主要包括技术创新开发与应用体系、技术传播与转化体系；两层创新系统包括企业创新系统、产业集群创新系统；一个支撑体系是区域创新环境体系。其内容及互动关系如图 2-2 所示。

如图 2-2 所示，企业及由企业构成的产业集群是区域创新系统的核心要素，它与高校及科研机构承担着区域内知识和技术的创新开发功能，因而构成了技术开发与应用系统；政府、金融机构及其他中介机构是区域创新系统的支持层，为核心层提供重要的政策扶持和金融扶持，并且彼此之间存在着技术、人才、信息、资金等方面的资源流动。各个节点通过相互联系和影响，所形成的整体效应明显优于局部效应。除此之外，区域的宏观调控体系、创新服务体系和技术投融资体系三者共同构成了区域创新环境体系，这是一个区域创新系统发展的重要支撑，为整个系统框架的运行提供了一个必不可少的外部环境。

---

① 许继琴：《基于产业集群的区域创新系统研究》，武汉理工大学博士学位论文，2006，第44页。

② 杨倩：《开放条件下推进制造业集群发展的区域创新系统研究》，武汉理工大学硕士学位论文，2007，第9页。

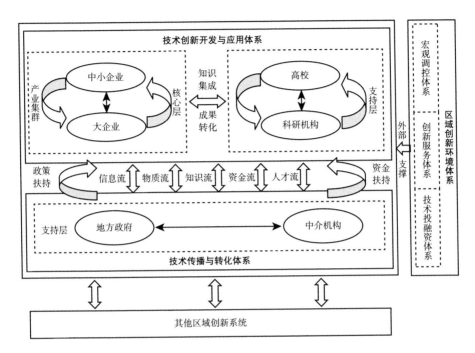

图 2 - 2　基于产业集群区域创新体系的框架

（一）区域创新子体系分析

两大子体系主要包括技术创新开发与应用体系、技术传播与转化体系。从图 2 - 2 可以看出，前者包括企业、高校和科研院所，主要承担着知识技术研发和创造的功能；后者包括政府和中介辅助机构，一方面将创新成果再应用于企业和高校科研机构，另一方面将创新成果向区域外扩散、传播，实现区域间的技术交流。该过程在区域创新系统中不断地交错、循环，并最终推动了知识技术创新的实现与转化。

1. 技术创新开发与应用体系

该体系的主体主要包括产业集群中的生产企业以及区域内的高等院校、相关科研机构，是负责技术开发应用与创新、知识创新的重要主体。

首先，产业集群中的企业是技术开发及应用的主力军，在集群区域创新系统中，企业是进行区域创新的核心主体。从经济学角度来看，技术创新是生产要素的组合，企业在生产过程中追逐利润最大化，因而会通过积极研发生产技术、提高生产技能、利用最有效率的生产要素组合来降低生产成本，实现最大化的经济效益。在这种过程中，技术得以开发、创新，并通过应用转化为技术成果。

其次，高校和科研机构是产业和区域系统中科技创新和培养人才的主体，也是区域创新系统的知识源和理论技术源。它们一方面承担着科技研发任务，可以自行研究具有开发和应用价值的项目或者承担企业委托的技术开发项目，通过基础性研究产生新产品、新技术等研究成果；另一方面，它们承担着教学任务，通过理论性教学来传播知识和培训技能，培养出专业化、复合化的人才，对口输送到各个企业，推动产业和区域的创新。

2. 技术传播与转化体系

该体系的主体包括地方政府和区域内的中介机构及其他辅助机构。这两大行为主体是连接区域创新系统各主体之间的桥梁与纽带，推动知识和技术的扩散与传播。

首先，地方政府在区域创新系统中发挥着双重作用。一方面，政府直接参与区域创新系统活动，通过合作项目、规划设计和技术研发等对创新活动进行干预和扶持；另一方面，政府是区域创新活动的制度和规则的制定者，政府通过制定相关的政策、制度，管理和规范其他行为主体的生产活动、创新活动等。此外，政府在资源特别是公共资源和基础设施上也为区域内的企业提供有力支持，某些技术由于具有公共物品的特性，单纯依赖于市场配置是难以实现的，其研发和创新也离不开政府公共部门的投入和支撑。

其次，中介及辅助机构是区域市场机制的重要载体，促进了创新系统中知识和技术成果的转化。它们主要包括三类：一是对区域内企业提供信息、咨询、人才培养和供给的机构，如信息中心、咨询公司、就业服务中心、人才市场、律师及会计师事务所等；二是为企业提供资金扶持的金融机构，如各类商业银行、基金组织、风险投资机构等；三是对知识和技术成果进行修改和完善的服务公司，如科技孵化器基地、工程技术中心、技术开发中心等。这些主体的存在加强了产业集群和区域创新系统中各要素主体之间的联系，促进产业、技术和市场的对接，进而加速了技术的传播、推广和转化。

（二）区域创新系统分析

创新系统具有不同的层次，大层面上的国家创新系统（NIS），中间层面的区域创新系统（RIS），小层面的产业集群创新系统（CIS）和企业创新系统（EIS）。从地理空间上看，产业集群分布在一定的区域之内，区域创新系统由企业创新系统和产业集群创新系统共同构成。具体来看，区域创新系统的基础是企业创新系统，核心是产业集群创新系统，其重点则体现在系统之间的联结与耦合。企业创新系统是产业集群创新系统的构成要素，而若干产业集群创新系统又构建了区域创新系统。

1. 企业创新系统

企业是产业和区域经济活动的最基本要素。许庆瑞等认为，企业创新系统包括研究与开发（R&D）、生产制造、市场营销等系统，以及企业家精神、研发体系、创新文化、企业制度、人力资源等。[①] 李庆东提出，企业创新系统是企业借助于技术发明、管理上的发现、制度变迁、市场机遇等，通过对生产要素和生产条件以及有关的资源配置方式进行新的变革，并使变革成果取得商业成功的一切活动所附带的条件、规则、结构、过程、方法等的总和。[②] 本书认为，企业创新主要包括知识技术创新、产品创新、工艺创新、组织管理创新、战略创新、市场创新等方面，这些创新由企业各个部门共同参与、相互协调及配合得以完成，从而构成了企业创新系统（见图2－3）。

一是知识技术创新、产品创新和工艺创新。这三类创新是企业创新系统的核心，主要包括生产技术上的重大突破、工艺设备的创新运用以及新产品的开发与投入。知识技术创新是企业生命的源泉，工艺创新是企业降低成本、提高效率、实现经济效益的关键，产品创新是企业开拓市场、立于不败之地的保证。

二是战略创新、组织管理创新及市场创新。企业的管理者根据外部市场和企业内部的变化，利用新思路、新方法、新制度，以更新、更有效的方法整合企业内外部资源，建立高效运作的企业行为机制。为此，企业组织管理创新、战略创新需要建立现代化的企业制度，深化企业改革。市场创新要求企业引入

①　许庆瑞、郭斌、王毅：《中国企业技术创新——基于核心能力的组合创新》，《管理工程学报》2000年第S1期。

②　李庆东：《企业创新系统各要素的相关性分析》，《工业技术经济》2006年第9期。

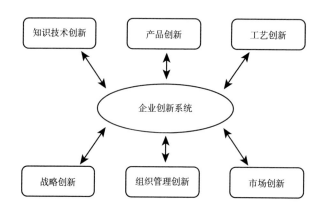

图 2 - 3 企业创新系统的构成

新的市场要素，开拓新需求和新领域。企业进行各种创新的目的都是为了抢占市场，而创新的效果也必须通过市场才能得以检验，可以说，市场创新是企业创新的出发点和落脚点。

2. 产业集群创新系统

产业集群创新系统是企业创新发展到网络集成模型之后才出现的新的创新组织形式。产业集群创新从狭义层面来看是指以技术创新为核心的创造和产业化应用，而广义层面上的产业集群创新是指参与主体，如企业、政府、其他机构等通过技术、制度、组织、管理、环境等多方面的创新，使原有产业出现质的飞跃性发展或者培育出新兴的产业。

产业集群创新系统是创新系统中的重要组成部分，它与国家、区域以及企业创新系统均产生密切联系。首先，它构成了国家和区域创新系统的基本要素。产业集群创新系统包括技术的创新、产品的创新以及企业的创新，是推动国家和区域创新系统发展的主要动力。其次，由于产业创新的目的是促进产业集群内技术的形成、积累和共享，为企业创新活动提供创新平台，因此可以说，企业创新系统是产业集群创新系统的基本构成要素，而产业集群创新系统是企业创新系统更高的发展层次，后者的创新能力正是通过前者的创新行为推动的。

（三）支撑体系分析

区域创新系统的良好发展离不开区域创新环境的保障和支撑。本节所述的区域创新环境主要包括区域宏观调控体系、区域创新服务体系和区域技术投融资体系三个方面。

1. 区域宏观调控体系

区域宏观调控体系的主体包括地方政府的相关管理部门、监督部门以及职能部门，辅助部门应包括相关的领导小组、专家委员会、政策咨询部门等。该体系通过制订实施相关政策、法规、计划，将区域创新系统中具有密切联系的各个行为主体进行有效的整合，从而提高区域创新系统的水平。

2. 区域创新服务体系

区域创新服务体系的参与主体主要是区域内的各个科技中介服务机构。这些机构以专业知识和技术为依托，为区域内其他行为主体提供专业化的技术服务，有效降低创新成本、促进资源优化配置、推动技术成果的转化，将技术创新与经济有效联结起来。

3. 区域技术投融资体系

区域技术投融资体系依托区域内的地方政府、各类银行、基金公司、风投机构、技术产权交易所等机构，以资金投入相关项目为主要形式，有效地支持企业和高校科研机构进行技术研发。该体系主要由政府科技投入、企业科技投入、金融投资和风险投资等构成，可以促进区域内新产品和新知识技术的形成、加速技术成果的转化，因而对区域创新发挥着重要的保障作用。

三　基于产业集群的区域创新系统的运行机制

基于产业集群的区域创新系统的运行机制如图 2 - 4 所示，具体分析如下。

第一，区域创新系统的核心要素——企业及产业集群通过各种创新，包括产品、技术、管理、制度、市场、环境等，充分适应产业发展的要求，并与其他行为主体形成互动的内部网络结构。

第二，区域创新系统的外部环境包括软环境和硬环境，前者包括区域内的政策环境、信息平台、人才保障及文化环境，后者包括区域各项基础设施建设和产业园区建设，外部环境与创新主体之间形成一个更大的互动网络结构。

第三，区域各行为主体在政策的支持和引导下进行技术的创新和应用，并作用于产业集群，从而推动产业的发展和升级。

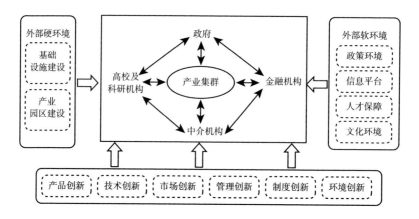

图 2 - 4　基于产业集群的区域创新系统的运行机制

　　基于产业集群的区域创新系统的构建是一个系统、复杂的工程，根据各区域的特色和差异，所采取的运行机制也应当有所区别。但是总体来看，其运行机制可以依据区域创新系统的成熟度划分为以下两种模式。

　　一是初期的区域短链线性组织结构。该模式旨在对区域内初步产生或正在形成的产业集群进行资源整合或优化重组，促使形成短链结构。具体来看，在区域创新系统的建设初期，可以采用政府主导、企业参与的合作机制；随着创新系统的日益成熟，政府的角色将逐步减弱，可以采用政府引导加企业自主的合作创新机制。

　　二是中后期的区域网络组织结构。随着区域产业集群的不断发展和创新系统的成熟，区域内的产品、技术、信息、人才、资金等要素在各个要素之间的流动更加充分，企业、高校及科研机构、政府和金融中介机构通过密切的联系与互动形成网络节点，进行技术的创新、扩散和传播。

第二篇 ▪

产城耦合

产业群是具有一定产业关联的企业及其关联机构在一定地理空间范围内高度集聚形成的特定产业空间组织形式。城市群是以一个或两个特大城市为核心，在一定地理范围内聚集多个不同性质、类型和等级规模的城市"集合体"。借用物理学的耦合概念，产业群与城市群的耦合可定义为在特定的地域范围内，产业群和城市群两大系统之间，各构成要素相互影响、相互作用，推动资源和要素的优化配置，促进企业组织结构和产业结构的转型升级，优化城市空间结构和功能结构布局，共同构成一个动态开放、有机融合的区域经济体。在耦合发展过程中，通过企业与企业间的分工协作、城市与城市间的优势互补、产业链和城市链交织形成一个由资源要素流动网络、企业网络和城市网络融合在一起的群域经济体，最终实现城市扩张和产业发展的时空协同。

本篇结合中国经济实践，归纳三种典型的产业群与城市群耦合模式：棋盘式内生型－多核散状城市群组合、卫星平台嵌入型产业集群－网络城市群组合、轮轴式国家推动型产业集群－圈层城市群组合，分别以浙江城市群域经济体、珠三角城市群域经济体、武汉城市群域经济体为案例进行深入剖析，解析其耦合机制，总结其耦合特点，为第三篇在不同耦合情景下对区域创新系统展开对比研究打下基础。

第三章
产业群与城市群耦合的相关理论

本章首先梳理了产业群和城市群理论的演进历程，然后对研究产业群与城市群之间互动关系的文献分层次进行了归纳和总结。

第一节　产业群相关理论的历史演进

一　国外研究

国外学者对产业群理论的系统研究开始较早，研究内容涵盖产业集群的概念、产业集群产生的动因、产业集群竞争力的提升等多方面的内容，取得了非常丰富的理论研究成果。

1. 产业群研究的萌芽阶段

18 世纪 70 年代至 19 世纪初是产业群理论形成的萌芽期。在亚当·斯密（Adam Smith）对产业集聚做出开创性阐述的基础上，[①] 马歇尔（Alfred Marshall）又进一步提出了规模经济是产业群形成的重要推动力。[②] 阿尔弗雷德·韦伯（Alfred Weber）则对形成产业集聚的推动力进行了剖析，分析了工业区位因素对产业集聚的影响。[③]

---

① 〔英〕亚当·斯密：《国富论》，胡长明译，人民日报出版社，2009。
② 〔英〕马歇尔：《经济学原理》，曼昆译，北京大学出版社，2015。
③ 〔德〕阿尔弗雷德·韦伯：《工业区位论》，李刚剑等译，商务印书馆，2009。

1776 年，亚当·斯密率先就分工促进产业发展和集聚进行了阐述。在其著名的经济学著作《国富论》中对工人在工厂进行生产时所表现出来的熟练、专注以及对产品质量的把控等行为都归因于合理分工，同时指出企业劳动生产率的提高源自专业化分工和经济人假设条件下"看不见的手"的调节。

马歇尔是历史上第一个对产业群理论进行阐述的古典经济学家。他发现性质相同的企业集中在特定区域会促使企业的生产成本显著下降，基于外部规模经济形成了企业集群。不同性质的市场主体利用各自的独特性相互吸引，从而不断聚集，形成一定的产业集聚，并在此基础上形成一个正反馈效应，让产业聚集区不断扩大。

韦伯首次分析了工业区位对企业选址以及产业集聚的影响。其所著《工业区位论》指出，企业选择区位时应该着重降低费用，尤其是交通费用才能实现利润的最大化。而影响费用的因素主要包括运费、工资、集聚三种，即运输成本、劳动成本以及交易费用。只要符合能够降低三者之间的费用总和的条件，就是合适的位置选择。

2. 产业群研究的发展阶段

20 世纪 30～80 年代是产业集群理论的发展阶段。这一时期，有关产业群发展的理论异彩纷呈，罗纳德·哈里·科斯（Ronald H. Coase）的交易费用理论、巴格那斯科（Bagnasco）的新区位理论以及迈克尔·波特（Michael Porter）的竞争战略理论都为产业集群理论的发展做出了很大的贡献。①

科斯认为，产业集聚是由许多交易费用很低甚至为零的企业组成的。他指出，经济的外部性或者非效率能够通过协商得到纠正，从而实现帕累托最优，这为研究产业集聚提供了开创性视角。1937 年，在《企业的性质》一书中，科斯提出了降低交易费用对产业集聚乃至产业群形成的重要作用。产业集聚区内由于众多企业市场距离较近，可以交流沟通相关的市场信息，降低了信息获取成本或信息不对称；同时，由于交易频率以及交易对象稳定，最终区域内的市场主体能够共同分担相关的市场风险。

社会学家巴格那斯科在韦伯工业区位理论的基础之上，于 1977 年提出了

---

① R. H. Coase, "The Nature of the Firm," *Economica* 4 (1937), pp. 386 – 405.

新产业区（New Industry District）理论。他认为一个新的产业集聚区是具有相同价值观的工作者、企业家等在一定的区域内凭借一定的生产资料所形成的地域生产综合体，具有管理的灵活性和生产弹性的特点。而且，因地制宜地采取灵活而富有弹性的专业化精细化生产促进了企业集聚。

波特首次从竞争战略的角度阐述了提升产业群竞争力的措施。在他 1985 年出版的 *The Competitive Advantage of Nations* 中提出了国家竞争优势的钻石模型，指出四种决定本国竞争力的内部因素以及两种外部因素，强调通过产业之间的集聚形成产业群是国家获得国家竞争优势的重要手段，国家应该采取相关手段促进相关产业的发展。[①]

3. **产业集群研究的成熟阶段**

伴随着第三次科技革命到来，互联网技术、大数据、人工智能等高新技术飞速发展，企业的发展不仅要降低相关的交易成本，更重要的是认识到产业集群与组织创新、组织学习、组织绩效等相关关系的重要性。新时期有两个比较重要的理论：（1）区域创新环境理论。产业集群的形成必然要求区域内的企业发挥各自的专长优势或者比较优势，生产相关产品或从事相关活动，形成产业集群的外部创新环境。（2）区域创新系统理论。达鲁姆·荷尔米恩（Dalum Holmen）和杰克布森（Jacobsson）分析了欧洲北部的日德兰半岛以及瑞士西北部的知识产业集群形成的原因以及过程，认为不同产业集群之间能够通过市场竞争和合作形成一个区域创新系统。[②]

二　国内研究

中国学术界对产业群的研究始于 20 世纪 90 年代，这主要是因为随着改革开放的进行，中国出现了形形色色的产业集聚区，成为空间经济学、区域经济学、产业经济学等学派的重要研究对象。对产业群的定义、类型、成长路径相关的研究也逐渐由浅入深，取得了一定的研究成果。

---

① M. E. Porter, *The Competitive Advantage of Nations*（New York：Free Press, 1985）, p. 127.

② E. M. bergman, E. J. Fester, *Industrial and Regional Clusters Concepts and Comparative Applications*（Virginia：Network）, 1999, p. 120.

（一）产业群研究的萌芽阶段

我国专家学者早期对产业群内涵以及形成机理的探索比较基础，视角比较单一，但也取得了突破性进展。北京大学教授王缉慈等从新经济地理学的视角出发，在对传统区域理论反思的基础上，指出应该结合本地区的具体情况发展具有地方特色的产业群，营造有利于创新的社会环境，增强本地区的综合竞争力。至此，开启了我国专家学者对产业群领域的探索，并取得了丰富的成果。[①] 另外，专家学者也对产业群的形成机理进行了初步分析：李小建认为应该对新诞生的产业集聚区的产生时间、速度和规模、彼此关联性和根植性五个方面进行分析；[②] 张仁寿从区域的整体经济发展水平、非正式制度、社会环境等软性因素的角度分析了产业集聚的状况。[③]

（二）产业群研究的深化阶段

深化阶段呈现出研究视角多元化的特点，并且形成了具有一定创新性、前瞻性的观点。（1）产业群有助于推动区域经济发展。魏守华、王缉慈、赵雅沁在吸收以往区域经济发展理论的同时，提出新的区域经济发展理论即产业群发展理论。该理论认为，通过整合集群内的创新技术等生产要素，能够更好地促进区域经济的发展。[④] 吴勤堂指出一个产业在自身发展的同时，也能够吸引大量的人口投入产业发展的过程，进而发挥其在带动消费、完善基础设施、发展医疗卫生等方面的作用。（2）产业集聚特征表现形式多种多样。[⑤] 吴忠培等认为产业集聚的一般特征包括空间集聚特征、灵活富有弹性的专业化生产特征、学习和创新特性、自我增强特性、社会文化特征等五个方面。[⑥] 李辉、李舸从生态学的视角观察产业聚集现象，得出了产业群与生物群落具有一些相似

① 魏心镇、王缉慈：《新的产业空间：高技术产业开发区的发展与布局》，北京大学出版社，1993。
② 李小建：《新产业区与经济活动全球化的地理研究》，《地理科学进展》1997 年第 3 期。
③ 张仁寿：《深化对"浙江模式"的研究》，《浙江社会科学》1999 年第 3 期。
④ 魏守华、王缉慈、赵雅沁：《产业集群：新型区域经济发展理论》，《经济经纬》2002 年第 2 期。
⑤ 吴勤堂：《产业集群与区域经济发展耦合机理分析》，《管理世界》2004 年第 2 期。
⑥ 吴忠培、董丽雅、苗娴雅：《产业集群的组织特征及其研究意义》，《华东经济管理》2006 年第 8 期。

特征的结论。[①]（3）产业群可根据具体情况划分不同时期。王瑞林认为一个产业群的形成应该是由自身条件和外在条件相结合而形成的。他结合城市群的具体形成机理，进一步界定了一般城市群形成过程的四个阶段：原始集聚期、产业协作期、壮大成熟期以及规模竞争期。[②] 朱秀梅、张君立将科技型企业集群分成萌芽期、快速成长期和走向成熟期三个阶段。[③]

（三）产业群研究的全面发展阶段

全面发展阶段开始注重不同学科之间交叉融合以及定量与定性分析相结合。（1）不同类型的产业群发展路径差异很大。余丽霞从金融产业群角度切入，分析了在经济发展过程中，金融产业集聚对经济增长的贡献以及经济增长对金融产业集聚的正反馈作用。[④] 周贤分析了我国电子信息产业群存在的问题，提出要加强科技人才培训、加大科研投入以及建立健全相关的激励制度，来破解我国电子信息产业群的窘境。[⑤] 李文博针对杭州物联网产业合作不足、客户认知能力弱、核心技术缺乏、人才流失等问题，提出要建立健全资源联动、政策联动、运营联动以促进杭州物联网产业群发展。[⑥]（2）定性分析与定量分析产业群发展的路径选择。方永恒从复杂系统论的角度，研究产业集群的形成过程和发展规律，指出网络和空间结构决定了它的形成，同时，产业集群系统遵循 Logistic 规律。[⑦] 杨大刚等通过构建模型对船舶产业群与国际航运中心量化比较分析，提出了要健全船舶金融登记管理，增强制造与相关配套产业的融合等具体措施。[⑧] 陈春燕从系统动力学视角出发建立相关模型，定性与定

①　李辉、李舸：《产业集群的生态特征及其竞争策略研究》，《吉林大学社会科学学报》2007 年第 1 期。

②　王瑞林：《产业集群形成与政策引导》，《陕西省行政学院、陕西省经济管理干部学院学报》2005 年第 4 期。

③　朱秀梅、张君立：《科技型创业企业集群形成机制研究》，《工业技术经济》2007 年第 6 期。

④　余丽霞：《金融产业集群对区域经济增长的效应研究》，西南财经大学博士学位论文，2012，第 55 页。

⑤　周贤：《促进我国电子信息产业群创新道路探讨》，《现代商贸工业》2016 年第 11 期。

⑥　李文博：《物联网产业群发展的制约因素与多要素联动策略：以浙江杭州为例》，《科技管理研究》2016 年第 10 期。

⑦　方永恒：《产业集群系统演化研究》，西安建筑科技大学博士学位论文，2011，第 60 页。

⑧　杨大刚、王学锋、金琳：《船舶产业群与国际航运中心协同关系量化比较》，《中国航海》2014 年第 2 期。

量分析了我国高耗能产业群走可持续发展道路的必要性及可行性，为高耗能产业群实现经济、环境、资源的协调统一提供了理论参考。①

第二节　城市群相关理论的历史演进

一　国外研究

国外的城市地理学家、经济地理学家、城市规划学家从工业化革命开始就对城镇、城市、城市群的历史演进进行了分析总结，为城市群相关学说的发展奠定了理论基础，促进了城市群研究的繁荣，现实上也影响了聚落、城市以及城市群的发展形态。

（一）城市群研究的萌芽阶段

这一时期的城市学家主要偏重探析城市群的相关基本概念，对城市群的认知还处于探索期。英国地理学家 Ebenezer Howard 在其所著 *Garden Cities of Tomorrow* 一书中指出，未来城镇的发展必定会走向城市群聚（Town Cluster）的发展道路，也即若干个"田园城市"围绕一个中心城市协调发展，有很大的理论前瞻性②。随后著名城市学家 Patrick Geddes 率先对城市群（Urban Agglomeration）做出了定义，在其所著的《进化中的城市》（Cities in Evolution）中，认为城市群具有三种演化形态，具体包括城市区域（City Region）、城市汇集（Conurbation）以及世界城市群（World Cities）③。英国学者 Fawcett 认为城市群是由居住区、商业区、工业区等不同功能分区所组成的城市集合体。④

---

① 陈春燕：《高耗能产业群循环经济发展的系统动力学模型和仿真研究》，昆明理工大学硕士学位论文，2015，第 75 页。

② Ebenezer Howard, *Garden Cities of Tomorrow*（London：Attic Books，1985），p.140.

③ Patrick Geddes, "Cities in Evolution：An Introduction to the Town Planning Movement and to the Study of Civics," *Geographical Journal* 4（1916）：pp. 309 – 310.

④ C. B. Fawcett, "Distribution of the Urban Population in Britain," *Geological Journal* 79（1932）：pp. 100 – 113.

（二）城市群研究的丰富深化阶段

第二次世界大战以后，城市群的理论研究逐步走向成熟，对城市群的分类、形成过程、发展特点等的认识有了进一步升华。Duncan 在所著《大都市群与区域》（*Metropolis and Region*）首次引用了城镇体系（Urban System）的概念①。法国经济学家弗郎索瓦·佩鲁（Francois Perroux）指出在三种狭义的增长极划分类型中，有一种城市增长极，即通过核心城市或城镇的带动作用促进区域内整体城市群发展②。现代意义上的城市群研究是戈特曼（Jean Gottmann）经过在美国的实地调研，于 1957 年在《美国经济地理》（*Economic Geography*）发表了具有时代意义的著名论文《大都市带：东北海岸的城市化》（Megalopolis：the Urbanization of the Northeastern Seaboard），提出了城镇集体发展空间的概念③，并指出了城市群有可能在未来世界起领导作用。

（三）城市群研究的全面发展阶段

全面发展阶段的城市群研究，在对研究对象进行宏观把握的基础上又注重对具体地区的城市群发展的探索。John Friedmann 等结合 Rostow 的经济发展阶段理论，认为一个城市要完成走向城市群的转变，必须要经历农业社会、工业化初期、工业化成熟期、后工业化时期四个阶段④。Edward J. Malecki 从区位角度出发，提出积极培育并充分利用"地方特性"，能够引发功能不同的地方城镇集聚，从而增强城市群竞争力⑤。

二　国内研究

虽然国内专家学者对城市群的研究起步较晚，但近年来在借鉴国外专家学者研究成果的基础上对我国的城市群研究进行了探索，并取得了一定的成绩，

① Duncan，*Metropolis and Region*（United states，Baltimore：Johns Hopkins Press，1950），pp. 120.

② F. Perroux，"Economic Space：Theory and Application," *Quarterly Journal of Economics* 66（1950）：pp. 80 – 90.

③ J. Gottmann， "Megalopolis：the Urbanization of the Northeastern Seaboard. "，*Economic Geography*，33（1957），pp. 189 – 200.

④ John Friedmann，John Miller， "The Urban Field," *Journal of the American Planning Association* 31（1965）：pp. 312 – 320.

⑤ Edward J. Malecki， "Hard and Soft Networks for Urban Competitiveness," *Urban Studies* 39（2002）：pp. 929 – 945.

为我国城市群理论的发展做出了一定的贡献。

1. 城市群研究萌芽阶段

该阶段城市群研究为以后研究的深入发展奠定了基础。于洪俊、宁越敏在其著作《城市地理概论》中，首次使用"巨大都市带"（Metropolis）的概念，初步介绍了戈特曼有关城市群的思想。[1] 姚士谋等在《中国城市群》一书中对"巨大都市带"做了进一步的分析，概括总结了具有经济地理学意义上的"城市群"（Urban Agglomerations）概念。他在分析中国城市当时发展现状的基础上，对我国未来城市群的发展规律做出了预测，为以后城市群理论的发展奠定了基础。[2]

2. 城市群研究深化阶段

该阶段城市群研究注重在合理而可能的范围内，为实现城市群发展提供理论支撑。（1）实现城市群的健康发展要把城市群的承载力控制在一个合理的范围内。郝东恒等把环渤海西岸城市群划分为三个经济区，选取每个经济区中比较优秀的城市作为研究对象，构建指标体系框架，包括土地自然承载、土地经济承载、土地社会承载、土地生态承载四个指标，得出要对稀缺不可再生的土地资源进行保护，注重发展可持续性的结论；[3] 欧朝敏、刘仁阳"将"长株潭城市群城市综合承载力分为两个部分——高级和低级，其认为土地承载力对城市群的长远发展具有重要的影响，提出必须采用先进科技、提高资源利用效率、增强人们的环保意识等措施以实现长株潭城市群综合承载力的提升；[4] 赵双指出了中原城市群面临的环境问题，从社会、经济、环境三个子系统分析了生态承载力状况，并运用极差法对该子系统的相关数据进行了分析，提出了实现中原城市群可持续发展的建议。（2）不同城市群的竞争能力强弱各异，构建指标评价体系有利于借鉴不同城市群的发展经验。[5] 朱英明指出城市群具有

① 于洪俊、宁越敏：《城市地理概论》，安徽科学技术出版社，1983。
② 姚士谋等：《中国城市群》，中国科学技术大学出版社，1992。
③ 郝东恒、赵淑芹、王殿茹：《环渤海西岸城市群土地空间承载能力评价》，《统计与决策》2008年第8期。
④ 欧朝敏、刘仁阳：《长株潭城市群城市综合承载力评价》，《湖南师范大学自然科学学报》2009年第3期。
⑤ 赵双：《中原城市群生态承载力评价研究》，河南大学硕士学位论文，2010，第35页。

创新环境、学习区域以及集体学习三个显著特征，要通过积极有效的集体学习，建设高水平的学习区域，形成良好的集体学习的氛围，这是增强区域竞争力的重要措施；[1] 陈晓明运用主成分分析方法，选取了对辽中南城市群内 7 个城市发展比较重要的 10 个指标，进行了相应的排序分析，提出了提升辽中南城市群竞争力的建议；[2] 童中贤、王丹丹等通过构建区域竞争力模型，对中原城市群、武汉城市圈、长株潭城市群、皖江城市群、环鄱阳湖城市群、太原城市圈六大城市群的结构竞争力、绩效竞争力、功能竞争力以及综合竞争力进行了排序。[3]

3. 城市群研究的全面发展阶段

伴随经济发展方式的转变，城市群研究开始调整研究方向并与主流发展理念相吻合。（1）实现城市群的可持续发展需要分析制约因素和积极因素探寻城市群的可持续发展路径。方创琳从研究西部地区 10 个城市群入手，提出国家政府的支持是促进西部城市群发展的关键，只有这样才能实现东西部地区城市群的协调发展；[4] 张小刚分析了影响长株潭城市群绿色经济发展的因素如绿色空间结构布局、综合体系和配套政策、产业结构配置等，提出规范空间布局、调整产业结构、注重综合合理决策等三项具体措施；[5] 王晓玲提出了辽中南城市群未来发展面临的资源约束、产业结构不合理等问题，指出要实现可持续发展必须由外延式向内涵式的发展方式转变。[6]（2）城市群发展的高级阶段在于与不同产业之间实现有效融合。宋倩面对中原城市群产业结构升级缓慢的现实困境，分析了工业产业竞争力、区域产业结构等影响因素，提出了中原城市群产业结构升级的政策建议；[7]

---

① 朱英明：《创新环境、学习区域、集体学习与城市群竞争力研究》，《江海学刊》2007 年第 5 期。

② 陈晓明：《辽中南城市群城市竞争力实证分析》，《安徽农业科学》2009 年第 10 期。

③ 童中贤、王丹丹、周海燕：《城市群竞争力模型及评价体系——中部城市群竞争力实证分析》，《城市发展研究》2010 年第 5 期。

④ 方创琳：《中国西部地区城市群形成发育现状与建设重点》，《干旱区地理》2010 年第 5 期。

⑤ 张小刚：《基于可持续发展的城市群绿色经济发展研究——以长株潭城市群为例》，《湖南师范大学社会科学学报》2011 年第 5 期。

⑥ 王晓玲：《辽中南城市群发展阶段、特征与转型》，《东北财经大学学报》2013 年第 6 期。

⑦ 宋倩：《中原城市群产业结构优化研究》，天津理工大学硕士学位论文，2014，第 50 页。

杜龙政等收集了京津冀等 10 大城市群的 104 个市级城市面板数据，建立 SSM 分析模型，着重分析了总体经济发展水平、三次产业结构的偏离以及产业变化对城市群的影响，有利于不同城市群之间进行横向和纵向对比分析；[①] 薛源分析了成渝城市群产业结构的演进与城镇化之间的关系，依照产业结构与城镇化两个不同维度构建了 12 个指标体系，论证了只有实现产业化与城镇化之间的良性融合，城市群才可以得到长远的发展，同时提出了推进产业整合、优化城市层级结构分工的具体措施。[②]

第三节　产业群与城市群互动关系

理论界对产业群和城市群的研究在很长时间内沿着各自的方向和轨迹进行，随着实践的丰富和理论研究的推进，两者逐渐出现了交集。

一　国外研究

（一）产城融合为产业群和城市群健康发展奠定基础

P. Krugman 认为，大城镇的发展在产业化的进程中，会产生一定的环境污染问题，急需对城市的产业结构进行相应的调整，应在未来城市的发展规划中侧重绿色产业以及知识密集型、新兴服务业等产业的发展。[③] Rosenberg 指出，产业和城镇融合发生在市场经济不是很发达的工业革命发展的初期，当时经济刚刚起步，人们刚从农村走进城市，城镇慢慢开始出现，又进一步推动了城镇产业发展。[④] Massimiliano Ri 注重分析在特定的地理区域范围内，由于企业生产所形成的产业化与以产业化为基础所形成的城镇之间的相互依赖关系，

① 杜龙政、常茗：《中国十大城市群产业结构及产业竞争力比较研究》，《地域研究与开发》2015 年第 1 期。
② 薛源：《成渝城市群产业结构演进与城镇化协调发展研究》，西南大学硕士学位论文，2016，第 32 页。
③ P. Krugman, " Urban Concentration：The Role of Increasing Returns and Transport Costs ", *International Regional Science Review* 19 (1996)：pp. 5 – 30.
④ Nathan Rosernberg , "Technological change in the machine tool industry, 1840 – 1910", *The Journal of Economic History* 23 (1977)：pp. 414 – 443.

同时也探讨了劳动力流动对区域表现优劣的可能性。① Mohamad 宏观分析了影响产业化和城镇化之间互动关系的因素，并指出了促进两者健康发展的措施。②

（二）产业群促进城市群发展

Vanden Berg 认为产业群能够对一定区域范围内的经济体如城镇、城市以及城市群等起到一定的带动作用，甚至能够促进整个区域经济发展水平的提高。③ Porter 以美国为例，从不同地理层次的视角出发，指出产业集聚影响地区城市、联邦州、联邦国家的发展，进而影响到周边国家乃至世界经济发展。④ Scott 认为东亚地区的中国香港、新加坡以及中国上海等地都能够有效吸引外国投资，形成良好的产业集聚效应，促进城市群的发展。⑤

（三）城市群促进了产业群发展

Chenery 以及 Sell Quinn 指出在连续均衡的国民经济中，城镇化的进行乃至最后形成城市群是生产结构调整的重要原因，通过总结相关国家在工业化发展的不同时期的经济发展规律可以看出，工业化带动非农化，非农化影响城市化，从而工业化与城市化之间的关系也变得非常密切。⑥ Davis 和 Henderson 通过描述性统计发现在众多影响产业发展尤其是经济发展的因素中，城市首位度并没有阻碍产业以及地方经济的发展，而是起到了很大的促进作用。⑦

①　Massimiliano R. Riggi, Mario A. Maggioni. "Regional Growth and the Co – Evolution of Clusters: The Role of Labour Flows", *Growth and Innovation of Competitive Regions Advances in Spatial Science* (2009): pp. 245 – 267.

②　M. I. Mohamad, "Exploring the potential of using industrialized building system for floating urbanization by swot analysis", *Journal of applied Sciences* 12 (2012): pp. 486 – 491.

③　Vanden Berg R. J., Richardson HA, EastmanLJ, "The Impact of high involvement work processes on organizational effectiveness a second-order latent variable approach", *Group & Organization Management: An International Journal* 24 (1999): pp. 300 – 339.

④　M. E. Porter, *Thailand's competitiveness: creating the foundations for higher productivity* (Bangkok, Thailand: Institute for Strategy and Competitiveness, 2003), p. 77.

⑤　A. J. Scott, "Cultural – products industries and urban economic development", *Urban Affairs Review* 39 (2004): pp. 461 – 490.

⑥　M. S. Quinn, "Practice – Defining rules", *Ethics* 86 (1975): pp. 76 – 86.

⑦　J. C. Davis, J. V. Henderson, "Evidence on the Political Economy of the Urbanization Process", *Journal of Urban Economics* 53 (2003): pp. 98 – 125.

二　国内研究

（一）产城融合为产业群和城市群健康发展奠定基础

产城融合为产业群与城市群的融合奠定了基础，产业和城镇不能分割，而是相互依存。张道刚首次提出"产城融合"的发展理念，指出产业和城镇的发展要协调统一，要有匹配度。城市没有产业支撑就会成为"空城"，而产业离开了城市也只能"空转"。[①] 刘瑾、耿谦等从济南市高新区的角度概括了产城融合的内涵，即"以产促城、以城兴产、产城融合"，分析了以市场机制为主导的其他机制，并为济南高新区未来城市规划提供了决策参考。[②] 罗守贵分析了产城融合过程中三个不同区域层次（全国范围、地域城市圈或城市圈、单体城市）中存在的问题，并为解决城市空间与产业发展不协调问题提出了四个建议，为不同区域的产城规划提供了决策参考。[③]

（二）产业群促进了城市群发展

乔彬等认为城市群形成和发展的根本动力在于中心城市群和其周边地区存在的外部规模经济和外部范围经济。同时聚集不经济也为城市群的发展壮大提供了外在的推动作用，二者的合力共同促进城市群由小变大、由弱变强、由点到面。[④] 陈柳钦认为产业群能够增强城市群的区域竞争力，发挥城市群内资源的共享作用，有利于形成一个城市群的品牌效应，从长远推动城市群的发展进步。[⑤] 张燕应用 NDSER 机理模型分析，认为城市群的形成受到以下四个因素的影响，分别是要素集聚、产业分工、知识积累以及城市增长，同时指出要素集聚的融合作用、产业分工的协调作用、知识积累的柔性作用以及联通城市增长的共生效应在不同历史发展阶段所发挥的作用也不尽相同。[⑥]

[①] 张道刚：《"产城融合"的新理念》，《决策》2011 年第 1 期。

[②] 刘瑾、耿谦、王艳：《产城融合型高新区发展模式及其规划策略——以济南高新区东区为例》，《规划师》2012 年第 4 期。

[③] 罗守贵：《中国产城融合的现实背景与问题分析》，《上海交通大学学报》（哲学社会科学版）2014 年第 4 期。

[④] 乔彬、李国平：《城市群形成的产业机理》，《经济管理》2006 年第 22 期。

[⑤] 陈柳钦：《城市功能优化的路径选择——基于产业集群的视角》，《郑州航空工业管理学院学报》2007 年第 6 期。

[⑥] 张燕：《城市群的形成机理研究》，《城市与环境研究》2014 年第 1 期。

（三）城市群促进了产业群发展

张亚斌、黄吉林等从经济地理学的视角分析了中心城市、城市群、城市圈层的演变规律，观测了微观主体、中观层面、宏观整体对产业升级的影响，得出产业结构的优化布局应该在某一个特定的圈层结构中实现产业的分工、转移、优化，从而实现圈层竞争能力的提升，最后实现国家产业结构升级的结论。[①] 朱英明指出，城市群是由不同层次的产业链将不同的城市连接起来的，如果要提升城市群的竞争力，必须构建不同层次的城际之间的战略转移链，进行相应的图谱对比分析，如规范图谱等，从而弥补相应的产业链缺失，力争向产业链的高端转移。[②] 何骏研究了我国城市化水平最高的长三角地区，提出通过城市群内各城市间的合作能够促进区域整体发展水平的提高。同时他也指出发展服务经济是大势所趋，城市化水平越高，对该产业需求导向性越强。[③]

（四）城市群与产业群之间的内在联动关系

产业群与城市群不可分割且存在正反馈机制。庞晶、叶裕民认为劳动分工的产生以及专业的精细化生产是城市群形成与发展的微观基础，从产业层面支撑了城市群未来发展的坚实基础。同时，城市化进程的推进尤其是城市群的形成也为产业集聚提供了广阔的发展空间。[④] 李翠鸿认为产业群能够发挥乘数效应，如果重视中小企业生产的集聚作用，不仅能促进城市群功能的完善，而且能够降低基尼系数，实现持续发展。同时，城市群在形成的过程中能够吸收劳动力、资本、技术等其他产业因素，并且随着城市群扩大能够带动周边城镇的发展，如卫星城、新兴产业区，形成城市群特有的自然环境优势以及独具底蕴的人文环境。[⑤] 苏长青指出创新型产业群能够提供产业技术支持，提高城市竞争力以及增强自主创新能力从而促进创新型城市发展。反过来，创新型城市为

① 张亚斌、黄吉林、曾铮：《城市群、"圈层"经济与产业结构升级——基于经济地理学理论视角的分析》，《中国工业经济》2006 年第 12 期。

② 朱英明：《创新环境、学习区域、集体学习与城市群竞争力研究》，《江海学刊》2007 年第 5 期。

③ 何骏：《长三角城市群产业发展的战略定位研究》，《南京社会科学》2008 年第 5 期。

④ 庞晶、叶裕民：《城市群形成与发展机制研究》，《生态经济》2008 年第 2 期。

⑤ 李翠鸿：《山东半岛产业集群与城市群互动发展研究》，山东师范大学硕士学位论文，2008，第 88 页。

创新型产业群也提供了必需的创新元素和必要的创新载体。①

产业群和城市群存在耦合发展的关系。郭凤城通过构建耦合度系数模型，定量地对吉林省中部地区三大城市群与产业群进行了耦合度测算，计算得出该地区产业群与城市群的耦合度较低，同时他指出了耦合度差异对区域发展的影响；② 牟群月分析了温台沿海城市群与产业群的耦合机理以及形成原因，并提出要加强宏观调控、促进城市群内产业转型升级以及保证资金链的完整等提升温台沿海城市群发展的措施；③ 伏晓玮对城市群与产业群之间的耦合关系进行了 Granger 检验，得出了产业发展是城市发展的 Granger 原因，而城市发展不是产业发展的 Granger 原因的结论。他提出要重视北部湾地区工业以及新型服务产业发展、树立耦合发展战略、人次优先战略等有利于城市群发展的措施；④ 万宇艳通过构建偏离－份额模型对中原城市群进行了定量分析，提出发挥首位城市带动作用、加强城市群内其他城市产业承接转移升级功能、完善城市群内交通网络等促进中原城市群竞争力提升的措施。⑤

---

① 苏长青：《创新型产业集群与创新型城市互动发展机制研究》，《中州学刊》2011 年第 6 期。

② 郭凤城：《产业群、城市群的耦合与区域经济发展》，吉林大学博士学位论文，2008，第 68~72 页。

③ 牟群月：《产业集群与城市群的耦合发展研究——以温台沿海城市群为例》，《特区经济》2012 年第 5 期。

④ 伏晓玮：《广西北部湾产业群与城市群的耦合发展研究》，广西大学硕士学位论文，第 50~54 页。

⑤ 万宇艳：《中原城市群与产业群耦合发展研究》，《地域研究与开发》2015 年第 3 期。

第四章

产业群与城市群的耦合内涵及耦合特点

产业群和城市群作为两个群体性系统，有其各自发展方向和轨迹。但是从国际和国内产业群和城市群发展的历史情况和现实状态看，两者并不是相互独立发展的，而是在一定时间、空间和发展速度上相互推进、相互依存、相互作用，并呈现一体化的耦合现象，即在时间上相依相伴、空间上重叠重合、发展速度上相互牵引。本章着重阐述产业群与城市群的耦合内涵及耦合特点。

第一节　耦合的内涵及耦合理论的应用

耦合起源于物理学，表示两个或者两个以上的事物之间存在相互作用、相互影响的关系，以及对其相互依赖程度的度量。后期耦合理论更多应用于对系统间关系的研究，逐渐拓展到地理、计算机、农林业资源系统、物流、经济学等众多学科领域。

一　耦合的内涵

"耦"的本意是两人并肩耕地，"合"是聚集的意思，"耦合"则是取其聚集而形成的合力加乘效应的意思。在物理学中，如果两个系统之间是相互耦合的，则意味着这两个系统之间存在相互作用的关系，比如线圈通过磁场相互作用就是耦合，因此可以将物理学中的耦合定义为两个或两个以上的元件或系统之间通过各种形式彼此相互影响、相互制约的机制，各子系统在良性互动下互联互通相互作用；在社会科学领域，耦合的含义得以延伸扩展，我们可以把两种社会现象当作两个独立的系统，若这两种社会现象间通过某种条件而有机结合协调发挥作用，称之为耦合。

耦合理论的内涵可以从以下四个方面理解。一是关联性。相互独立的两个系统以及系统内部间各元素存在互动关系的，即是相互关联的，若不存在互动关系则系统之间无法构成耦合。二是整体性。各个系统耦合后便不再沿着各自的轨迹发展，而是按照一定的规则和需要将系统内部各要素重新排列组合，形成一个崭新的具备多个系统优点的系统。三是多样性。耦合的各个系统内部元素具有自组织能力，元素会按照自然关联和信息自由流动的规则，协调自动形成多种有序结构。四是合作性。耦合是两个甚至更多系统破除原有系统的组织结构形成全新系统的过程，因此要求各系统间以合作为基础，发挥自身优势形成良性互补。从上述四个方面可以得出，耦合的核心要义是打破系统间原有界限，解除原有系统间交流的束缚，以构成要素的自然关联和信息自由流动为原则，将关联要素进行重新组合，形成具有自组织结构、系统内各要素具有能动性的"活"的主体系统。

耦合现象的存在有其必要条件，包括以下三个方面：第一，两个系统之间必须是相互独立的；第二，两个系统之间有着某种相互关联性，即存在交流与联系；第三，两个系统自身内部及系统之间彼此相互作用、相互影响、紧密依存。

二 耦合理论在经济学领域的应用

耦合理论在国外经济学领域的初次使用，是美国学者维克（K. E. Weick）在对社会经济问题进行研究时采用的，他在解释各个学校之间既保持相互独立又存在紧密联系的关系时提出了松散耦合理论，开启了耦合理论在经济学领域应用的先河；[1] John Hagel 结合耦合机理及耦合效应，分析了国际经济政治环境和跨国企业发展耦合共生的机理。[2]

---

[1]　K. E. Weick, "Educational Organizations as Loosely Coupled Systems," *Administrative Science Quarterly* 21 (1976): 1 – 19.

[2]　John Hagel, *Net Gain: Expanding Markets through Virtual Communities* (America: Havard Business School Press, 1997), p15.

　　耦合理论在国内经济学领域的首次使用是在吴大进等人出版的《协同学原理和应用》一书中。[1] 该书运用耦合理论分析了协同发展的原理。从大量已有文献内容来看，耦合理论在经济学领域的应用主要集中在以下几个方面。

　　在生态经济方面，黄金川、方创琳用数学和几何两种运算方法构建了生态环境和城市化交互影响的数理函数和几何曲线，试图分析自然生态环境和城市化的耦合机理，最终得出城市化的初期发展使生态环境指数衰退、城市化发展逐渐成熟使生态环境指数改善的耦合规律，并将两者的耦合关系空间式演变轨迹分为低水平协调、拮抗、磨合和高水平协调四个发展阶段；[2] 黄瑞芬、王佩通过分析区域资源与海洋生态产业集聚之间的耦合机理，建立了区域环境资源与生态产业集聚的指标体系，并对环渤海经济圈的产业集聚情况和环境资源进行了实证分析，揭示其耦合发展状况。[3]

　　在社会保障与区域经济方面，谭伟通过构建耦合协调度模型和评价指标体系，从耦合协调度的角度实证分析了我国 2000 年和 2008 年区域经济发展与社会保障之间的协调发展情况。[4]

　　在技术创新和技术管理方面，郝生宾、于渤建立了企业技术能力与技术管理能力的耦合度模型，包括耦合度函数、耦合度指标体系、功效函数和耦合协调度函数四个方面，分析了企业技术能力与技术管理能力之间的耦合机理；[5] 吴伟伟、梁大鹏等通过分析技术能力与技术管理的相互作用方式以及内在逻辑关系，证明了两者之间存在相互耦合关系，而其耦合形式是双螺旋状的，并构建了技术管理与技术能力的双螺旋耦合模式。[6]

　　在产业升级及产业链延伸方面，郭金喜通过分析蝴蝶效应和路径依赖在开

① 吴大进、曹力、陈立华：《协同学原理和应用》，华中理工大学出版社，1990。

② 黄金川、方创琳：《城市化与生态环境交互耦合机制与规律性分析》，《地理研究》2003 年第 2 期。

③ 黄瑞芬、王佩：《海洋产业集聚与环境资源系统耦合的实证分析》，《经济学动态》2011 年第 2 期。

④ 谭伟：《社会保障与区域经济的耦合时空变异特征研究》，《湖北社会科学》2011 年第 2 期。

⑤ 郝生宾、于渤：《企业技术能力与技术管理能力的耦合度模型及其应用研究》，《预测》2008 年第 6 期。

⑥ 吴伟伟、梁大鹏、于渤：《技术管理与技术能力的双螺旋耦合模式研究》，《中国科技论坛》2009 年第 11 期。

放系统中的耦合关系，建立了传统产业模式和转型升级模式；[1] 熊勇清、李世才针对目前我国面临的传统产业转型升级和战略性新兴产业发展并存的双重任务，提出了让传统产业与新兴产业耦合发展的理念，并具体分析了耦合发展的合理性以及耦合发展的内容，指出了详细的耦合发展阶段和作用机制；[2] 梅良勇、刘勇认为产业集聚与产业链耦合发展是实现产业结构耦合的有效承接模式及有效机制。[3]

通过以上关于耦合在各个学科领域应用情况的总结，可以看出耦合理论已经在国内外广泛地应用于分析两个或者两个以上现象或系统协同共生、互动等关系，而使用诸如"彼此作用""相互影响""互动""协调发展"等词语来表达略显单薄，需要借助耦合理论才能表述得更清晰和深刻。

第二节 产业群与城市群的耦合内涵

产业群和城市群作为区域经济发展过程中的两个系统，并不是沿着各自轨迹孤立发展的，两者之间存在相辅相成的耦合关系。产业集聚为城市群的发展奠定了重要的产业经济基础，而城市群的发展也为产业间分工协作和资源要素的集聚提供了空间载体，两者共同推动城市的产业空间结构、城市空间布局的良性发展，提升区域整体竞争能力，带动区域经济实现质的飞跃。

一 相关概念

1. 产业群的内涵

早在 1990 年，迈克·波特就在《国家竞争优势》一书中，用产业集群的理念来分析集群现象。波特通过对 10 个工业化国家的调查，得出了产业集聚

---

① 郭金喜：《传统产业集群升级：路径依赖和蝴蝶效应耦合分析》，《经济学家》2007 年第 3 期。
② 熊勇清、李世才：《战略性新兴产业与传统产业耦合发展研究》，《财经问题研究》2010 年第 10 期。
③ 梅良勇、刘勇：《产业集群与产业链耦合的产业承接及其金融支持——以武汉为例》，《金融理论与实践》2011 年第 5 期。

对工业化进程有推动作用的结论，并将产业集群定义为具有分工合作关联性的不同等级规模的企业、相关辅助产业和机构等行为主体在空间范围内的集聚，通过专业化分工与合作形成了持续和强劲的综合竞争优势。

产业集群是一个多维、动态的复杂系统。首先，产业集群是跨区域、跨边界的概念，并不简单只是相关联企业或产业在地理位置上的集中；其次，产业群是在专业化分工的基础之上建立起来的，并且这种分工已经由企业间扩展到了城市间、区域间的协作，各主体在相互交织的分工与协作网络下紧密联系在一起；最后，产业集聚在促进内部整体效益增长的同时，能辐射和带动周边城市、地区的经济发展，并且这种带动和辐射功能会随着产业链条的延伸不断增长。因此，结合前文对产业集群的阐述，可以将产业集群的内涵界定为：在专业化分工的基础上，以产业链为联系纽带，以城市为空间载体，具有一定产业关联的企业及其关联机构在一定地理空间范围内高度集聚形成的特定产业空间组织形式。

2. 城市群的内涵

现代意义上的城市群概念是在 1957 年由法国地理学家戈特曼（Jean Gottman）在《城市群：美国东北海岸的城市化》一文中提出来的。他通过考察北美城市化发展的情况，发现北美社会存在通过相互作用紧密结合在一起的城市集聚区，并且每一个集聚区都围绕一个或几个中心城市发展，他把这样的城市集聚区定义为城市群，并认为城市群是城市化充分发展的必然结果，是未来城市发展的大势所趋。

城市群是地域性概念，是特定区域范围内的城市集合体。（1）城市群在形成过程中首先是某个城市在极化效应的作用下，集聚了大量的劳动力和产业，使城市经济在快速发展的同时向周边地区辐射，带动周边城市发展，形成了较大规模的城市圈，这些分散的城市圈受交通优化、经济往来的影响联系越来越密切，城市间产业分工与合作、城市规划和基础设施建设等方面相互影响，最终形成城市群，因此城市群是一个地域性的概念。（2）城市群都有一个或若干中心城市，并具有向周围城市辐射的能力。城市群是建立在生产力水平进步、生产要素优化组合的基础之上的，每个城市群都是围绕一个或者两个（极少数为三四个）大城市或特大城市，加上若干个地理位置相近、产业结构互补、经济往来频繁、等级有序的周边城市组成。中心城市在城市群中发挥着重要的辐射和带动作用，是整个城市群的核心与灵魂，其带动辐射能力很大程度上决定了城市群整体的发展潜力。（3）城市群内有统一制定的协调机制。城市群得以形成和发展是以群内各城市的共同利益为基础的，各城市为寻求自身利益的最大化，就必须打破城市行政区划间贸易保护、贸易壁垒、贸易封锁行为的限制，通过建立群内共同遵守执行的协调机制，让城市间的资源和要素按照市场经济规律自由流动，逐步实现群内资源的最优配置、区域经济的协调共生。群内的协调机制是群系统正常运作的必要保证，能使各城市逐渐形成一体化的发展趋势，并融合为统一的经济体。

据此，城市群的内涵就可以界定为：城市群是在一定的区域范围内集聚的数个具有不同分工、不同功能、不同等级的城市，以一个或两个（部分有三四个）大城市或特大城市为中心，依托一定的自然优势和区位优势，在群内成员共同遵守的协调机制的作用下所形成的分工专业化、资源共享、协调发展的城市集合体，是城市化发展的必然产物。

二　产业群与城市群的耦合内涵

产业群和城市群是两个相辅相成、相互作用的系统。新型城镇化背景下，产业的发展促使信息、技术、资本、创新等资源在一定区域范围内集聚，也使城市的经济得以繁荣发展。伴随产业规模的扩大和正规化，这种集聚效应逐渐向外扩散并对周边城市产生影响，这样就形成了以产业集聚为基础的城市群。城市群的形成也吸引了更多资源、产业在区域范围内聚集，为产业发展提供了良好的环境基础。

由此，产业群与城市群的耦合可定义为：在特定的地域范围内，产业群和城市群两大系统间各构成要素相互影响、相互作用，推动资源和要素的优化配置、企业组织结构和产业结构的转型升级、城市空间结构和功能结构的合理布局，共同构成一个动态开放、有机融合的区域经济体。在耦合发展过程中，通过企业与企业间的分工协作、城市与城市间的优势互补，产业链和城市链交织形成一个由资源要素流动网络、企业网络和城市网络融合在一起的立体网络，最终实现城市扩张和产业发展的时空协同。

产业群与城市群耦合的内涵不能简单地理解为城市经济学、区域经济学对城市群的定义，也不能简单地理解为产业经济学中对产业群的定义，更不能简单地理解为产业群与城市群定义的加总，而是对两者联系紧密程度和联系过程的概括。产业群与城市群耦合的内涵可以从以下两个角度解释。

1. 从发展时间角度分析

产业群的快速发展必然伴随着城市群的加速成长，反之，城市群的形成和扩大，也会推动产业集群的发展步伐。产业作为城市一体化发展的推手，能带动本地城市及周边城市的协同发展，而城市规模的扩大也为自然优势与社会资源的集聚提供载体，两者相互适应协调，互为推动力，实现共同发展。从世界范围产业群及城市群耦合发展的沿革看，欧美等发达国家经过数十年甚至上百年的发展，产业群和城市群的发展速度基本保持一致，虽然存在短时期内城市群的发展速度略快于产业群，但经过短期调整很快又能保持协调。与发达国家相对应的新型工业化国家，产业群与城市群的耦合发展过程表现为产业群优先于城市群的形成。例如我国的长三角、珠三角地区，城市群的形成主要得益于中小乡镇企业的繁荣发展，中小型产业在区域空间范围内的协调发展对城市群发展起到了牵引作用。所以说，产业群与城市群互为依托和支撑，在时间上是相伴而生、共同成长的。

2. 从空间结构角度分析

产业群与城市群耦合表现为产城的高度交叉或高度重合。城市群并不是一定空间地理范围内几个相邻城市的简单物理相加，而是城市与城市间的优势互补，产业链和城市链交织的动态开放、有机融合的区域经济体。在世界范围内，每个成形的城市群必然都有一条或几条分工明确、层次鲜明、优势互补的产业链；同样的在产业形成良好分工协作的地区，也必然存在发育良好的城市群。产业群与城市群并不是孤立的两个系统，而是在空间结构上高度交叉重合的，例如西欧城市群、英国英格兰城市群等，都不仅是处于国家经济增长核心地位的城市群，也是具有自身特殊功能的产业群，各城市都有自己独具优势的产业部门，城市之间形成紧密的分工协作关系，产业集群化发展得到极大地体现。

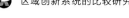

第三节　产业群与城市群的耦合特点

伴随着区域经济一体化进程的加快，产业群与城市群功能的不断加强，两者之间互动关系的日益紧密，产业群与城市群的耦合作用愈加显现。在产业群与城市群耦合的动态发展过程中，表现出了内生性、自组织性、网络性、柔性和周期性的耦合特点。

一　内生性

内生性特征是指产业集群与城市群耦合发展的生成是由其内在机制，也就是在市场机制作用下自发形成的，是经济社会发展的自我选择，而不是政府或其他外力作用强行拼凑的。韦伯认为，系统耦合的产生主要受市场机制的影响，在市场机制作用下，分工与协作带来的收益大于成本，成员城市之间就会自发形成分工，企业在良好的产业生态网络环境中，生产成本、交易成本不断降低，能够有效规避风险。按照马克思在《资本论》中的观点，资本天生具有逐利性，市场中的资本总是朝着能够获得最高利润的地方汇集，而经济发展也会朝着阻力最小的方向伸展，这是经济发展的客观规律，是任何外在条件无法扭转和改变的。

产业集群与城市群耦合发展能够获得巨大的耦合红利，出于对其自身利益的追逐，产业群和城市群两个系统以及系统内部各要素通过交互作用，在长期发展过程中自发地选择耦合。

首先，对于产业发展来说，城市群能够为产业发展创造优越的环境。戈特曼提出"Megalopolis"理念，他认为城市群具有枢纽功能和孵化器功能。通常情况下，城市群是一定区域范围内资源、技术、人力等要素最集聚的地区，也是专业化分工水平和经济发展水平最高的地区。产业间协作需要通过人流、物流、资金流、技术流、信息流等形式来实现，城市群能够发挥其枢纽功能，使各种要素在区域范围内自由顺畅流动，为产业发展提供良好的孵化平台。一方面，城市群在空间整合的过程中所形成的要素共享、优势互补、协调发展的城市群功能体系为专业化分工提供了可能，分工的结果就是优势产业得到发展，相关产业形成集聚效应；另一方面，城市群形成的良好基础设施条件和环境资源条件在空间上高度集聚和相互作用，能够为产业适应全球化发展提供新想法、新思路，为产业自身发展创造更便利的空间。

其次，对于城市群来说，产业集群的出现是城市群竞争力提升和城市化发展的基础和动力。城市作为产业集聚的空间载体，其自身发展也需要以产业为依托。集聚的产业可能因原材料运输价格上涨、劳动力价格提升等原因向周边地区转移扩散，从而带动周边地区产业发展，进一步促进城市群的发展。具体可以从以下三个方面理解。（1）产业集群是城市群发展的推动力。产业集聚带来的规模经济和范围经济效应降低了企业生产经营成本，如库存成本、销售成本、信息成本、劳动力的搜寻成本等，同时知识的外溢效应加速了区域范围内产品创新与核心技术的传播，更多的产业被吸引过来加入产业链条的分工。当产业集群的向心力超越了城市的界限，就会促使周边城市紧密联系起来，并逐步形成分工专业化、横向纵向合作网络密布的城市群。（2）产业集群为城市化提供基础和条件。产业集聚一方面使区域内企业数量不断增长，另一方面也使所需要的劳动力数量不断增长，而产业群边界的扩张给劳动力和企业提供了进入机会，企业和非农人口的增加有效推动了城市化进程。此外产业集群带来的要素在区域空间的高度集中，也扩大了城市的辐射和服务范围，增强了城市吸引劳动力和资本的能力。（3）产业集群能提升城市群对外竞争力。产业集群发展过程中，市场专业化分工使资源使用效率提升进而形成比较优势，在群域内商品向周边扩散和对外经济交流的过程中，能获得更多收益。产业集群对降低城市群内部生产成本、优化产业结构、提升城市群整体竞争力具有重要作用。

综上，从产业群与城市群两个角度分析，均能得出两者耦合发展能产生溢出效应的结论。因此在资本逐利性特征的驱动下，产业群和城市群耦合发展具有内生性的特征。值得注意的是，产业群和城市群的耦合发展是在市场机制的作用下自发形成的，而不能依靠人为的外力因素强行"捏造"耦合现象。遵循哈耶克的"自发拓展秩序"，若不按照市场规律发展必然会导致产业群和城市群集聚的负效应。按照王缉慈的内生性理论所阐述的"集聚一旦产生后能够不断自我加强，自我更新"，可以推断出随着产业集群与城市群关联程度的深化，也就是说耦合发展程度不断深化，其耦合形态必然通过自我完善、自我强化不断更新进步。

二　自组织性

自组织是指开放的非平衡系统之间在一定条件下按照某种规则协调，自动形成时间和空间的有序结构。自组织理论起源于 20 世纪 60 年代，研究的是复杂组织系统如何从低级走向高级、从粗糙走向精细的进化过程。德国物理学家哈肯（Haken）将组织进化形式分为他组织和自组织两类，如果系统在外力指令的作用下形成有序结构，那就是他组织；如果系统不是在外部指令的作用下，而是自发地按照某种规则自我完善、不断提高对环境的适应性、相互协调形成有序结构，就是自组织。自组织现象在社会系统中是普遍存在的，一个系统自组织能力越强，其创造新功能和新结构的能力就越强，任何组织都应该具备自组织性，否则组织存在和发展的动力就会不足。

自组织性是产业群与城市群耦合发展的显著特性。产业群与城市群的耦合发展就是在相对集中的地区以一个或几个大型城市为核心和多个节点城市以优势产业链条为纽带，通过企业间、城市间、企业与城市间的横向协作和纵向链条式分工，形成分工协作、相互依存、互补性强的企业及城市网络，并最终通过产业链条和城市链条结成具有一体化倾向的城市区域经济共同体。这种群域经济体在市场机制的作用下形成该系统的自组织活动，而系统内部各个层次的要素之间相互推动能促进系统本身发展演进。

产业集群和城市群耦合发展最终形成城市群域经济体，这一过程实际上就是组织自适应、自协调、开放的耗散结构不断演进的过程。开放的系统从混乱无序走向有序需要具备以下几点。（1）市场经济条件下城市群域经济体并不是孤立存在的，而是不断与外界环境进行物质、能量、信息等交换。群域经济体将企业与供应商、经销商、合作伙伴、公共部门等组织联系起来，从外界环境输入资金、技术、原材料等，同时向外界输出商品、信息、劳务等，实现系统内外部频繁广泛的交流与合作。（2）城市群域经济体是一个远离平衡性的系统。从时间角度看，群域内部各系统、各要素发展起始点不同，速度也不同；从空间角度看，群域内产业之间存在经济势差，产业竞争极易引起动态的经济流。产业群与城市群两个系统是不断演化的社会生态集群，在开放的基础上与外界环境进行交流，致使系统内部各要素均处于不断变化的活跃状态。因此，城市群域经济体是一个非平衡系统。正是得益于这种非平衡性，群域内可以与外界环境实现动态互动，出现有规律的涨落，也正是系统的非平衡性，才能促使系统从无序向有序状态运动。（3）系统各要素之间的非线性作用。线性作用不会使系统要素产生新的结构和功能；而非线性作用能通过系统内部要素间的相互制约耦合，产生全新的结构与功能。城市群域经济体中存在正向反馈和负向反馈机制，系统间各要素在非线性耦合和放大效应的作用下，能够使微小的波动对群域经济产生加倍的影响，达到 $1+1>2$ 的效果。（4）群域经济在涨落中从无序走向有序。群域经济的形成发展过程中，"涨落"发挥着不可替代的作用，微小的波动通过非线性作用放大成巨大的"涨落"，引起群域内功能结构的变动。群域内资金、信息、劳动、技术等要素跨区域流动的流量或渠道微小变化，空间结构的稳定性就会被打破进而形成新的经济空间结构，这种改变的动力机制就是系统间的自组织功能。

因此，产业群与城市群耦合发展需要系统在区域空间范围内形成自组织体系。企业和城市作为系统的构成要素，在其辐射范围内按照一定的规则和协调机制交换能量和物质，引发群域内企业间、城市间、企业与城市间结构调整、空间结构变化、城市功能转化，使群域经济在自下而上的自组织活动中形成有效的自我循环机制，推动系统从单层次向多层次、从低组织化向高组织化、从简单到复杂、从粗糙到精细演进，并最终形成时间和空间上的有序状态。

三　网络性

网络是以具有活动能力的个体或群体为节点，以节点之间广泛而复杂的经济活动为连接而形成的组织结构形式。在产业群与城市群网络中，随着自然资源、人力资源、技术、信息等要素的流动，企业和城市成为网络中的一个个节点，而在网络的连接之下，区域内外的企业与城市间的互动关系也更加紧密。

Hakansson 将网络构成三要素归结为资源、活动和主体，并认为这三要素是相互联系、密不可分的。① 三要素中的主体即为网络节点，产业群与城市群耦合网络的主体包括群域内不同性质、等级、规模的产业与城市，这些主体在纵向上形成层次鲜明的产业链条，在横向上形成各具优势的产业交叉与竞争，产业和城市依托于网络构架中这些纵横交错、相互影响的产业，最终形成了以主要交通路线为轴线、以中小型企业和中小城市为节点、以大企业和大城市为核心枢纽、以产业链和城市链的互补合作专业分工为主要活动、以特有的机制和规律相互作用有机结合在一起的产业和城市网络体系。资源就是主体间交流的媒介，通过不同活动使资源在主体间流动起来，按照资源的依附性可以分为两类，一类是基础性资源，包括基础设施、自然资源、人力资源等；另一类是制度性资源，包括社会资本和技术等。活动就是主体实现资源转换的方式，也是打通主体间间隔、实现良性互动的重要行为，主要是指主体间生产、贸易、技术等流动的过程以及主体间竞争与合作的活动。

产业群与城市群耦合的网络组织性质主要表现为以下几方面。（1）群域内存在围绕中心产业的纵向生产网络。在群域网络组织中，生产企业或城市根据自身优势所在，专门从事某一生产环节，并与产业链上下游的企业或城市紧紧围绕核心产业形成分工层次鲜明的产业链。群域内城市间、产业间、城市与企业间形成职能化分工，一方面能够延长产业链增加中间产品，另一方面能够形成集聚效应降低生产成本。纵向生产网络着眼于区域差异性，充分发挥地区比较优势，通过不断优化调整实现协同行动，不仅能提升区域产业的运作效能，还能提升区域经济的竞争能力。（2）群域内存在处于价值链相同环节的横向生产网络。城市群域经济体内不仅存在纵向产业链的分工协作，也存在生产同类产品或处于同一生产环节的若干企业，而这些处于价值链相同生产环节的企业也就构成了群域内复杂的横向生产网络。同类产业空间范围内的集聚，一方面，会造成企业在市场、技术、生产资料、人力资源、信息等各类自然资源和社会资源方面的竞争，促使企业提升自身产品和服务的质量性能；另一方面，同类行业在群域内横向分布，也有利于企业充分利用基础设施和生产资

① Hakan Hakansson，*Industrial Technological Development*：*A Network Approach*（London：Crook Helm，1987），pp. 157 – 159.

源，快速掌握行业风向的变动，在一定区域内实现范围经济和规模经济。
（3）群域内存在内嵌的社会网络。群域的社会网络可以理解为群体内部在地缘、亲缘关系的基础上形成的网络结构。这种地缘和亲缘能够为产业和城市间的合作提供情感上的维系，增进群域内部合作的深度和广度。此外，群域间的社会网络也为信息技术、创新知识等传播扩散提供支撑，这种特殊的社会网络关系能够增进内部的交流，降低生产成本，提高交易效率。

如此，产业和城市就建立起紧密、动态的网络体系，使每个产业和城市不再是孤立存在的孤岛。群域网络内每个企业和城市都与其他企业和城市存在纵向或横向联系，并通过开放的群域间要素流动，形成相互渗透、相互作用、相互制约的合作网络。在群域网络的推动下，企业和城市关联性、相互依赖性明显增强，在实现个体利益最大化的同时，也实现了群域网络整体利益的最大化，这种利益并不是个体的简单相加，而是整体效益的利益增加。群域网络实现了群域内有规则的互联互通，使企业和城市间一体化发展程度明显增强，城市群域经济体的综合实力、整体竞争力也随之不断增强。

四　柔性

柔性在产业经济学概念里是一种"多品种小批量"的生产方式，是相对于刚性的大批量标准化而言的，可以简单地理解为对环境变化的快速应变能力。柔性体现在群域经济体内即高度专业化，每个企业专门承担产业链上的某一个或者几个生产环节，企业根据下游企业的需要或外界环境的变化及时调整产品种类和产量，避免出现产品积压和资金占用等资源利用不充分的情况，同时还降低了产业进入和退出集群的门槛，使企业在面对市场机遇或市场危机时能迅速做出反应，灵活应对市场环境、政策风向、技术条件等外界环境的变动。具有柔性特点的群域经济体既有大规模生产经济优势，又具备小规模生产的灵活性。

群域经济体内沿同一产业价值链纵向以及横向上的分工与协作，使群域内的生产经营活动具有柔性的特征。群域整体通过内部协调机制，以能够柔性生产的企业为点，以分工协作而形成的空间范围内的产业链为连接，实现了城市群域经济体整体的柔性生产，避免了僵硬的组织生产结构形式，使群域经济具备了对外部环境敏锐的嗅觉和洞察力，以及快速决策和快速反应的应变能力，具体包括以下几个方面。

（1）及时捕捉市场动态并做出反馈。市场经济条件下，需求变动、技术变动、政策变动等瞬息万变的环境以及市场优胜劣汰的竞争环境，要求群域经济体以专业分工为基础形成柔性生产，增强自身灵活性和应变能力，对产品生命周期的长短快速反应，既要保持产业群与城市群耦合生产的规模优势，也要具有小规模生产的灵活性。

（2）通过专业化分工提高生产效率。首先，在具有柔性特征的群域经济体内，城市间、企业间、城市与企业间通过分工与合作，专业化生产水平不断提升，各企业和城市都受益于专业化生产方式，也使得柔性的群域经济体内生产效率得到提升，实现规模经济。其次，通过产业的空间集聚，企业数量增加，使无法获得内部规模经济效应的中小企业获得了合作基础上的外部规模经济效应。

（3）柔性聚集体内新企业快速衍生和成长。群域内受益于柔性集聚，较低的市场进入和退出门槛、市场运作成本以及较低的风险损失，为新企业诞生成长创造了有利条件。首先，专业分工为产业链延伸提供了可能，而集聚规模的扩大又增加了辅助产品和中间产品的需求，市场需求的出现就为新企业诞生提供了机会；其次，群域内集聚经济带来的基础设施的改善、公共服务保障的提高，群域内劳动力、技术、资金的集中，也降低了企业生产经营过程中的成本，节省大量初期投资的经费。

（4）产业群与城市群耦合发展所产生的柔性即城市群域经济体的快速应变能力，能让群域内的企业与城市及时捕捉外界环境的变化，并通过群域内产业链生命周期延长与缩短、城市群边界的收缩与扩大、产业链上企业的进入与退出，及时根据市场需求做出合理调整，避免由于信息不对称产生的产品积压或资金占用等资源闲置状况，消除冗余无用的损耗，力求企业获得更大的效益，提升群域的综合竞争实力。

五　周期性

周期性是指事情发生的频率经过一个相当规律的时间间隔，呈现规律性变动且周而复始反复出现的情况。类似于产品生命周期，群域经济也会受到诸如宏观经济形势变化、政策变更、产业兴衰或突发事件的影响产生经济繁荣和萧条更替的现象。产业群与城市群耦合发展所形成的城市群域经济体的生命周期，受两大系统共同影响，与产业群和城市群本身的生命周期阶段性相吻合，由产城系统共同决定。

城市群域经济体的生命周期可以分为以下四个阶段。

1. 形成期

这个阶段是群域经济形成的萌芽阶段，产业可能受到政策利好、资源禀赋、劳动力、资金等方面的影响在区域的中心城市扎根，并通过中心城市辐射带动作用，向周边城市提供商品和服务。这一阶段典型特征是产业主要在中心城市聚集，各个城市间贸易往来不充分，处于相对孤立的状态，产业规模较小，分工协作机制尚未建成，群域内基础设施相当薄弱，创新能力不足，但是已经出现了中心城市的产业向周边地区辐射转移的现象，城市群和产业群耦合发展初具雏形。

2. 成长期

这个阶段产业在区域空间范围内迅速集聚，出现了企业"扎堆"的现象。为避免竞争带来的优胜劣汰，各产业纷纷出台相应对策降低生产成本。产业集聚也带动了资金、资源、技术等生产要素短时间内迅速向群域集中，促使企业沿产业链延伸分布。此外，产业聚集造成的劳动力缺失也使人口向城镇集聚，城镇化进程得以加快，并进一步推动了城市基础设施以及相关服务行业的发展。此时产业群和城市群两大系统相互磨合，城市间产业分工协作模式大致形成，城市群域经济体发展趋于完善，产业和城市受益于集聚带来的便利，产生更多溢出效应。

3. 成熟期

这个阶段由于专业化分工的深化和配套产业体系的形成，产业群与城市群的耦合系统基本成熟，两者相互促进、相互协调实现区域经济一体化发展，进入群域经济稳定增长时期。这一阶段的特征有两方面：首先是产业群与城市群两个系统以及内部诸要素的耦合达到空前高度，产业群和城市群高度发达并向周边地区扩张，大量资源不断被吸引过来；其次是群域组成部分各司其职，耦合系统得到完善，集聚效应显著。这个阶段存在的问题是由于产业形式已经固定下来，产业创新能力、学习能力对于环境变化的应变能力变得迟缓，如果不能及时做出调整改变，很快就会受僵化机制体制的影响而进入衰退期。

4. 衰退期

这个阶段的城市群域经济体可能受到人才制约、公共设施缺乏、产业生存环境恶化等各种因素的综合作用，生产成本大幅度攀升、企业间竞争日益激烈，大量产业在竞争中因生存压力而陆续倒闭或选择迁移到其他地区，产业链受阻中断，各行为主体间合作减少甚至终止合作，资源投入量明显减少，群域系统不能正常运作，出现了集聚不经济现象。另外该地区由于长期存在集聚经济，对资源和环境的消耗削弱了地区的物质基础，优势地位丧失，如果不及时进行调整，转变经济发展方式，群域经济体必然走向消亡。

产业群与城市群的耦合发展具有内生性、自组织性、网络性、柔性、周期性的特征。这些特征是城市群域经济体内各行为主体通过生产、贸易、合作、竞争等途径逐渐磨合而产生的，集中表现在企业、城市之间互动交流中，并形成反馈机制，对群域经济的长远发展产生影响。

第五章

产业群与城市群的典型耦合模式

不同的产业群和城市群耦合模式催生了不同类型的城市群域经济体，这些群域经济体在区域文化、中心城市结构、对外开放水平等方面各具特色，孕育出发展阶段各异、创新绩效不同的区域创新系统；同时，独特的区域创新系统反作用于产业群和城市群，影响产业群的发育程度。本章选取浙江城市群域经济体、珠三角城市群域经济体、武汉城市群域经济体为样本，对其产业群与城市群的耦合模式、耦合机理、耦合特点进行分析。

第一节　棋盘式内生型产业集群

棋盘式内生型产业集群是基于地缘关系、产业发展历史自然演化的结果。其根植于本地要素，依托本地或国内市场发展起来，对外来的资本、技术等要素在自我发展中实现吸收、消化以及创造性的组合。在漫长的演进后，形成产业特定要素的空间集聚状态或空间不均匀分布状态①。在棋盘式内生型产业集群中，企业规模相近、产品同质化特征明显。随着集群的发展，某些企业逐渐在产业链系统中占据有利位置，形成以这些企业为核心的产业链分工结构。

多核散状城市群是一组实力相当的城镇，它们相互吸引，在城市群内出现多个中心，其空间发展呈现出集聚化与分散化兼具的特性。城市群内部各单元

---

① 金祥荣、朱希伟：《专业化产业区的起源与演化——一个历史与理论视角的考察》，《经济研究》2002 年第 8 期。

既在经济和地理上相互关联，又在发展上相对独立，根据自己的资源优势和特点在职能上进行了分工和互补。

我们选取浙江城市群域经济体作为棋盘式内生型产业集群与多核散状城市群耦合的典型代表进行分析。

一 浙江产业集群特征

改革开放以来，浙江发挥市场经济的作用，积极尝试制度创新，逐步形成了以专业市场和"块状经济"为特点的"浙江模式"，成为全国市场经济发展的典范。具体来说，浙江模式是一种内生的由民营化和市场化推动工业化和城镇化的区域经济发展模式。在这种模式下浙江的经济、产业集群主要表现出以下特征。

（一）原生性产业集群特征明显

浙江的产业集群是以原生性为特点的，是结合本地要素禀赋条件经历的一个自发演化的过程。其形成原因包括我国由计划经济向市场经济转型的制度因素刺激，以及交通等基础设施改善带来的硬件条件改善等，更为重要的原因则是浙江独特的文化基因：一是重商的传统文化及历史积淀形成的企业家精神，二是牢固的族群关系形成较好的社会互助和诚信系统。改革开放初期，具有良好工商业文化积淀的浙江人首先把握市场机遇，以家庭手工作坊或工厂为主的民营经济开始发展。这些大多属于技术含量低、劳动密集的传统加工制造业，容易起步、进入门槛低，同时市场巨大、利润空间较大。于是通过姻亲关系，同一地域内的产业加速集聚，可以说基于亲缘关系和地缘关系，这种小作坊式的生产模式被快速复制，并且相互之间自发形成了技术、信息、金融支撑系统，产业集群逐步产生。

原生性产业集群基于市场力量自发形成，根植性和共生性都很强，其发展完全基于本土企业家和资源，并按照市场经济的规律不断演进。其根植性体现在以下几方面：资金、技术等要素资本来自本地民间，具有很强的本地化特征；产品的发展很大程度上来源于本地传承下来的某种手工艺，而且在当地形成了一定的规模和产业分工；同时，其发展与当地的政治、文化甚至家族社会特征有着密切的联系。

（二）产业组织的主要空间类型

产业组织的主要空间类型是专业化产业区。专业化产业区即我们通俗所说的"块状经济"，它是建立在企业集群基础上的产业集聚的地域性实体。我国的专业化产业区有两大代表类型，分别是广东的"嵌入型"专业化产业区和浙江的"原发性"专业化产业区。根据集聚机制的不同，浙江省的专业化产业区主要包括以下三种类型。

1. 分工合作型

在分工合作型的专业化产业区，企业根据各自的技术优势和生产规模进行协作，形成了环环相扣的分工体系，围绕产业链众多企业在特定的地方产生集聚，该区域逐步成为某种特色产品的生产基地。例如台州的玉环市，依靠红冲锻造的技术优势，围绕阀门生产、开发磨具、加工铜棒到装配、包装的生产链条，集聚了众多企业，成为国内最大的红冲毛坯生产基地。

2. 专业市场共生型

专业市场的外部效应滋生了区域内生增长机制，使专业化产业区的形成成为可能。刚开始时，市场通过为企业提供税收减免吸引企业聚集，随着市场规模和市场影响的扩大，交易信息更加丰富，交易效率愈加提高，企业的交易成本显著减少，数量更多的相关联企业环绕市场聚集。浙江省的大多数专业化产业区都是和专业市场共生的，典型代表如绍兴的轻纺市场和义乌的小商品市场。

3. 品牌共享型

某些区域品牌具有非常高的知名度和市场美誉度，如浙江庆元的香菇、安吉的竹产品、嵊州的领带以及诸暨的大唐袜业等。对于一些规模较小的企业，可以通过联合销售机构，共同使用品牌，实现批发销售上的规模经济，把产品销往各地市场。联合销售机构对品牌的收益及管理享有权利，对各成员企业提出统一的质检标准并进行收费。

（三）产业集群形成的基础

产业集群形成的重要基础是民营企业和小微企业。2019 年，浙江工业总产值中，民营企业产值占 47.36%，而国有企业仅占 15%；从企业规模来看，小微企业占到 90%，中型企业仅占 8%；在总出口中，民营企业出口占出口总额的 77.5%。第三次经济普查数据显示，浙江工业企业法人单位数量中，民营经济占到 86.03%，从业人员数量中，民营经济占到 63.05%（见表 5 - 1），而且浙江的民营经济总产值、出口创汇额、民营企业 500 强数量等指标均居全国前列。[①]

表 5 - 1　2019 年浙江民营经济发展主要指标

指标	总额	民营经济	民营经济占比（%）
工业总产值（亿元）	73766.2	34938.5	47.36
出口总额（亿元）	23076.0	17885.0	77.50
工业企业法人单位数量（家）	1905546	1639282	86.03
工业企业从业人员数（万人）	678.93	428.05	63.05

资料来源：《浙江统计年鉴 2020》。

（四）产业集群的主体

产业集群的主体是传统加工制造业，特别是消费品制造业。根据浙江开展的两次关于产业集群的调查，可以分析其产业集群在 2008 年和 2015 年两个时间节点的行业构成。而现在的城镇格局是基于历史的产业基础形成的，因此重点分析 2008 年的调查结果。从产业集群的数量来看，浙江 88 个县市区中，85 个县市区培育或自发形成了 800 多个产业集群，至"十一五"后期，浙江工业总产值或销售收入在亿元以上的制造业产业集群区块有 601 个，其中 10 亿元以上的有 285 个，100 亿元以上的有 37 个，300 亿元以上的有 7 个，平均每个县拥有 3 个产业集群。在 2008 年中国百佳产业集群评比中，浙江省共有义乌小商品产业集群、永康五金产业集群、东阳木雕产业集群、绍兴轻纺产业集群等 29 个产业集群入选，以绝对的数量优势占据全国第一的位置。从行业分布来看，浙江省产业集群共涉及纺织业、塑料制品业、医药制造业、通用设备制造业、交通运输设备制造业等 28 个工业门类，其中年产值超过千亿元的有 5 个行业，分别为纺织业（51 个区块，年产值 2950 亿元）、纺织服装和鞋帽

---

① 浙江省统计局：《浙江统计年鉴 2020》，http://tjj.zj.gov.cn/col/col1525563/index.html，最后检索时间：2021 年 7 月 13 日。

制造业（53 个区块，年产值 1860 亿元）、电气机械及器材制造业（50 个区块，年产值 1400 亿元）、通用设备制造业（48 个区块，年产值 1130 亿元）、交通运输设备制造业（37 个区块，年产值 1120 亿元）。浙江省的产业集聚涵盖 175 个大小行业，从调查统计数据可以看出，纺织业、纺织服装和鞋帽制造业等传统行业占绝对优势，是产业集群的主体（见表 5 - 2、表 5 - 3）。

表 5 - 2 2008 年浙江产业集群调查主要数据

类别	数据
集群数量	亿元以上集群:601 个
规模结构	10 亿元以上集群:285 个 100 亿元以上集群:37 个 300 亿元以上集群:7 个
行业结构	纺织业:51 个区块,年产值 2950 亿元 纺织服装和鞋帽制造业:53 个区块,年产值 1860 亿元 电气机械及器材制造业:50 个区块,年产值 1400 亿元 通用设备制造业:48 个区块,年产值 1130 亿元 交通运输设备制造业:37 个区块,年产值 1120 亿元
地域结构	杭州:124 个,年产值 3380 亿元　宁波:77 个,年产值 2500 亿元 金华:77 个,年产值 1310 亿元　温州:73 个,年产值 1735 亿元 台州:67 个,年产值 1680 亿元　绍兴:58 个,年产值 2647 亿元 嘉兴:35 个,年产值 1540 亿元　湖州:30 个,年产值 680 亿元 丽水:25 个,年产值 136 亿元　衢州:24 个,年产值 108 亿元 舟山:11 个,年产值 110 亿元

资料来源:《浙江区域经济发展报告 (2009~2010)》。

表 5 - 3 浙江各地产业集群一览表

地区	主要产品
杭州	机械、电子通信、家用电器、医药、服装、家纺(余杭区)、丝绸、汽车零配件(萧山)
宁波	服装、家用纺织品、针织品(象山)、棉纺(余姚、慈溪)、电动工具、石化、机械、模具、玩具、塑料制品、汽车配件、水暖设备
绍兴	纺织品、五金、服装(诸暨)、袜业(大唐镇)、领带(嵊州)、轴承、家具、劳保用品、化学纤维(绍兴市)、印染、化工、化纤(新昌)
嘉兴	化学纤维、丝绸、皮革(海宁)、箱包、服装、经编、羊毛衫(桐乡)
湖州	童装(织里)、服装衬布、丝绸、建材、转椅、竹产品(安吉)、服装加工

地区	主要产品
温州	鞋业、服装、低压电器(柳市)、打火机、标牌(苍南)、眼镜、塑编、电子元件(虹桥)、汽摩配件、钻头
台州	铆钉(三门)、塑料制品(椒江)、彩灯(临海)、化工、汽摩配件(玉环)
金华	家纺、小五金(永康)、磁性材料(东阳)、量具、服装、针织、建材
丽水	微型电机、农产品加工、缝纫机(缙云)、中密度纤维板
衢州	建材、机械、轴承、变压器、化肥
舟山	海产品加工、海洋医药、麻纺、机械

资料来源：《浙江区域经济发展报告（2009～2010）》。

二　浙江城镇体系特征

总体来说，浙江的城镇空间格局鲜明体现了其资源禀赋条件和经济社会的差异化空间特征。

1. 城镇化格局演化的根本动力

市场是推动城镇化格局演化的根本动力。改革开放初期，浙江自发的发展模式形成了"自下而上"的城镇化动力，小城镇得益于乡镇工业的集聚快速发展起来，成为城镇化的重要载体，在城镇体系中发挥重要作用。

20 世纪末，工业化不断推进，国际化水平进一步提升，原有的乡镇工业进一步发展，企业规模逐步扩大，一些有更大发展诉求的企业开始向区位等各项条件较好的城镇集聚，开始有较大规模的城市出现。"自下而上"、市场化推进的城镇格局继续演进，但小城镇和小城市仍然是城镇体系中重要的组成部分。

2. 多元化的城镇化发展路径

2000 年之后，浙江进一步开放，特别是在全球化、国际化的发展过程中，对产业的规模化和高级化提出更高的发展要求，推动城镇化的主体由小城镇转变为都市区，浙江形成了"自上而下""自下而上""自外而内"等灵活多元的城镇化发展路径。

3. 多核散状的城镇分布特征

目前浙江的城镇空间格局，总体来说分为城镇密集发展地区和城镇点状发展地区。

城镇密集发展地区主要是经济比较发达、人口密度较高的环杭州湾地区、温台沿海地区和浙中等地区。其中杭州、宁波、金华、温州和台州等区域中心城市经济实力较强，具备一定的极核辐射效应，但受限于城市综合服务能力，辐射带动作用有限；县镇一级的城镇空间呈现局部集中、较为均质的发展方式；嘉兴基于邻近上海和苏州的有利区位条件，对外资的吸引力较强，产业空间变动逐步引导城镇向集中连片方向发展；而绍兴、台州、金华等城市受到丘陵较多的地形条件限制，城镇多选择在交通走廊附近呈带型集聚。

城镇点状发展地区主要为浙西和浙南山区。这些地区发展基础条件较弱，产业以传统加工制造业为主，有些地区还以农业为主，因此这些地区以小城镇和小城市为主的点状城镇空间特征较为明显。

在演变过程中，虽然大城市和特大城市的主导作用越来越明显，但是小城镇和中小城市一直在城镇化过程中担任重要角色。浙江城市群域经济体空间总体特征表现为多核散状分布。

三　浙江产业群和城市群的耦合特点

1. 内生型产业集群成为就近就地城镇化的重要推动力，马歇尔式产业集群使小城镇、小城市成为城镇空间格局主体

浙江的产业集群"自下而上"、自发形成，且主要集中在传统消费品制造行业，技术含量不高，在小城镇可以起步发展，产业集群也不需要过多地与外界发生更多的技术联系，因此是内生的系统。产业的集聚带来就业的集聚，形成改革开放后最初的城镇化动力，为大量农业人口实现就近就地城镇化提供了经济和空间的载体。随着人口的集聚，这些产业集群所在的小城镇逐步发展起来，形成多点集聚、多中心发展、均质化的城镇发展空间。小城镇、小城市是城镇体系中重要的层级，例如在环杭州湾地区、温台沿海地区和浙中地区等城镇密集地区，城镇密度在 90 个/万平方公里以上，密度远大于其他省市，各县市区的人口密度也超过了 600 人/平方公里。

2. 传统加工制造为主的产业集群各级城镇间层级结构不明显

在经济起步和高速增长、蔓延式发展时期，以民营经济为主的专业化产业

集群快速发展，使每个城镇都形成自己独立的产业核心，并逐步形成了为生活服务的中心，每个城镇成为一个功能完备、独立运转的小型地区中心，在城市连绵发展区，很难分出核心和外围的区别，发展水平相当，城镇层级结构不明显的现象比较突出。例如浙江诸暨、乐清、慈溪、苍南等一些县的人口规模都在 100 万以上，与一些地级市的市辖区规模相当；2019 年浙江工业总产值在百亿元以上的县镇达到 26 个，其中嘉善县的工业总产值近 1203 亿元，这些镇也是当地的生活服务中心。

3. 产业集群的创新升级将会进一步影响城镇空间格局

产业集群的创新升级将会进一步影响城镇空间格局。浙江产业集群的发展过程中，无论民营化还是市场化均是制度创新的结果。产业集群的发展水平随着产业组织从家庭工厂、乡镇企业到合伙制再到公司制的发展不断升级。但是，这种内生型产业集群如果其产业网络不断被强化，就会出现明显的路径依赖现象，进而带来技术创新的低效率；同时，这一产业网络内信息同化、产品同质、竞争加剧，比较优势会逐渐丧失，随着成本上升、利润空间下降、产品升级，产业集群就会面临衰退危机。因此产业集群会继续通过市场的力量实现新的升级，形成核心竞争力，更好地融入全球核心价值链，特别是在国际化、工业化（中后期阶段）、市场化和信息化的共同推动下，会有新的发展动力进入，对空间形态和空间作用模式产生冲击，中心城市会发挥更重要的作用，城镇等级规模也会逐步发生变化，层级会更清晰，功能网络得到重组，新的城市群就会产生。

第二节 卫星平台嵌入型产业集群

卫星平台嵌入型产业集群是围绕核心企业（多为跨国企业）构筑产业链，成员企业为核心企业提供配套零部件或者服务的产业集群，这是一种孤立式分支机构的聚合体，是一种外源型产业集群。这种产业集群的产生主要是因为该地区具有很好的区位优势、政策优势、成本优势，跨国公司为了利用当地政府提供的优惠政策在一些发展中国家设立生产基地，继而集聚形成相应的产业集群。同一地区产业集群内企业之间横向合作较少，关键的投资决策都由区外的企业总部做出。它是全球产业价值链的重要节点，同时受控于全球产业价值链的发展。

在网络城市群中，成员城市数量较多、规模相近并且发展均衡。不同于传统的单一城市蔓延发展，在这种模式中，核心城市与其他城市处于平行竞争的地位，各成员城市功能互为补充，形成合力共同参与区域竞争，共生共荣。网络城市群的首要特点是城镇的地位和作用取决于它的特色功能以及控制交通和信息资源的能力，而不是行政等级和规模。这是城市群发展的一种高级形态，能够有效克服极化效应下的城市发展不均衡等问题。

珠三角群域经济体是卫星平台嵌入型产业集群与网络城市群耦合的典型代表。

一　珠三角产业集群特征

珠三角城市群包括广州、深圳、珠海、佛山、江门、东莞、中山、惠州市区、惠东县、博罗县、肇庆市区、高要区、四会市，总面积 54770 平方公里，常住人口规模为 6446.89 万。2019 年，珠三角经济总量达到 8.7 万亿元，占全省、全国比重分别为 80.7% 和 8.8%，与京津冀、长三角共同构成中国经济发展的三大引擎。[①] 珠三角地区产业集群发展主要有以下几个方面的特征。

（一）外源型产业集群特征明显

外源型产业集群是指由加工贸易和外部投资带动发展，通过成本优势和政策优势吸引外资，利用外部的资金、技术、管理经验、销售渠道和市场等逐步发展起来的外向型产业集群。

珠三角地区是我国最先实施改革开放的地区，通过实施先行先试的政策，凭借廉价的劳动力成本以及毗邻香港的地缘优势，率先吸引外资，扩大开放，形成了典型的外源式产业集群。20 世纪 90 年代初，尤其是 1992 年邓小平同志"南方谈话"以后，土地、税收、外汇、外贸等方面的优惠政策纷纷出台，外资大规模在珠三角地区投资建厂或是通过"三来一补"开展加工贸易，外源型产业集群开始形成。后来，本土企业开始与外资企业展开更加密切的合作，外资龙头企业的扎根，带动了上下游的配套企业入驻，同时本土企业也积极为其提供配套服务，围绕外资企业形成较完备的外向型产业集群。这些产业集群的发展成为珠三角地区融入全球产业价值链的基础。

但是，外源性产业集群的网络强封闭性很明显。配套企业出于业务联系的需要围绕核心企业聚集，但企业之间横向关联不大，而且跨国公司通常只把产业链的一部分定位在这个产业群，本地企业之间存在较大程度的同质化，竞争多于合作。集群网络的强封闭性导致的直接后果就是外源性企业在本地的根植性较弱，始终存在整体迁移的可能性。另外衍生自外企的配套企业获得的技术溢出有限，不利于知识的高效传播和学习。

（二）产业结构呈现高级化和重型化趋势

改革开放后，珠三角地区产业发展经历了以下四个阶段，结构不断优化升级。

1. 1978 ~ 1990 年

改革开放初期以食品饮料、纺织服装、塑胶制品等劳动密集型产业为主，从产业价值链上看，主要是一般零部件生产的环节，但这种以轻工业为主的产业发展支撑了这一时期经济的快速发展。

2. 1991 ~ 1995 年

20 世纪 90 年代邓小平"南方谈话"后，改革开放进一步扩大，家用电器、建筑材料等产业成为新的支撑点，并创造了一批自主品牌。

3. 1996 ~ 2007 年

电子信息产业和房地产业的发展成为这一阶段的主导。在这个阶段，CPU、通用软件等关键技术设备仍然依赖进口，高技术产业产值占工业总产值的比重仍然较低。

4. 2008 年以后

广州市、深圳市等珠三角的核心城市出台了一系列政策文件，推进工业向高级化和适度重型化发展，产业结构进一步优化。2013 ~ 2017 年，广东省装备制造业年工业增加值增速都在 10% 以上，2018 年为 7.9%，2019 年为 5.6%，虽然增速放缓，但是质量提高，电子信息、通用航空、电气机械及专用设备、生物医药等新兴产业获得了长足发展，产业集聚初具规模；金融、贸易等生产性服务业逐步形成规模，推动珠三角地区的产业结构更趋高级化、合理化。①

总体来看，珠三角地区产业呈现出由要素驱动向创新驱动、由粗放的资源依赖向集约化发展、由加工制造向生产性服务与战略性新兴产业并重的方向发展。

（三）与外部的经济贸易联系趋于稳定

经过多年对外开放，珠三角一些本土的企业逐步发展壮大，其与外部的经济贸易联系在不断升级，也开始趋于稳定。

以进出口总额为例，从 2013 年开始，珠三角地区出口总额基本保持平稳状态，同时，进口开始持续下滑。从进出口内部结构来看，随着珠三角地区产业高端化发展和生产成本的提高，进出口总量中，加工贸易额下降明显，2019年，加工贸易出口额减少 9.6%，加工贸易进口额减少 17%。同时，进出口贸易中，国有企业和外商投资企业所占的比例在减少，民营企业的进出口总额较上年分别增长 0.7% 和 8.9%，出口额上涨幅度较大，且远远高于进口。这些数据都在一定程度上表明，珠三角地区对外资和外向型经济的依赖程度在逐渐降低（见图 5 - 1、表 5 - 4）。②

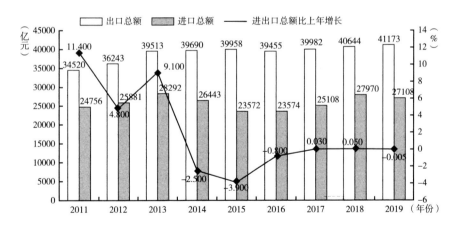

图 5 - 1　2011～2019 年珠三角地区进出口总额及其增长速度

数据来源：《广东统计年鉴 2020》。

---

① 广东统计信息网：2013～2017 年《广东国民经济和社会发展统计公报》。
② 广东统计信息网：《广东统计年鉴 2020》。

表 5 - 4　2019 年珠三角进出口总额及其增长速度

单位：亿元，%

指标	绝对数	比上年增长
货物出口额	43379.3	1.6
其中：一般贸易	17093.4	6.7
加工贸易	14938.5	- 9.6
其中：国有企业	2416.9	0.7
外商投资企业	18091.6	- 6.7
民营企业	22788.6	8.9
货物进口额	28057.4	- 2.9
其中：一般贸易	13317.1	0.0
加工贸易	8099.9	- 17.0
其中：国有企业	1773.0	6.7
外商投资企业	11876.0	8.8
民营企业	14183.1	0.7

资料来源：《2019 年广东省国民经济和社会发展统计公报》。

二　珠三角城镇体系特征

珠三角地区城市空间结构的演变受到了政府政策、经济要素的聚集和扩散、交通网络和通信网络体系的影响。2019 年该地区的城镇化率已经达到 86.28%，充满活力的国际大都市连绵区初具雏形。

1. 双中心向网络化发展

改革开放初期，深圳经济特区率先发展，集聚外资和相关产业，逐步由一个小渔村向城市转型发展；广州作为省会城市，一直是区域中心城市。在这个阶段珠三角城市群结构的显著特征是以广州和深圳为双中心。

在 20 世纪 90 年代末和 21 世纪初，随着改革开放进一步扩大，珠三角地区成为中国香港乃至全球地区合作的先锋，以深圳和广州为代表的中心城市进一步壮大、品质进一步提升，与全球产业链的关系更加密切，同时城市空间也开始进一步向周围扩散，更多的中小城市发展起来。2000 年，珠海、中山、佛山、东莞等城市也逐渐崛起，步入大城市的序列，双核模式逐渐向多中心模式演变。

2008 年，将珠三角地区作为一个整体的首个规划——《珠江三角洲地区改革发展规划纲要》出台并实施，明确提出交通网络、市政基础设施、生态空间等开始一体化建设，珠三角地区真正开始向一个网络化地区发展。成员城市在职能分工上愈加互补和谐，交流更加密切，发展趋于均衡，逐步发展为类型完备的网络化城市群体系。

2. 核心城市的全球关联化程度较高

在世界城市网络中，作为珠三角地区的核心城市，深圳、广州都表现出一定的全球城市关联性。世界财富 500 强企业中，珠三角地区有 14 家企业上榜，其中大部分集中在广州和深圳两个城市①。世界城市网络的研究成果表明，广州作为省会城市，与香港、伦敦、纽约的联系比较密切，广州也成为继北京、上海之后，我国进入一线世界城市的第三个大陆城市。深圳毗邻香港，是最早实施对外开放的地区，不但与香港、北京、上海联系密切，而且与伦敦、纽约等城市都有密切联系。广州和深圳市既是珠三角地区的核心城市，也是区域面向全球的门户城市。

3. 核心圈层分布的城镇空间特征

珠三角地区虽然基本形成了网络化的空间发展格局，各级城镇较为发达，但是城镇空间仍存在较大差异。率先发展的深圳、广州、东莞、佛山等核心城市处于发展的内圈层，集聚度较高，人口较为密集，城镇化水平较高，金融、科技研发等高端服务业集聚。同时，这些城市在空间上相向发展，广佛都市圈、深圳和东莞的连接已经呈现区域一体化发展的趋势。惠州、江门、肇庆等外圈层的城市工业化水平、城镇化水平、对外开放水平均与内圈层城市存在较大差距，内圈层的劳动密集型产业逐步向外圈层扩散，外圈层经济的发展仍然主要依托园区、交通、港口等设施。由此可见，珠三角地区内外圈层的发展差异在逐步拉大。

---

① 财富中文网:《2020 年〈财富〉世界 500 强榜单上的 133 家中国公司》，http: //www. fortune china. com/fortune500/c/2020 - 08/10/content_ 372146. htm，最后检索时间：2021 年 7 月 13 日。

三　珠三角产业群和城市群的耦合特点

1. 卫星平台嵌入型产业集群推动区域城市群的国际化进程

卫星平台嵌入型产业集群，或者说外源型产业集群产生的背景之一是经济全球化在空间上的扩散，全球分工体系形成，商品、资源、要素在全球范围内自由流动，由跨国公司控制的产业价值链在全球空间内进行分配，所有参与其中的城市都成为全球产业价值链中不可或缺的组成部分参与全球竞争。珠三角地区是我国最早融入全球产业价值链的区域，虽然其最初嵌入的层次较低，从劳动密集型产业起步发展，但其最先适应了国际化的生产标准、贸易规则、管理体系。世界经济全球化的进程是在 20 世纪 90 年代中期开始日益加深的，而珠三角也是在这一时期迎来了吸引外资的高峰期，可见，之前十几年的改革开放已经为珠三角的国际化奠定了较好的基础。随着产业不断升级，珠三角嵌入全球产业价值链的层次越来越高，深圳、广州等城市已经在生产性服务业的发展方面与全球经济产生较强的关联，同时随着产业不断由内圈层向外圈层扩散，珠三角各级城镇都表现出一定的国际化特征。

2. 各级城镇的梯度格局与产业全球关联层次一致

区域城市群中的核心城市、主要城市、一般城市与全球经济的关联度明显依次降低。在这种外向依赖的发展路径中，与全球关联的程度强弱决定了其城镇发展水平的高低。与全球经济链接的点正是其城镇发展的基点，决定了城镇发展起点的高低。

广州、深圳等城市率先成为区域内对接全球生产性服务业网络的主次"门户城市"，逐步走向全域化发展；珠海虽然最早开放，但目前发展动力尚不明确；佛山、东莞、中山吸引的是外资制造业的分支机构，基本是制造业环节，但是自身产业品牌的塑造也比较成功，它们依托深圳或广州，逐步发展成为充满经济活力的城市群，实现一体化发展；江门、惠州和肇庆大多都处在粗放扩张、依托工业园区发展的阶段。可以看到，目前珠三角的城镇体系层次结构是：广州作为中心城市，深圳作为创新城市和先锋城市，其余是以制造和贸易为基础的专业镇、工业园区、市县行政中心所在的城市。

3. 区域产业发展路径转型带动城镇空间发展转型

珠三角地区以深圳为代表的创新转型发展已经展开，深圳着力于吸引高级人才落户，培育适合创新企业集聚的发展环境。全国十大创新企业中深圳占到一半以上，华为、腾讯等一批本土企业已经成长为跻身世界 500 强的跨国公司。随着创新转型、内生发展动力的强化，珠三角地区对外的依赖程度将降低，对外的经济联系将更加主动。

从空间上看，各级城镇为适应产业升级的步伐，在空间上也开始转型，以适应新的发展要求。《珠江三角洲地区改革发展规划纲要》和《深化粤港澳合作推进大湾区建设框架协议》（简称《框架协议》）两个重要文件的签订和出台，为珠三角地区优化升级指明了方向，特别是《框架协议》中确定了广东与港澳地区推进基础设施互联互通、进一步提升市场一体化水平、打造国际科技创新中心、构建协同发展现代产业体系、培育国际合作新优势等，目标是将粤港澳大湾区建设成为更具活力的经济区、宜居宜业宜游的优质生活圈和内地与港澳深度合作的示范区，打造国际一流湾区和世界级城市群。这些战略的出台明显指向了珠三角地区将进一步扩大开放，并且提升开放的水平和质量。相关政策的实施将推动珠三角城市群的一体化进程，同时推动该城市群在全球城市网络中整体地位的提升。

第三节　轮轴式国家推动型产业集群

轮轴式国家推动型产业集群是指在特定区域内，众多相关中小企业围绕一个或几个特大型成品商形成的产业集群。处于中心地位的大企业制定规则和标准，在其辐射带动下，区域内各中小企业一方面按照它的要求，为它加工、制造某种产品的零部件和配件或者提供某种服务，另一方面进行相对独立的生产运作和经营，获得自身的发展，整个产业集群形成一个巨大的轮轴 。

城市圈是建立在区域分工的基础上，以特定城市为核心，实现要素集聚和扩散的圈层空间组织，向心性和圈层的差异性并存。城市的经济活动、生活方式等从内层圈、中层圈到外层圈呈现有规律的变化。武汉城市圈是非常典型的单一中心城市圈，在以武汉为中心的 100 公里范围内，沿着交通干道的轴带呈圈层形态分布。按照湖北省出台的《武汉城市圈总体规划》，武汉城市圈位于湖北省东部，包括武汉市、黄石市、鄂州市、孝感市、黄冈市、咸宁市、仙桃市、潜江市和天门市等 9 个城市，一般概括为"1 + 8"城市圈结构，城市圈总面积为 5.48 万平方公里，占全省面积的 30.47%。

目前国内轮轴式国家推动型产业集群与圈层城市群耦合的最典型代表是武汉城市群域经济体。

一　武汉城市圈汽车产业集群特征

武汉城市圈产业发展的显著特征就是以政府规划为主要引擎，推动要素集聚和产业价值链的延伸。从产业类别来讲，包括以钢铁、石化、环保、汽车、食品物流为代表的传统产业集群，以及高新科技集群两个大类。从产业集群的内部关系看，轮轴式产业集群及内生型产业集群都存在。但是主导产业多围绕大企业进行衍化，大量的中小企业依附在周围为其提供配套生产和服务，是典型的轮轴式产业集群。

武汉市是中部地区汽车产业规模最大的地区，产值位居全国第六。2019 年武汉市汽车产量 154.85 万辆，汽车及周边零部件工业成为武汉市的第一大支柱产业。[①] 这里选取汽车产业集群进行分析，以点带面来总结武汉城市圈的产业集群特征。

1. 龙头企业集聚，带动效应明显

1992 年，神龙汽车有限公司正式在武汉挂牌，开启了汽车产业发展的序幕。目前，龙头企业已经形成了在武汉集聚发展的态势。东风汽车集团、东风日产、东风本田、神龙汽车、东风汽车股份有限公司等东风公司五大总部均落户武汉开发区，日本日产、本田、标致雪铁龙集团、雷诺等世界知名汽车企业都把武汉作为在中国市场的重要战略布局，武汉的乘用车品牌数量在全国排名第一位（见图 5 - 2）。

龙头企业的集聚形成明显的带动效应，是整个武汉城市圈汽车产业集群发展壮大的重要因素。《2019 年武汉市政府工作报告》指出光电子信息、汽车及

---

① 湖北省统计局：《武汉统计年鉴 2020》。

零部件、生物医药及医疗器械是武汉市的三大支柱产业。截至 2019 年，武汉汽车产业已经占到全国的 6.02%。从数据来看，2019 年，汽车制造业增加值增长 0.2%；汽车行业固定资产投资 568.75 亿元，占到全市工业固定资产投资总额的 14.4%；营业收入 3054.92 亿元，占工业总营业收入的 22.03%；利润总额 349.79 亿元，占工业总利润的 40.34%；利税总额 505.95 亿元，占工业总利税的 26.94%。① 特别是从利润和利税两项指标来看，汽车产业对武汉工业经济发展至关重要。

图 5 - 2　汽车整车厂加速落户武汉

资料来源：余鲁西等：《每年添一座整车厂，五大车企落子江城》，《楚天金报》2017 年 6 月 28 日。

2. 产业链条日趋完善，产业集群根植性增强

随着龙头企业入驻，区域产业链条日趋完善。目前武汉已经拥有全系列汽车零部件产业链。跟随东风本田、东风乘用车、上海通用等整车厂，落户武汉的零部件企业超过 1000 家，逐步形成了以沌口为核心集聚的三大东风汽车总部、三大整车厂和在东湖开发区、东西湖、蔡甸、汉阳集聚的汽车零部件企业的产业集群格局。目前，武汉的汽车零部件企业涉及发动机、制动器、车身部件、汽车电子等方方面面，并且形成了很多围绕核心产品、特色突出、体现差异化错位发展的汽车零部件产业集群。同时，武汉作为核心城市，带动周边城市的发展，在武汉、黄石、孝感、黄冈、潜江、天门等城市形成了专业化的汽车零部件产业集群，为武汉汽车产业发展提供配套服务。无论是在武汉内部，还是武汉与周边城市之间都形成了整车生产与汽车零部件配套的产业协作关系。

武汉都市圈汽车产业集群的发展充分体现了轮轴式产业集群的特征。这一

---

① 湖北省统计局：《武汉统计年鉴（2020）》。

类型产业集群的一个核心特点是龙头企业起支配作用，产业集群中的中小企业属于配套型企业，其发展和集聚高度依赖于核心龙头企业。例如，通用在江夏区落户投产，带来30多家为其配套的零部件企业，其中包括5家投资规模10亿元以上的企业、14家亿元以上的企业，此外还集聚了一批物流企业，形成了完备的产业链条。而集群内企业之间基于供应链的分工相互合作，由于专业化和协作效应的发挥，核心龙头企业的生产成本大大降低。同时，地理空间上良好产业配套环境的集聚，使龙头企业很容易找到满足其生产需求的合作方，形成良性的合作关系，有利于降低其生产和运营的不确定性，使武汉汽车产业的根植性进一步增强，也成为进一步吸引汽车产业落户的重要基础。

3. 科教资源丰富，助力产业集群发展

武汉拥有丰富的科研教育资源，科技综合实力一直位居全国前列。截至2019年，有83所高校落户武汉，数量排全国第二，在校生人数超过100万人，在全世界也是首屈一指。同时武汉还拥有光电国家实验室、材料成形与模具技术国家重点实验室、制造装备数字化国家工程研究中心等101所科研机构，包括22个国家重点实验室、4个国家工程实验室、28个国家级工程技术研究中心等一批重量级科研机构，在技术创新和人才培养方面走在全国前列。

先进制造业一定会寻求与技术优势的紧密合作。有学者分析过世界500强制造业外资企业在中三角（武汉、长沙、南昌）的分布特点，发现虽然整个区域主要是以制造业的形式嵌入全球价值链体系，但是大多数的研发中心选择在武汉集聚。在汽车领域，已经有东风汽车国家级技术中心等10家大型研发与检测机构落户，形成了发动机、新能源汽车、商用车等多个领域的汽车研发中心。近年，佛吉亚等全球知名的零部件公司也在武汉设立了研发中心。在武汉汽车产业发展过程中，先进制造的优势与技术研发逐步结合在一起。

4. 以汽车产业为核心，产业链条延伸到新经济领域

汽车产业发展动力强劲，整车产销带动了汽车零部件生产、汽车养护、汽车金融、汽车竞技、汽车文化等更多相关产业的发展，衍生出汽车后市场服务、汽车研发、汽车文化产业等产业链。目前，在武汉开发区，赛车、玩车、赏车、改车等与汽车相关的新兴产业已经开始集聚。

同时，在全球汽车产业向新能源汽车转型的战略机遇期，武汉市推出一系列政策布局新能源汽车制造。以打造"氢能汽车之都"为蓝图，大力发展氢能汽车产业。目前，武汉开发区已经聚集了众多国内先进的燃料电池新技术企业，如东风汽车、武汉众宇、南京金龙、武汉理工新能源和雄韬股份等，氢能产业集群初具雏形。

二　武汉城市圈城镇体系特征

武汉城市圈是湖北省最重要的经济增长极，这一趋势还在不断强化。2019年，武汉城市圈人口规模3189.94万人，占全省的53.82%；地区生产总值27681.5亿元，占全省的60.4%；公共预算收入占全省的64.89%；外贸出口总额占全省的72.95%；人均地区生产总值8.7万元，高于全省平均水平约1万元。武汉城市圈用占地不到全省1/3的面积，创造出全省60%以上的生产总值（见表5-5）。

表5-5　2019年武汉城市圈主要指标在全省的地位

指标	单位	武汉城市圈	全省	占全省比重
土地面积	平方公里	58025	185900	31.21%
人口	万人	3189.94	5927	53.82%
地区生产总值	亿元	27681.5	45828.31	60.40%
人均地区生产总值	元	86777.51	77321.26	112.23%
一般公共预算收入	亿元	2198.76	3388.39	64.89%
社会消费品零售总额	亿元	13052.58	22722.31	57.44%
外贸出口总额	亿元	1812.7	2484.9	72.95%
城镇人均可支配收入	元	36289	37601	96.51%

资料来源：《湖北统计年鉴2020》。

（一）政策催生作用明显

武汉城市圈在政策的推动下逐步成形，诞生和发展的每一步都体现了政策和规划的作用。

1. 概念的诞生

2001年，"大武汉集团城市"的想法首次被提出；2003年，湖北省组织专家学者座谈，出台了《省发展和改革委员会关于加快推进武汉城市圈建设的若干意见》；同年，武汉城市圈的概念出现在国家级领导人视野；2004年，湖北省委办公厅、省政府办公厅转发《省发展和改革委员会关于加快推进武汉城市圈建设的若干意见》，标志着武汉城市圈的概念被正式推出，基础设施、产业布局、区域市场和城市建设一体化的思路初步形成。

2. 进入国家战略视野

2006 年颁布的《中共中央国务院关于促进中部地区崛起的若干意见》标志着武汉城市圈进入国家战略层面；2008 年，《武汉城市圈资源节约型和环境友好型社会建设综合配套改革试验总体方案》获批，武汉城市圈成为全国资源节约型和环境友好型社会建设综合配套改革试验区；2010 年，武汉城市圈成为"十二五"重点发展区域之一；2012 年，《国务院关于大力实施促进中部地区崛起战略的若干意见》标志着武汉城市圈进入国家发展战略层面的考量。"武汉城市圈"已经成为我国中部地区的四大城市圈之首，是国家推进城市群发展过程中的重要区域，也是国家各种区域规划中确定的重要城市群之一。

3. 编制总体发展规划

2009 年《武汉城市圈总体规划纲要》从战略高度明确了城市圈的定位，确定了成员城市的产业分工布局，提出构建汽车、电子、钢铁、有色冶金、石油化工、盐化工、纺织服装、建材建筑、食品加工、桥梁与钢结构共 10 个产业链；空间结构上，城市圈形成了以武汉为核心的三个圈层。

4. 提升为国家战略

2015 年长江中游城市群规划和武汉城市圈区域发展规划获批，这意味着武汉城市圈的建设已经提升为国家战略。2018 年，湖北省十三届人大一次会议的政府报告指出"要加快把武汉城市圈打造成长江中游城市群最重要的增长极，推动武鄂黄黄（武汉、鄂州、黄石、黄冈）相邻城市联动发展，协同推进汉江生态经济带、三峡生态经济合作区、洞庭湖生态经济区建设"。武汉城市圈在政策的推动下逐步成形。

（二）核心圈层极化态势明显

武汉是武汉城市圈的核心城市，是我国中部的特大城市，也是华中最大的城市之一，是我国中部地区重要的金融中心、交通枢纽和制造基地。武汉的城市首位度一直很高，在全国省会城市中仅次于成都，2001 年城市首位度为1.05，近年来逐步增高，2019 年已经达到 1.77（见图 5 - 3）。

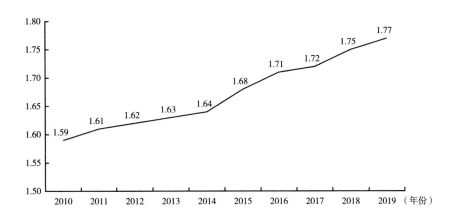

图 5 - 3　武汉市 2010 ~ 2019 年城市首位度

数据来源：根据 2011 ~ 2020 年湖北省统计年鉴计算。

根据相关研究，武汉都市圈可以划分为三个圈层，其中，核心圈层包括江岸区、江汉区、硚口区、汉阳区、武昌区、青山区、洪山区；第二圈层包括东西湖区、蔡甸区、江夏区、黄陂区、新洲区、汉南区；第三圈层包括咸宁、黄石、鄂州、孝感、黄冈、仙桃、天门、潜江。2010 ~ 2019 年，武汉都市圈的人口仍不断向核心圈层集聚，十年间常住人口增加了 142.72 万人，涨幅达到 29.57%，核心区内没有一个区出现人口外流，其中江岸区、江汉区、硚口区三区的人口增幅分别高达 41.67%、51.82%、62.62%。由东西湖区、蔡甸区、江夏区、黄陂区、新洲区、汉南区构成的第二圈层，2010 ~ 2019 年人口增长了 63.71 万人，增幅为 17.99%。再到外围圈层的其他地区，人口仅增长了 22.48 万人，仅增长 1.1%。第二、第三圈层均出现了人口负增长的区（市、县）。① 可见，武汉极化发展现象突出，武汉城市群的人口不断向核心都市区集聚，而城市群次圈层和城市群外围地区的人口和经济增长相对乏力，人口增速更是出现了不同程度下降，见表 5 - 6。

---

① 依据湖北省统计局 2020 年各市州统计年鉴相关数据整理。

表 5 - 6　武汉城市群人口变化情况（2010～2019 年）

单位：万人，%

区/市/县		2010 年常住人口	2019 年常住人口	人口增量	增幅
核心圈层	江岸区	67.96	96.28	28.32	41.67
	江汉区	48.07	72.98	24.91	51.82
	硚口区	53.43	86.89	33.46	62.62
	汉阳区	55.29	67.00	11.71	21.18
	武昌区	117.36	126.62	9.26	7.89
	青山区	45.46	57.54	12.08	26.57
	洪山区	95.10	118.08	22.98	24.16
	小计	482.67	625.39	142.72	29.57
第二圈层	东西湖区	26.95	60.13	33.18	123.12
	蔡甸区	45.19	47.19	2	4.43
	江夏区	60.02	71.15	11.13	18.54
	黄陂区	112.95	102.80	-10.15	-8.99
	新洲区	97.92	91.60	-6.32	-6.45
	汉南区	11.03	44.90	33.87	307.07
	小计	354.06	417.77	63.71	17.99
第三圈层	咸宁	246.26	254.84	8.58	3.48
	黄石	243.00	247.17	4.17	1.72
	鄂州	105.00	105.97	0.97	0.92
	孝感	481.00	492.10	11.1	2.31
	黄冈	616.00	633.30	17.3	2.81
	仙桃	118.00	114.01	-3.99	-3.38
	天门	142.00	124.74	-17.26	-12.15
	潜江	95.00	96.61	1.61	1.69
	小计	2046.26	2068.74	22.48	1.10

资料来源：根据《武汉统计年鉴 2011》《武汉统计年鉴 2020》整理。

（三）城镇等级结构尚不健全

截至 2019 年，武汉城市群有 1 个大城市和 8 个中等城市，还包括 10 个县级市、315 个镇。从目前来看，还未形成合理的城镇等级结构，没有形成各级城镇相互支撑的格局。武汉与其他各级城镇的差距过大，特别是在武汉周边地区，其建制镇的发展强度甚至要低于周边的鄂州等城市，环核心圈层地区反而形成了发展相对滞后的区域。武汉的镇一级城市，平均人口数量约 1.8 万人，而人口在 10 万人以上的只有 3 个，除城关镇外，所有的镇人口都不足 4 万人，人口小于 1 万人的镇的个数占到将近一半。而按照一般理论，只有当镇的人口规模达到 5 万人时，才是一个比较合理的中心镇规模。武汉城市群内，除中心城市外，其他各级城镇发展滞后，城镇体系等级结构不合理。

三　武汉产业集群和城市群的耦合特点

1. 轮轴式产业集群作用下，核心圈层将长期处于极化发展阶段

轮轴式产业集群最重要的特征是大企业处于中心地位，位于产业价值链的顶端。大企业制定规则和标准，处于生产组织中心的地位，而各个中小企业围绕大企业为之提供某个环节的配套。由此反映到城市群的职能分工，大企业所处的核心城市在整个产业群中处于支配地位，其功能等级高，各种优质要素优先向核心城市集聚。

《武汉城市圈总体规划纲要》中概括了武汉城市群产城一体化的五种组织模式，包括：总部在武汉、产业基地在周边的"总部模式"，研发在武汉、产业基地在周边的"孵化模式"，营销在武汉、产品在周边的"店厂模式"，注册在武汉、生产在周边的"分家模式"，生产主体在武汉、辅助产品在周边的"产业链模式"。可以看出，无论哪种模式的选择，核心圈层均是处于支配地位。

所以，在未来一段时间内，核心圈层还处于集聚和极化阶段，城市群内的分工格局还有待进一步确立，对其他圈层的辐射带动作用还不突出。

2. 周边城市产业升级将促使武汉城市群逐步走向多中心的格局

轮轴式产业集群中，各个中小城市在为大城市服务的同时，也在运营着自己的产业，而且随着分工的明确，逐步形成自己的优势产业。如咸宁着力发展生态产业，鄂州的目标是成为华中地区的电子商务基地，仙桃的定位是对接武汉产业，天门市则致力于发展棉花产业，潜江的小龙虾产业发展势头良好，黄冈的红色旅游业如火如荼。成员城市依托专业化功能可以形成新的中心，与核心城市互动互惠。随着各个副中心城市专业化功能逐步形成，放射状的交通网络逐步完善，区域空间结构也会从简单的单中心格局慢慢地向多中心演化，最

终形成一个功能交织的网络化格局。

3. 产业集群的植入性造成各级城镇不均衡发展

从上面分析可以看出，武汉汽车产业是通过引入大企业、大项目，再通过带动配套企业落户，进而将整个产业集群植入该城市群。这一发展模式不同于浙江的自下而上、自发形成的产业集群，各级城镇都具备内生的发展基础。这种植入式产业集群的发展模式首先带动的是各个中心城市发展，而对低一层级的城市和小城镇的带动作用要远远滞后。所以，武汉城市群内出现了明显的城镇体系不健全的问题，特别是在核心圈层周边地区，甚至出现"灯下黑"的问题，各级城镇之间的发展差距较大。属于这种模式产业集群的区域，发展到一定阶段后，各级城镇，特别是中小城镇要主动借力，挖掘自身特色优势，形成专业特色，主动连接到产业集群的发展中，进而实现强中心带腹地、促进边缘发展的构想，实现城市群的共同发展。

第三篇 ■

比较研究

以浙江城市群域经济体为代表的棋盘式内生型产业集群－多核散状城市群组合模式、以珠三角群域经济体为代表的卫星平台嵌入型产业集群－网络城市群组合模式、以武汉城市群域经济体为代表的轮轴式国家推动型产业集群－圈层城市群组合模式，这三种模式的耦合方式和耦合特点各不相同。不同的产业群和城市群的耦合模式催生了形态各异的区域创新系统。本篇将对不同的产业群与城市群耦合模式下所孕育的区域创新系统进行解剖，对其演进阶段进行识别和比较，并对其区域创新绩效的优劣进行对比。在对这些差异进行明确判断后，尝试从区域创新系统的子系统、区域创新系统的子体系、区域创新环境、区域创新机制等几个方面对三大城市群域经济体的区域创新系统进行比较分析，寻找产业群与城市群不同耦合模式对区域创新系统产生的影响。

第六章

区域创新系统演进阶段的识别与比较

从历史上看，受各种因素的影响，不同的国家或地区区域创新系统的演进速度和发展情况各不相同，但是差异之外又必然存在一些共性的东西。这里以芬兰、日本和韩国的区域创新系统为例，介绍这三个国家区域创新系统的发展历程。它们分别代表了资源依赖型区域、资源禀赋先天不足型区域以及依靠"后发优势"推行模仿赶超战略的发展区域。通过分析，总结区域创新系统的演进规律，制定区域创新系统发展阶段划分标准，并提炼不同阶段的发展特点。最后，建立区域创新系统发展阶段的识别模型，对我国三个城市群域经济体的区域创新系统所处阶段进行识别、比较和分析。

第一节 世界典型区域创新系统的演进历程

一 芬兰区域创新系统的演进历程

芬兰是世界上第一个接受国家创新系统概念的国家，在"向创新依赖型转变"的发展战略指导下，积极引导区域创新系统的创建和发展，从第二次世界大战前的农业国家一跃转型为创新型的工业化国家。

（一）基础性组织革新与制度变革

第二次世界大战后的芬兰依赖森林资源，以生产和出口与森林相关的产品为引擎，促成了经济的飞速发展。但是 1973 年和 1979 年两次世界性石油危机对其国民经济造成了巨大的冲击，粗放式的经济增长模式难以为继。

为了摆脱发展的瓶颈，从 20 世纪 80 年代开始，芬兰政府采取了一些措施，包括以下几项。（1）革新国家科技体系。成立国家技术局助力企业技术的管理和发展，成立科学技术政策理事会对全国的科研工作进行统一领导，并成立以大学为中心的科学园。（2）构建扶持新产业的制度框架。制定和修订数据法、电信法、商务电子通信法等一系列法规，完全放开电信市场。组织革新为芬兰实现跨越式发展提供了保障，制度革新则为电信产业的崛起开辟了道路。

（二）国家创新系统框架初具

20 世纪 90 年代国家创新系统开始成为芬兰制定创新政策的基本框架。芬兰政府采取了一系列措施促进国家创新系统的高效发展：不断增加研发投入；以高级技能人才为培养目标，大力发展技术学院；加强国家创新平台和支撑体系建设，构建了资助渠道多样化、资金金额丰富，公共风险资本和私人风险资本互补的立体化支撑体系，助推创新；通过地区发展行动计划、产业集群计划等促进地区协同发展，推动区域创新系统发育；通过技术计划、科技园和孵化器等鼓励产学研相结合，实现研究的应用价值，提高经济效益。

通过一系列卓有成效的举措，芬兰逐步建立起特色鲜明、运行高效、富有活力的国家创新系统。政府、企业、科研单位构成了一个立体交互的合作网络，相互促进、相互支持。生机勃勃的国家创新系统成为芬兰经济蓬勃发展的源泉。

（三）创新型国家建成

不断完善国家创新系统，建设创新导向型国家是芬兰发展的指导战略。芬兰政策理事会在 2000 年发布的科学政策报告中指出，芬兰要迎接知识和技能的挑战；2003 年，提出来必须强化芬兰的"知识、创新和国际化"；2005 年，芬兰的政策规划就提出要建设信息社会，不断发展和支持建设世界一流的创新型国家。随着研发投入持续增加，通信工程、纳米技术、生物技术和材料技术等重点领域发展迅速。电子信息、森林、金属机械逐步成为主导产业，标志着芬兰成功转型为创新型国家。①

---

① 芬兰政府和部委网：2000 年、2003 年、2005 年《科学政策报告》，https://tem.fi/，最后检索时间：2021 年 7 月 13 日。

二 韩国区域创新系统的演进历程

韩国在 40 年之内从一个经济落后的国家一跃成为亚洲科技创新中心之一，其过程鲜明体现了国家意志。韩国政府通过科技政策引导本国发展，它的科技创新模式对于中国区域创新系统的建设具有很大的借鉴意义。

1. 构建国家宏观科技管理框架

20 世纪 60 年代韩国通过一系列发展计划和法规，构建国家科技管理的架构，确立科技兴国的基本思路。1967 年韩国成立了科学技术研究院专门管理科技实务。1971 年成立"韩国科学院"和"韩国开发园"，大量设立国家管理的科研机构。同时通过《技术开发促进法》，提出"科学技术中心人才培养计划"，促进科技人才培养，加大人力资源开发力度，引导技术引进、吸收和扩散。

为了应对竞争越来越激烈的国际技术环境，20 世纪 80 年代，韩国政府对本国与科技相关的法律及制度继续完善。1984 年成立"技术振兴审议会"，1986 年编制了《面向 2000 年科学技术中长期计划》，国家发展战略从"贸易立国""工业立国"转向"科技立国"。

2. "科技立国"战略向纵深推进

国家战略的转变助推了产业结构的调整，韩国产业结构从劳动密集型转向技术密集型和知识密集型，而经济增长方式的转变助推了经济起飞。

"科技立国"的理念向纵深推进体现在三个方面。（1）技术开发坚持以需求为导向，提高产业的科技含量。（2）增加研发投资，引导资本流入重点领域进行技术创新，推动尖端技术产业化。（3）进一步完善科研体制，加强管理科技工作，改科学技术处为科技部，出台"尖端技术发展计划""大型科技研发事业""科学技术革新五年计划"等，修订"科学技术振兴法"等一系列发展计划及法规。

3. 创新型国家建成

2000 年以后，韩国以科技振兴政策为纲，继续调整科技发展战略。（1）对科技管理体制、科技研发投资体制等继续进行改革；（2）把科技部部长提升为副总理级别，增强科技部的决策与协调职能；（3）投资战略从注重数量转为注重效率；（4）明确重点发展代表未来增长动力方向的技术：生物、纳米与太空和平利用技术，重点支持信息技术、材料科学、生命科学、能源与环境科学等领域。

韩国规划 2005 年科技竞争力排名要位居亚洲第一，到 2025 年韩国科技竞争力排名要攀升至世界第七，最终成为亚太地区最重要的科技创新中心。

三　日本区域创新系统的演进历程

第二次世界大战后，日本在短时间内从一个工业水平比先进国家落后30～40年的国家，发展成为一个创新型国家，走出了一条独特的发展路径。

1. 模仿创新

第二次世界大战后，日本最开始实行模仿追赶策略。（1）政府在完善全球技术监测系统的同时，鼓励并引导企业引进技术并在此基础上进行创新；（2）根据经济发展不同时期的侧重点，通过引进技术，吸收、模仿、改良，创造出物美价廉的日本产品，在国际市场占据一席之地。1955～1970 年，日本几乎掌握了 50 年内世界发明的全部技术，到了 20 世纪 70 年代，日本的产业结构和技术结构都得到了极大优化，在 43 个领域内技术达到世界一流水平。

2. 集成创新与二次创新

20 世纪 80 年代至 90 年代初，在"科技立国"战略的指导下，日本进入以自主研发为主的阶段，具体表现为从创新链的中端向上延伸，紧紧围绕市场需求，系统集成国外相关元器件与技术。在这个阶段，日本工业部分的生产技术以最低的成本在短期内达到了世界一流水平。

1995 年日本政府颁布的《科学技术基本法》明确地把"科技创新立国"作为日本的基本国策，提出人才战略、基础研究战略、重点技术战略、科技创新战略和国际化战略五大发展战略；建立了研发不同阶段的研究基金制度；解决了知识产权保护问题；协调产学官合作；倡导科技人才参与国际学术交流。

3. 前瞻性创新

21 世纪后，日本政府全面推广"知识产权立国"战略，将知识产权视为国家竞争力的源泉，推广"前瞻创新型"的研发模式。第一，构建知识产权创新管理体制；第二，推进企业、科研机构和政府围绕知识产权进行合作；第三，对知识产权的研发进行物质奖励，改善研发人员的生产环境；第四，重视培养知识产权人才。日本成功抓住了信息技术革命的机遇，将科技创新的成果成功转化为国家竞争力，建成了创新型国家。

第二节　区域创新系统演进阶段的划分

从上述国家区域创新系统的发展过程来看，区域创新系统基本可以划分为三个阶段，即萌芽期、成长期及成熟期。

1. 萌芽期

萌芽期是指以引进其他国家或者地区的生产技术为技术革新的主要来源。引进的技术既包括设备、原材料、零部件等硬件，也包含知识专利等软技术。对于区域创新系统在起步阶段的地区来讲，其研发能力有限，通过引进技术先进地区的新生产要素、新方法、新技术，革新生产方式，能够有效提高行业生产效率。

2. 成长期

区域创新系统的成长期指的是在不断引进新技术的同时，对之加以吸收、消化，同时根据本地区的市场特征对生产技术进行改良。处于成长阶段的区域创新系统已经具备了一定的产品、工艺设计能力，这种创新能力是在学习区域外的技术和方法的基础上形成的。

3. 成熟期

区域创新系统的成熟期指的是该地区达到了技术自立的水平，不仅拥有一流的产品设计、工艺设计能力，其研发体系能够独立地为生产系统提供最先进的技术支撑，技术系统十分强大，科学体系非常完善。处于成熟期的地区，只要提高资源要素投入的效率，合理配置创新要素，就可以保持其技术优势，不断提升技术竞争能力。

第三节　群域经济体区域创新系统演进阶段的识别及比较

本节通过运用逐步判别分析方法，构建区域创新系统演进阶段的识别模型，对三大城市群所处的发展阶段进行判断及比较。

一　指标的选取

把创新系统发展的三个阶段——萌芽期、成长期、成熟期概括在一个集合范围内，设定该集合 $Z = \{D_1, D_2, D_3\}$，设置 D_1 为萌芽期，D_2 为成长期，D_3 为成熟期。

为了实现判别分析的预期目标，首先必须确定参照系。在全国范围内，京津冀、长三角地区在人才支撑、产业升级、基础设施、创新环境、政策支持等方面具有很好的示范作用，所以将北京、上海两地区的数据放入判别分析过程。根据数据的获取便捷性、指标的代表性、可行性等原则，将专利申请量、专利授权量、技术合同签订数、技术合同成交额、国外主要检索工具收录的我国科技论文数量、公有经济事业单位专业技术人员数、科技活动人员数量等 7 个指标作为判断集合的内在变量。

二　三大城市群域经济体区域创新阶段的识别

（一）数据来源和判别方法

1. 数据来源

数据主要来源于历年《中国科技统计年鉴》《湖北统计年鉴》《上海统计年鉴》《上海科技统计年鉴》《北京统计年鉴》《北京科技年鉴》《广东科技年鉴》《广东统计年鉴》《浙江统计年鉴》《浙江科技统计年鉴》及各省市 2016～2019 年国民经济与社会发展统计公报。依照数据可得性原则，选取北京、上海、浙江、广东、湖北 5 个地区 1990～2019 年共 30 年的数据构建模型，判断浙江城市群域经济体、珠三角城市群域经济体、武汉城市群域经济体在不同时间段区域创新系统的发展水平。

2. 判别方法

在统计学领域，最为常见的判别方法包括距离判断法、费舍尔判别方法和逐步判别分析方法。这三种分析方法从不同的角度对问题进行分析，建立不同的准则，做出相应的判别结果。本节采用的逐步判别分析方法就是在费舍尔判别分析法的基础之上，通过加入变量筛选的功能，选择出判别能力相对较强的变量来组成判别函数，其实质就是不断引入和剔除变量，一旦不再引入或者剔除变量，就意味着逐步判别过程的结束。具体来说就是利用假设检验来找出显著性变量，剔除不显著的变量，检验方法包括 Wilks' Lambda 等。

（二）区域创新阶段分析

将 1990～2019 年划分为三个阶段：1990～2000 年是三个地区创新系统的萌芽期，2001～2011 年是三个地区创新系统的成长期，2012～2019 年是三个地区创新系统的成熟期。通过把原始数据输入 SPSS 统计应用软件，列出典型函数判别摘要表 6-1 和表 6-2，得出分类统计分析中的表 6-3。

表 6-1　特征值

函数	特征值	方差百分比	累积百分比	正则相关性
1	2.821	80.9	80.9	0.859
2	0.666	19.1	100.0	0.632

a. 分析中使用了前 2 个典型判别式函数。

表 6-2　Wilks' Lambda

函数检验	Wilks' Lambda	卡方	df	Sig.
1～2	0.157	212.836	10	0.000
2	0.600	56.681	4	0.000

表 6-3　分类函数系数

指标	类型		
	1	2	3
专利申请量	-0.290	-0.374	-0.158
技术合同签订数	4.469	5.728	4.514
技术合同成交额	-0.015	-0.025	-0.024
专业技术人员	0.258	0.349	0.326
科技论文数量	5.751	11.082	12.410
常量	-14.470	-27.056	-29.980

如表 6 - 2 所示，可以发现 Sig. 小于 0.05，所以拒绝原假设，说明所选变量之间有明显的显著性。如表 6 - 3 所示，由分类函数系数得到有关区域创新系统三阶段的判别分析函数。

假设用 x_1 表示专利授权量，x_2 表示技术合同签订数，x_3 表示技术合同成交额，x_4 表示专业技术人员，x_5 表示科技论文数量，通过构建三个不同阶段的区域创新阶段方程组进行分析，并且用 F_1 表示萌芽阶段的方程组，F_2 表示成长阶段的方程组，F_3 表示成熟阶段的方程组，其结果如下。

$$F_1 = -0.290 x_1 + 4.469 x_2 - 0.015 x_3 + 0.258 x_4 + 5.751 x_5 - 14.470$$
$$F_2 = -0.374 x_1 + 5.728 x_2 - 0.025 x_3 + 0.349 x_4 + 11.082 x_5 - 27.056$$
$$F_3 = -0.158 x_1 + 4.514 x_2 - 0.024 x_3 + 0.326 x_4 + 12.410 x_5 - 29.980$$

将各地区的数据代入方程，得到不同地区在区域创新不同发展阶段的判别分值，判断三个地区的城市群所处的发展阶段。判别的依据是三个不同阶段判别分值的差值：当成长期与萌芽期的差值总体上呈现变大的趋势，这表明该地区正处于成长期，当成熟期与成长期的差值不断增大时，表明该地区处于成熟期。鉴于创新阶段的连续性，对成熟期与萌芽期的差值不计算。

1. 浙江城市群域经济体

浙江城市群域经济体包含三个比较大型的城市群，分别是杭州湾城市群、浙中城市群以及温台城市群。考虑到和其他两大经济体对比的可行性，采用浙江省有关七个变量的数据，同时，加入北京与上海两区域数据，既能够保证数据的充分性，还可以保证创新阶段判别分值图中三条曲线的平滑，有助于我们直接观察出创新阶段的大致切换时间点。对北京、上海、浙江三个地区判别分值进行抽离，可以得出表 6 - 4、表 6 - 5 及图 6 - 1。

表 6 - 4 北京、上海、浙江不同时期判别分值

年份	地区	萌芽期	成长期	成熟期	年份	地区	萌芽期	成长期	成熟期
1990	北京	9.03	7.52	-0.33	1991	北京	12.55	9.82	3.61
	上海	9.19	4.69	2.7		上海	13.04	9.84	7.5
	浙江	-2.78	-11.43	-15.97		浙江	2.98	-3.71	-8.84

续表

年份	地区	萌芽期	成长期	成熟期	年份	地区	萌芽期	成长期	成熟期
1992	北京	15.89	14.53	7.87	2002	北京	17.57	19.2	14.07
	上海	16.47	14.37	11.2		上海	15.75	14.47	12.95
	浙江	9.21	4.63	-1.29		浙江	22.87	23.01	14.45
1993	北京	13.83	13.52	6.98	2003	北京	21.01	24.5	19.26
	上海	12.71	9.48	7.21		上海	16.35	15.73	14.4
	浙江	9.14	4.22	-1.97		浙江	28.17	30.14	20.4
1994	北京	13.11	11.29	5.73	2004	北京	21.64	26.2	21.34
	上海	12.42	9.14	6.98		上海	18.58	19.27	18.07
	浙江	9.1	4.23	-1.82		浙江	25.09	26.74	18.49
1995	北京	13.86	12.37	6.7	2005	北京	20.13	24.33	19.87
	上海	10.32	6.48	4.85		上海	19.76	21.02	19.97
	浙江	10.75	6.33	-0.14		浙江	18.34	19.57	14.52
1996	北京	4.22	-0.64	-5.33	2006	北京	28.64	37.85	33.52
	上海	5.46	-0.08	-1.17		上海	20.93	24.26	24.49
	浙江	13.27	10.05	3.33		浙江	17.91	19.51	15.15
1997	北京	3.57	-1.53	-6.09	2007	北京	26.51	34.74	31.04
	上海	4.16	-1.83	-2.72		上海	21.11	24.57	25.24
	浙江	14.38	11.61	4.79		浙江	15.68	16.75	13.13
1998	北京	7.27	3.71	-1.41	2008	北京	27.58	36.99	34.08
	上海	3.86	-2.09	-2.82		上海	21.19	24.66	25.49
	浙江	14.91	12.05	4.93		浙江	16.53	18.38	15.29
1999	北京	6.56	2.62	-2.47	2009	北京	27.25	37.95	36.62
	上海	3.77	-2.88	-4.03		上海	17.37	20.88	23.11
	浙江	17.7	16.06	8.61		浙江	14.63	16.29	14.26
2000	北京	12.06	11.33	6.58	2010	北京	22.17	29.59	28.75
	上海	14.32	12.34	10.9		上海	23.1	28.87	31.01
	浙江	19.94	18.91	10.86		浙江	15.28	18.11	16.78
2001	北京	12.57	12.02	7.21	2011	北京	28.01	40.08	39.87
	上海	10.76	7.56	6.38		上海	28.01	36.81	39.25
	浙江	20.64	19.89	11.67		浙江	14.82	17.44	17.09

年份	地区	萌芽期	成长期	成熟期	年份	地区	萌芽期	成长期	成熟期
2012	北京	17.91	22.26	22.98	2016	北京	22.31	32.97	30
	上海	25.93	33.22	35.64		上海	29.3	41.99	42.16
	浙江	13.68	16.46	17.87		浙江	17.34	24.04	29.14
2013	北京	14.86	17.5	19.41	2017	北京	21.52	31.68	36.03
	上海	25.3	32.59	35.43		上海	32.5	47.6	44.02
	浙江	14.04	17.38	19.89		浙江	15.09	20.95	26.56
2014	北京	19.7	26.51	30	2018	北京	15.35	21.64	39.56
	上海	28.52	38.59	42.16		上海	26.34	37.83	54.42
	浙江	16.76	21.62	23.63		浙江	13.46	19.11	26.77
2015	北京	22.13	31.23	19.41	2019	北京	6.34	7.57	18.17
	上海	28.41	39.35	35.43		上海	40.42	56.05	62.22
	浙江	16.34	21.8	25.16		浙江	10.93	14.47	22.11

根据判别原则，分别计算浙江省区域创新系统成长期与萌芽期的差值、成熟期与成长期的差值。数据显示，自 2001 年以后，成长期与萌芽期的判别分值差值呈现不断扩大的趋势（见表 6-5），这说明了浙江城市群域经济体的区域创新系统处于成长期。需要补充说明的是，浙江城市群成熟期与成长期的差值在 2004 年之前逐年下降，2014 年之后呈逐步上升趋势，趋势变化不一致，不满足此项判别原则，剔除浙江城市群域经济体区域创新系统处于成熟期的可能。

表 6-5　浙江萌芽期与成长期判别分值之差

年份	差值	年份	差值
1990	-8.66	1997	-2.77
1991	-6.69	1998	-2.86
1992	-4.59	1999	-1.64
1993	-4.92	2000	-1.02
1994	-4.87	2001	-0.76
1995	-4.42	2002	0.14
1996	-3.22	2003	1.97

续表

年份	差值	年份	差值
2004	1.65	2012	2.78
2005	1.23	2013	3.34
2006	1.60	2014	4.86
2007	1.08	2015	5.45
2008	1.85	2016	6.69
2009	1.66	2017	5.86
2010	2.83	2018	5.65
2011	2.62	2019	3.53

创新阶段判别分值图能够体现该地区不同时期总体创新情况。该图由三条线组成，分别代表萌芽期三个地区的判别分值、成长期三个地区的判别分值以及成熟期三个地区的判别分值。

如图 6-1 所示，在区域创新系统的萌芽期（1990~2000），三个地区的判别分值总体上呈现波动下降的态势，这反映了萌芽期区域创新能力的不稳定性，这和区域创新环境、政策稳定性等因素有一定的关系；当进入成长期（2001~2011）以后，判别分值开始超越萌芽期，这说明三个地区大致在这一时期步入区域创新能力开始起飞的阶段；当进入成熟期（2012~2019）以后，成熟期判别分值开始逐渐超越成长期的判别分值，但是，在 2014 年两者之差突然出现一个较低值，随后又回归到正常状态，与创新产出等不确定因素有一定的关系。

2. 珠三角城市群域经济体

珠三角城市群域经济体地处华南地区，无论是在我国经济发展过程中，还是在区域创新形成中都扮演着十分重要的角色。考虑到经济体内城市的广泛性、发展阶段的差异性等多方面因素的影响，模型数据的选取范围锁定为珠三角城市群主要所在区域的广东省，间接从总体上表达珠三角城市群域经济体区域创新发展的阶段水平。同理，把原始数据代入方程式可得出广东地区的判别分值（见表 6-6）。

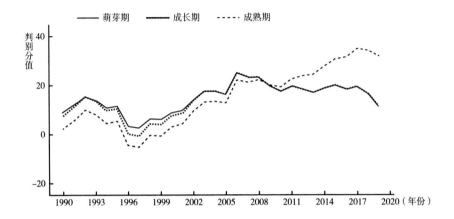

图 6 - 1　北京、上海、浙江区域创新系统三阶段

表 6 - 6　北京、上海、广东不同时期判别分值

年份	地区	萌芽期	成长期	成熟期	年份	地区	萌芽期	成长期	成熟期
1990	北京	9.03	7.52	- 0.33	1996	北京	4.22	- 0.64	- 5.33
	上海	9.19	4.69	2.7		上海	5.46	- 0.08	- 1.17
	广东	9.86	5.77	0.3		广东	11.55	8.12	2.75
1991	北京	12.55	9.82	3.61	1997	北京	3.57	- 1.53	- 6.09
	上海	13.04	9.84	7.5		上海	4.16	- 1.83	- 2.72
	广东	11.32	7.57	1.59		广东	19.75	19.18	13.04
1992	北京	15.89	14.53	7.87	1998	北京	7.27	3.71	- 1.41
	上海	16.47	14.37	11.2		上海	3.86	- 2.09	- 2.82
	广东	11.5	7.98	2.34		广东	20.73	20.62	14.49
1993	北京	13.83	13.52	6.98	1999	北京	6.56	2.62	- 2.47
	上海	12.71	9.48	7.21		上海	3.77	- 2.88	- 4.03
	广东	13.6	10.78	4.91		广东	20.92	21.01	15.1
1994	北京	13.11	11.29	5.73	2000	北京	12.06	11.33	6.58
	上海	12.42	9.14	6.98		上海	14.32	12.34	10.9
	广东	14.38	11.92	6.15		广东	20.97	21	15.13
1995	北京	13.86	12.37	6.7	2001	北京	12.57	12.02	7.21
	上海	10.32	6.48	4.85		上海	10.76	7.56	6.38
	广东	15.54	13.53	7.76		广东	22.22	22.64	16.51

续表

年份	地区	萌芽期	成长期	成熟期	年份	地区	萌芽期	成长期	成熟期
2002	北京	17.57	19.2	14.07	2011	北京	28.01	40.08	39.87
	上海	15.75	14.47	12.95		上海	28.01	36.81	39.25
	广东	21.22	21.36	15.58		广东	29.95	36.15	33.93
2003	北京	21.01	24.5	19.26	2012	北京	17.91	22.26	22.98
	上海	16.35	15.73	14.4		上海	25.93	33.22	35.64
	广东	17.75	17.48	11.84		广东	28.99	35.09	33.89
2004	北京	21.64	26.2	21.34	2013	北京	14.86	17.5	19.41
	上海	18.58	19.27	18.07		上海	25.3	32.59	35.43
	广东	25.67	27.84	22.02		广东	17.42	20.44	17.98
2005	北京	20.13	24.33	19.87	2014	北京	19.7	26.51	30
	上海	19.76	21.02	19.97		上海	28.52	38.59	42.16
	广东	27.62	30.93	25.47		广东	30.37	38.98	40.08
2006	北京	28.64	37.85	33.52	2015	北京	22.13	31.23	19.41
	上海	20.93	24.26	24.49		上海	28.41	39.35	35.43
	广东	27.36	31	26.12		广东	25.26	32.2	35.62
2007	北京	26.51	34.74	31.04	2016	北京	22.31	32.97	30
	上海	21.11	24.57	25.24		上海	29.3	41.99	42.16
	广东	29.37	33.99	29.12		广东	24.85	33.3	40.66
2008	北京	27.58	36.99	34.08	2017	北京	21.52	31.68	36.03
	上海	21.19	24.66	25.49		上海	32.5	47.6	44.02
	广东	29.38	34.38	29.99		广东	21.62	29.8	40.49
2009	北京	27.25	37.95	36.62	2018	北京	15.35	21.64	39.56
	上海	17.37	20.88	23.11		上海	26.34	37.83	54.42
	广东	28.89	33.94	30.36		广东	19.97	28.14	42.87
2010	北京	22.17	29.59	28.75	2019	北京	6.34	7.57	18.17
	上海	23.1	28.87	31.01		上海	40.42	56.05	62.22
	广东	31.42	38.48	35.58		广东	10.54	12.09	27.47

　　根据表6-6分别计算广东省成长期与萌芽期的差值、成熟期与成长期的差值可以发现，这两大差值都呈现总体上升的趋势，但是成长期与萌芽期的差值小于成熟期与成长期的差值，考虑到发展阶段的连续性，剔除广东区域创新系统处于成长期的可能，我们认为广东区域创新系统的发展水平处于成熟期，并且呈现出越来越好的发展态势（见表6-7）。

表 6 – 7　广东成熟期与成长期判别分值之差

年份	差值	年份	差值
1990	– 5.47	2005	– 5.46
1991	– 5.98	2006	– 4.88
1992	– 5.64	2007	– 4.87
1993	– 5.87	2008	– 4.39
1994	– 5.77	2009	– 3.58
1995	– 5.77	2010	– 2.90
1996	– 5.37	2011	– 2.22
1997	– 6.14	2012	– 1.20
1998	– 6.13	2013	– 2.46
1999	– 5.91	2014	1.10
2000	– 5.87	2015	3.42
2001	– 6.13	2016	7.36
2002	– 5.78	2017	10.69
2003	– 5.64	2018	14.73
2004	– 5.82	2019	15.38

观察图 6 – 2 可以看出，在区域创新的萌芽期（1990～2000），三个地区的判别分值总体上呈现波动下降的态势，这反映了萌芽期区域创新能力的不稳定性，与区域创新环境、政策稳定性等因素有一定的关系；当进入成长期（2001～2011）以后，三地区判别分值开始超越萌芽期，说明三个地区大致在这一时期步入区域创新能力开始起飞的阶段；同理，当进入成熟期（2012～2019）以后，成熟期判别分值开始逐渐超越成长期的判别分值，也就意味着成熟期的区域创新能力发展比较迅速。

3. 武汉城市群域经济体

武汉城市群也称为武汉城市圈，是长江中游城市群的重要组成部分，是实现中部崛起的重要支撑点。为了能够与珠三角城市群域经济体、浙江城市群域经济体的研究对比衔接，选取整个湖北省的数据来分析武汉城市群创新发展阶段。同理，把相关的数据代入判别函数得出湖北省在不同时期的判别分值（见表 6 – 8）。

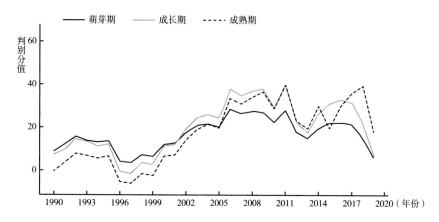

图 6 - 2　北京、上海、广东区域创新系统三阶段

表 6 - 8　北京、上海、湖北不同时期判别分值

年份	地区	萌芽期	成长期	成熟期	年份	地区	萌芽期	成长期	成熟期
1990	北京	9.03	7.52	-0.33	1996	北京	4.22	-0.64	-5.33
	上海	9.19	4.69	2.7		上海	5.46	-0.08	-1.17
	湖北	4.33	-1.77	-7.01		湖北	10.46	6.71	1.22
1991	北京	12.55	9.82	3.61	1997	北京	3.57	-1.53	-6.09
	上海	13.04	9.84	7.5		上海	4.16	-1.83	-2.72
	湖北	10.00	5.94	0.52		湖北	12.2	9.03	3.25
1992	北京	15.89	14.53	7.87	1998	北京	7.27	3.71	-1.41
	上海	16.47	14.37	11.20		上海	3.86	-2.09	-2.82
	湖北	12.37	9.20	3.39		湖北	13.22	10	3.78
1993	北京	13.83	13.52	6.98	1999	北京	6.56	2.62	-2.47
	上海	12.71	9.48	7.21		上海	3.77	-2.88	-4.03
	湖北	13.06	10.16	4.35		湖北	14.35	12.12	6.23
1994	北京	13.11	11.29	5.73	2000	北京	12.06	11.33	6.58
	上海	12.42	9.14	6.98		上海	14.32	12.34	10.9
	湖北	14.13	11.63	5.75		湖北	19.27	18.93	12.86
1995	北京	13.86	12.37	6.7	2001	北京	12.57	12.02	7.21
	上海	10.32	6.48	4.85		上海	10.76	7.56	6.38
	湖北	14.52	12.14	6.16		湖北	19.85	19.72	13.51

年份	地区	萌芽期	成长期	成熟期	年份	地区	萌芽期	成长期	成熟期
2002	北京	17.57	19.2	14.07	2011	北京	28.01	40.08	39.87
	上海	15.75	14.47	12.95		上海	28.01	36.81	39.25
	湖北	14.87	13.45	8.46		湖北	16.37	18.91	16.17
2003	北京	21.01	24.5	19.26	2012	北京	17.91	22.26	22.98
	上海	16.35	15.73	14.4		上海	25.93	33.22	35.64
	湖北	17.75	17.48	11.84		湖北	17.67	20.73	17.9
2004	北京	21.64	26.2	21.34	2013	北京	14.86	17.5	19.41
	上海	18.58	19.27	18.07		上海	25.3	32.59	35.43
	湖北	17.12	16.8	11.15		湖北	17.42	20.44	17.98
2005	北京	20.13	24.33	19.87	2014	北京	19.7	26.51	30
	上海	19.76	21.02	19.97		上海	28.52	38.59	42.16
	湖北	19.59	21.45	16.45		湖北	18.95	22.59	20.18
2006	北京	28.64	37.85	33.52	2015	北京	22.13	31.23	19.41
	上海	20.93	24.26	24.49		上海	28.41	39.35	35.43
	湖北	16.94	18.32	14.23		湖北	17.07	19.96	17.9
2007	北京	26.51	34.74	31.04	2016	北京	22.31	32.97	30
	上海	21.11	24.57	25.24		上海	29.3	41.99	42.16
	湖北	18.71	21.31	17.27		湖北	18.04	22.21	20.18
2008	北京	27.58	36.99	34.08	2017	北京	21.52	31.68	36.03
	上海	21.19	24.66	25.49		上海	32.5	47.6	44.02
	湖北	19.13	22.75	19.32		湖北	16.99	20.95	18.43
2009	北京	27.25	37.95	36.62	2018	北京	15.35	21.64	39.56
	上海	17.37	20.88	23.11		上海	26.34	37.83	54.42
	湖北	18.19	21.68	18.69		湖北	17.97	22.77	21.1
2010	北京	22.17	29.59	28.75	2019	北京	6.34	7.57	18.17
	上海	23.1	28.87	31.01		上海	40.42	56.05	66.22
	湖北	18.60	22.94	20.34		湖北	20.13	24.33	19.87

  湖北省成长期与萌芽期差值总体呈现逐步扩大的趋势，萌芽期阶段的区域创新能力已经被成长期的区域创新能力超越（见表6-9）。可以得出结论，武汉城市群域经济体的区域创新系统处于成长期。需要补充说明的是，成熟期与

成长期的判别分值之差忽大忽小，没有一定的规律性，不符合判别规则，剔除这种可能性。

表 6 - 9　湖北萌芽期与成长期判别分值之差

年份	差值	年份	差值
1990	- 6.10	2005	1.86
1991	- 4.06	2006	1.38
1992	- 3.17	2007	2.60
1993	- 2.90	2008	3.62
1994	- 2.50	2009	3.49
1995	- 2.38	2010	4.34
1996	- 3.75	2011	2.54
1997	- 3.17	2012	3.06
1998	- 3.22	2013	3.02
1999	- 2.23	2014	3.64
2000	- 0.34	2015	2.89
2001	- 0.13	2016	4.17
2002	- 1.42	2017	3.96
2003	- 0.27	2018	4.80
2004	- 0.32	2019	4.2

图 6 - 3 说明在区域创新的萌芽期（1990 ~ 2000），三个地区的判别分值总体上呈波动下降的态势，这反映了萌芽期区域创新能力的不稳定性；当进入成长期（2001 ~ 2011）以后，判别分值开始超越萌芽期，说明三个地区大致在这一时期步入区域创新能力起飞的阶段；同理，当进入成熟期（2012 ~ 2019）以后，成熟期判别分值开始逐渐超越成长期的判别分值。图 6 - 3 显示出目标地区在总体上步入不同创新时期的协调性，间接证明了三个不同时期阶段划分的正确性。

三　三大城市群域经济体区域创新阶段的比较

总体来看，以北京、上海为参照系参考五大地区的七个发展变量，分析结

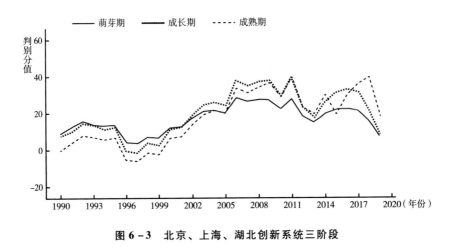

图 6-3 北京、上海、湖北创新系统三阶段

果证明珠三角城市群域经济体的区域创新系统发展处于成熟期，浙江城市群域经济体和武汉城市群域经济体的区域创新系统则处于成长期。

从发展阶段上看，珠三角城市群域经济体处于区域创新发展的成熟阶段。数据显示，珠三角城市群域经济体比武汉城市群域经济体、浙江城市群域经济体有更大的优势，这与珠三角地区高水平的经济发展质量、良好的区域创新环境、雄厚的财政支持、高素质的人才队伍等因素是分不开的。虽然浙江城市群域经济体、武汉城市群域经济体处在区域创新发展的成长阶段，但是也显示出了强劲的发展势头。这在科技活动人员数量、专利授权量、专业技术人员数量、科技论文发表数量等指标上已经显示出来，未来一定能够步入区域创新发展的成熟阶段。

从政策指向性看，三大城市群域经济体区域创新系统的发展都在一定程度上受到政策的影响。珠三角地区政策的连续性最强，其次是武汉城市群域经济体，再次是浙江城市群域经济体。珠三角地区受政府政策利好的影响最久且最为稳定，其结果也是珠三角地区区域创新的水平最高。而武汉城市群域经济体、浙江城市群域经济体与珠三角城市群域经济体对比，政策的支持力度略微逊色，这可以在三个地区的区域创新判别分值的图表上看出来。

从产业集聚演化看，珠三角地区高新技术产业的集聚化水平较高。珠三角地区区域创新阶段的判别分值较高，这与该地区注重产业的转型升级是分不开的。自 2000 年之后，当地开始注重对原有产业的改造，逐渐淘汰了一些低附加值的劳动密集型产业，加强对高新技术产业的投入，经历 20 多年的发展取得了今天的成就。相信随着经济的发展，未来两大城市群域经济体将逐步从成长期步入成熟期。

第七章

区域创新绩效的比较

　　区域创新绩效是衡量创新资源投入是否被有效利用的标准。评价哪种产业群与城市群的耦合模式最有利于培育创新、激发创新，哪种耦合模式能够最有效地利用各种创新资源，首先必须对三大城市群域经济体的区域创新绩效进行测定及比较。

第一节　区域创新绩效的概念及影响因素

　　创新是促进区域可持续发展的推动力，区域创新绩效是创新系统内集中整合所投入的资源要素产出创新能力的效率。本节将重点厘清区域创新系统创新绩效的概念及其主要影响因素。

一　区域创新绩效的概念及其相关研究

　　1. 区域创新绩效的定义

　　尽管学术界目前并没有对区域创新绩效统一定义，但是区域创新绩效是对区域创新系统的综合评定，根据后者的内涵，区域创新绩效应该包括区域创新效率和区域创新效果两个方面。区域创新系统是区域范围内各创新主体组成的系统，表现为资源投入与产出的过程。区域创新系统投入包括资金、劳动力、技术等，产出包括专利技术、工艺工法、产品等，其创新目的是促进区域范围内的资源优化配置、推动区域经济创新发展。因此，对区域创新系统绩效的评价要综合考量两个方面：一是创新资源投入产出效率，即创新投入的资源是否得到有效利用；二是区域创新对经济和社会发展的贡献，即创新产出成果是否得到有效使用。

综上，区域创新绩效可以定义为：创新系统在外在资源及环境约束下，单位产出需要的投入或单位投入能够获得的产出，以及产出成果对生产效率和社会效益的作用效果。而对区域创新绩效评价就是从创新资源投入产出着手，检验其创新投入的资源是否得到有效利用、创新产出成果是否得到有效使用，如果存在无效率情况，则需要找出原因，最终优化区域创新系统的运行效率。

2. 相关研究

在国外相关研究中，美国的学者是最早开始进行有关创新绩效及创新绩效指标体系建立研究的；欧盟国家多通过创新投入和科技效率两方面对成员国创新绩效进行综合判断，并强调了人力资源投入在创新能力中的作用。国外学者对区域创新绩效的研究多以构建绩效评价体系来判断资源投入与产出的效率。如 Cameron 通过实证研究证明，科技研发成本投入每增加 1%，研发产出就会增加 0.05% ~ 0.1%，而科技创新带来的区域经济增长回报率一般在 20% ~ 50%；[1] 部分学者选取了资金和人力资源表示投入变量，其他能反映创新效果的指标表示输出，如 Michael 采用知识生产函数法，将 R&D 同时选作输入和输出指标，分析比较了欧洲 11 个地区区域创新系统绩效；[2] 也有学者认为，仅考虑 R&D 投入无法达到客观评价创新绩效的目的，如 Furman 等人运用典型区域创新理论中的内生增长理论、创新系统理论等，将创新资金投入等能衡量创新能力的指标作为投入变量，将专利授权数量、政府政策决策等作为反应变量，检验区域创新绩效情况；[3] Gracia 等将科研费用、R&D 人员数量与专利申

①　K. S. Cameron, "Effectiveness as Paradox: Consensus and Conflict in Conceptions of Organizational Effectiveness," *Management Science* 32 (1986): pp. 539 – 553.

②　F. Michael, "Measuring the Quality of Regional Innovation Systems: A Knowledge Production Function Approach," *International Regional Science Review* 25 (2002): pp. 86 – 101.

③　J. L. Furman, M. E. Porter, S. Stem, "The Determinants of National Innovative Capacity," *Journal of Chongqing University* 31 (2002): pp. 59 – 65.

请数量作为投入指标，将区域人均生产总值作为产出指标。[①]

在国内相关研究中，学者们从不同视角和需求出发，对区域创新绩效概念及其评价方式进行研究，研究的主要区别体现在研究方法的选择上。江蕾采用专家会议法筛选了 90 个区域创新相关指标，最终选取了 25 个涵盖创新投入及产出的指标，对我国区域创新能力进行综合分析；[②] 潘晓琳、田盈通过构建投入产出指标体系，采用主成分分析法及层次分析法对我国西部地区六大省市创新绩效进行评价比较；[③] 刘和东采用两阶段 DEA 模型（DEA - Tobit）对我国规模以上工业企业创新效率进行判断，并分析了创新效率影响因素；[④] 杨宏进等采用三阶段 DEA 模型分析了高校科技创新绩效情况；[⑤] 李梦琦等运用数据包络分析，以长江中游城市群中包含的 27 个城市为研究对象，对这些城市在综合分析、区域分析和投影分析三方面进行效率评价，表明长江中游城市群创新效率整体较好，但仍存在短板问题，湘鄂赣三省创新水平存在一定差异。[⑥]

总体来说，区域创新绩效相关领域的研究还不够成熟，主要原因是：一方面不同学者对区域创新绩效概念的理解存在诸多差异，另一方面则是由于缺乏具有公信力的区域创新系统理论，研究区域创新绩效的学者对问题理解不同，所选择的评价指标体系不同，研究方法尚未形成统一定论，这些因素都可能限制相关研究的发展。

二　影响区域创新绩效的主要因素

影响区域创新绩效的主要因素包括以下三点。

① A. Gracia, P. Voigt, *Evaluating the Performance of Regional Innovation Systems* (5th Triple Helix Conference on "The Capitalization of Knowledge: Cognitive, Economic, Social & Cultural aspects," Italia, 2005), pp. 2 - 9.
② 江蕾：《基于自主创新的区域创新体系建设研究——以浙江省为例》，同济大学博士学位论文，2008，第 23 页。
③ 潘晓琳、田盈：《基于加权主成分分析的区域创新系统绩效评价模型研究》，《科技进步与对策》2009 年第 23 期。
④ 刘和东：《中国工业企业的创新绩效及影响因素研究——基于 DEA - Tobit 两步法的实证分析》，《山西财经大学学报》2010 年第 3 期。
⑤ 杨宏进、刘立群：《基于三阶段 DEA 的高校科技创新绩效研究》，《科技管理研究》2011 年第 9 期。
⑥ 李梦琦等：《基于 DEA 模型的长江中游城市群创新效率研究》，《软科学》2016 年第 4 期。

1. 区域科技创新能力

科技创新能力是区域创新的原动力。企事业科研机构、科研院所、大中院校等是创新能力的生产者和创新技术的执行者。这些创新主体运用和组织区域的创新资源，将技术、人力资源、知识等要素投入生产中，有效推动区域经济的发展。其中，高校、企业、科研机构的数量与质量一定程度上决定了区域科技创新能力的层次，同时很大程度上决定了区域运用及发展创新技术的能力。

2. 区域创新环境

区域创新环境包括静态环境和动态环境两方面。静态环境指的是促进区域内行为主体不断创新的环境，动态环境指的是区域内创新活动发生和创新绩效提高以形成自我调节功能的环境。区域范围内各创新主体总是处于复杂而相互联系的区域创新环境中，区域创新环境的好坏直接影响着一个地区的知识创造能力、知识流动能力和企业技术创新能力等。区域创新环境包含的因素较多，可以从区域创新的基础设施环境、创新资源环境、政策与制度环境和社会文化环境等多个方面来判断区域创新环境。

3. 区域经济基础

区域经济基础对创新绩效的影响体现在两个方面：一是对于创新行为主体而言，区域资源禀赋约束影响创新主体的行为，也对创新文化、创新意识的形成具有明显的促进或制约作用，这间接影响着创新的效率和效果；二是区域经济基础水平不同，资源禀赋状况不同，要求区域系统创新发展应立足于地区经济发展实际，充分发挥地区优势来制订发展战略，最终才能有效促进创新绩效的提高。

第二节　群域经济体区域创新绩效的测度及比较

通过建立创新绩效评价指标系统，运用数据包络分析（DEA）模型对浙江城市群域经济体、珠三角城市群域经济体及武汉城市群域经济体的创新绩效进行测算及对比，并通过投影分析判断影响区域创新绩效发展的主要因素。

一　区域创新绩效评价方法介绍及指标体系建立

（一）模型介绍

1. 数据包络分析

数据包络分析（DEA）是一种通过构建多个输入与输出决策单元评价体系，对同类型组织相对效率进行测量的一种非参数方法。其基本思路是将每一个研究对象作为独立的决策单元（DMU），通过单元投入产出情况分析运算来确定有效生产前沿面，再由各决策单元与有效生产前沿面的距离来确定各单元的有效性。DEA 的基本模型可分为规模报酬不变的 CCR 模型以及规模报酬可变的 BCC 模型。

2. DEA 评价效率的经济含义

CCR 模型可以测算出规模报酬不变情况下的技术效率（Technical Efficiency，TE）。若技术效率 = 1，则表示该决策单元达到了最优生产状态，资源利用效率高且单元规模适当，没有冗余投入；若技术效率 < 1，则表示决策单元没有达到最优生产状态，没有处于最优规模且资源利用效率低下，存在资源浪费的可能性。

BCC 模型可以测算出规模报酬可变化情况下的纯技术效率（Pure Technical Efficiency，PTE）。若纯技术效率 = 1，表示决策单元在当前规模水平下，管理及生产技术较强，资源利用效率高，但无法判断企业是否处于最优生产规模；若纯技术效率 < 1，则表明该决策单元在当前规模水平下生产管理技术较低，资源利用无法达到最优配置。

（二）指标体系设计

区域创新是一个长期而复杂的活动，其创新绩效受到诸多因素的影响。目前学术界尚未形成针对区域创新绩效评价的统一的指标体系，但客观来说区域创新绩效的直接决定因素包括创新投入和创新产出两个方面，因此需要从投入和产出的角度出发合理选择评价指标来分析区域创新绩效情况。

我们借鉴和参考国内外众多学者对区域创新绩效评价已有的研究，综合浙江、珠三角、武汉城市群区域创新系统发展实际情况，考虑到相关指标数据的可获得性，建立城市群区域创新绩效评价指标体系，具体见表 7 - 1。

表 7 - 1　城市群创新绩效评价指标体系

指标	指标名称	指标含义	符号
投入指标	R&D 活动人员	反映区域科技活动人员规模	x_1
	R&D 经费内部支出	反映区域科技研发资金投入程度	x_2
	科学技术财政支出	反映地区财政对科技创新支持度	x_3
产出指标	专利申请授权量	反映地区发明创造产出数量	y_1
	科技成果奖励情况	衡量地区科技产出成果量	y_2
	高新技术企业数量	反映地区技术密集型企业数量	y_3

（三）数据来源

数据主要通过查阅《浙江统计年鉴 2020》《湖北统计年鉴 2020》《广东统计年鉴 2020》以及各地方统计信息网、统计公报获得。

二　区域创新绩效实证结果

（一）效率值分析

鉴于数据的可得性，对浙江城市群域经济体、珠三角城市群域经济体、武汉城市群域经济体的 24 个城市进行研究，研究对象范围如表 7 - 2。那么 DMU 数量为 24，大于投入与产出指标数量的乘积，且大于指标数量和的两倍以上，具有可行性。为测度三大城市群域经济体的创新效率，以 R&D 活动人员、R&D 经费内部支出、科学技术财政支出为投入指标，以专利申请授权量、科技成果奖励情况、高新技术企业数量为产出指标，采用 DEAP 2.1 软件分析三大城市群所包含的 24 个城市的创新效率。运行结果如表 7 - 3 所示。

表 7 - 2　三大城市群域经济体城市覆盖范围

名称	省份	覆盖范围
浙江城市群	浙江	杭州、宁波、温州、嘉兴、湖州、绍兴、金华、舟山、台州
珠三角城市群	广东	广州、深圳、佛山、珠海、东莞、中山、惠州、江门、肇庆
武汉城市群	湖北	武汉、黄石、鄂州、孝感、黄冈、咸宁

表 7 - 3　城市群创新效率评价结果

城市	综合效率值	纯技术效率值	规模效率	规模效应
杭州	0.639	1.000	0.639	drs
宁波	1.000	1.000	1.000	—
绍兴	0.952	0.954	0.998	irs
嘉兴	1.000	1.000	1.000	—
湖州	1.000	1.000	1.000	—
舟山	1.000	1.000	1.000	—
温州	0.987	1.000	0.987	drs
台州	0.690	0.715	0.966	drs
金华	1.000	1.000	1.000	—
广州	0.912	1.000	0.912	drs
深圳	0.418	1.000	0.418	drs
珠海	1.000	1.000	1.000	—
江门	1.000	1.000	1.000	—
佛山	1.000	1.000	1.000	—
中山	1.000	1.000	1.000	—
东莞	0.967	1.000	0.967	drs
肇庆	1.000	1.000	1.000	—
惠州	0.814	1.000	0.814	drs
武汉	1.000	1.000	1.000	—
鄂州	1.000	1.000	1.000	—
黄石	0.866	1.000	0.866	drs
黄冈	1.000	1.000	1.000	—
孝感	0.320	0.364	0.879	irs
咸宁	0.741	0.749	0.990	irs

其中，综合效率值（crste），是考虑规模收益的行业发展技术效率；纯技术效率值（vrste），是剔除规模收益影响的技术效率，即假定规模效率为 1 的情况下，由于管理和技术等因素影响的生产效率；规模效率（scale），表示考虑规模收益时的效率值，即现有发展规模和最优规模之间的差距。纯技术效率和规模效率是对综合效率的细分，综合效率值 = 纯技术效率值 × 规模效率；而规模效应增减情况中，irs 表示规模效应递增，drs 表示规模效应递减，"—"

表示规模效应不变。

根据 DEAP 2.1 软件运行结果，将综合效率值达到 1 的地区划定为高效区、纯技术效率值达到 1 的地区划定为技术有效区，将两者均未达到 1 的地区划定为完全无效区。结果见表 7-4。

表 7-4　城市群创新效率评价结果分类

城市群	评价效果	城市
浙江城市群	高效区	宁波、嘉兴、湖州、舟山、金华
	技术有效区	杭州、温州、宁波、嘉兴、湖州、舟山、金华
	完全无效区	绍兴、台州
珠三角城市群	高效区	珠海、江门、佛山、中山、肇庆
	技术有效区	广州、深圳、东莞、惠州、江门、珠海、佛山、中山、肇庆
	完全无效区	无
武汉城市群	高效区	武汉、鄂州、黄冈
	技术有效区	黄石、武汉、鄂州、黄冈
	完全无效区	孝感、咸宁

（二）投影分析

依据 DEA 基本原理，浙江城市群域经济体、珠三角城市群域经济体、武汉城市群域经济体中未达到 DEA 有效的城市共 4 座。因此对未达到 DEA 有效的城市进行投影分析，分析目标是对存在投入过多或产出不足的城市相应指标进行改进，以使其达到 DEA 目标值，形成合理有效的投入与产出格局。由于城市数量过多，每个城市群仅选取综合效率最低且纯技术效率值未达到有效的两座城市为例，具体分析如下。

1. 浙江城市群域经济体投影分析

对台州而言，虽然集聚了丰富的创新资源，但呈现出创新投入冗余、创新产出不足的状态。创新投入方面，R&D 活动人员、R&D 经费内部支出与科学技术财政支出表现出了明显的投入过多或投入不当，改进率①均为 - 28.53%，仍需进一步加大产出力度，创新资源利用效率低下是阻碍创新绩效提升的桎

---

① 改进率 = ［（目标值 - 原始值）/原始值］ ×100%。

梏；对绍兴而言，创新绩效表现为创新投入冗余或投入不当。在当前技术条件下，绍兴市的创新产出较为合理，但创新投入冗余，因此提升绍兴市创新绩效的关键在于改善创新资源利用效率。

表 7 - 5　台州、绍兴投影分析

城市	指标	原始值	径向改进	松弛改进	目标值	改进率
台州	R&D 活动人员（个）	55523	-15842	0	39680	-28.53%
	R&D 经费内部支出（万元）	935123	-266815	0	668307	-28.53%
	科学技术财政支出（万元）	301552	-86040	0	215511	-28.53%
	专利申请授权量（个）	26936	0	0	26936	0%
	科技成果奖励（个）	45	0	0	45	0%
	高新技术企业量（个）	1949	0	0	1949	0%
绍兴	R&D 活动人员（个）	60610	-2775	0	57834	-4.58%
	R&D 经费内部支出（万元）	1439592	-65922	-66127	1307451	-9.17%
	科学技术财政支出（万元）	136210	-6237	0	129972	-4.58%
	专利申请授权量（个）	26934	0	0	18789	0%
	科技成果奖励（个）	66	0	0	95	0%
	高新技术企业量（个）	2798	0	0	1623	0%

2. 珠三角城市群域经济体投影分析

由 DEA 输出的数据可以看出，珠三角并不存在完全无效区。以深圳、广州为龙头的珠三角核心区域集聚了大量的创新资源，创新产出能力与科技成果转化能力展现出巨大优势，创新资源投入得到了较好利用。周围其他城市在创新驱动上也在向高效率创新看齐，发展形势良好。

另外，珠三角城市群与港澳联系密切，发展目标和城市群定位也更加明确，运用创新能力推进在先进加工产业、现代服务业等产业的深耕合作，也凭借着发达的制造业构建先进的科技产业创新中心。例如在珠江东岸，以深圳、东莞、惠州为主体，形成了全国著名的电子信息产业走廊；在珠江西岸，以佛山、中山、珠海、广州为主体，形成了电子、电气机械产业集群。深圳和广州也在发挥着各自的辐射作用，从城市竞争走向了区域合作，珠三角城市群正在飞速发展。

3. 武汉城市群域经济体投影分析

由 DEA 输出的数据可以看出，武汉城市群域经济体综合创新能力不平衡现象较为突出，二元空间格局亟待改善。其中武汉、鄂州、黄冈三市综合效率值及技术效率值在当前经济规模及创新投入力度下表现良好，达到最优状态；孝感及咸宁较为突出的问题在于创新投入转化为科技成果的力度不足，其中孝感市创新投入改进率高达 -63% 以上，而咸宁市的投入改进率也达到 -25% 左右，说明这两个城市的创新投入不能被良好地吸收消化，持续创新能力不足，因此改善武汉城市群整体创新绩效的关键在于打破二元结构，形成以武汉为核心的辐射带动作用，协调城市间的不平衡，对各个城市的创新活动及创新能力进行深入挖掘（见表 7 - 6）。

表 7 - 6　孝感、咸宁投影分析

城市	指标	原始值	径向改进	松弛改进	目标值	改进率
孝感	R&D 活动人员（人）	33600	-21380	-4582	7636	-77.26%
	R&D 经费内部支出（万元）	411336	-261747	0	149588	-63.63%
	科学技术财政支出（万元）	127635	-81218	0	46416	-63.63%
	专利申请授权量（个）	3144	0	13	3157	0.41%
	科技成果奖励（个）	28	0	2	30	7.11%
	高新技术企业量（个）	186	0	219	405	117.74%
咸宁	R&D 活动人员（人）	19004	-4776	0	14227	-25.13%
	R&D 经费内部支出（万元）	175224	-44036	0	131187	-25.13%
	科学技术财政支出（万元）	96222	-24182	-3383	68655	-28.64%
	专利申请授权量（个）	2070	0	0	1277	0%
	科技成果奖励（个）	42	0	0	54	0%
	高新技术企业量（个）	103	0	93	196	90.29%

三　区域创新绩效比较

（一）效率值结果对比

1. 创新综合效率值最高——浙江城市群域经济体

浙江城市群域经济体创新综合效率值的平均值为 0.919，反映了在规模报酬不变的条件假设下，浙江省城市群整体创新资源投入产出效率较高。其中达到 DEA 有效的城市有 5 座，分别是宁波、嘉兴、湖州、舟山和金华，表明这些城市以创新为发展驱动力，能合理配置创新资源，使创新投入得到充分利用。综合效率值最低的是杭州，仅为 0.639，表明在浙江城市群域经济体的创新系统中，杭州市对创新资源投入并没有实现充分利用，其创新发展仍存在很大空间。

珠三角城市群域经济体创新效率综合值的平均值为 0.901，居于三大经济体创新效率第二名。除深圳外，珠三角城市群 DEA 综合效率水平在 0.814 ~ 1 波动，变化幅度较小，表明区域内各城市综合创新能力相当。珠三角并没有 DEA 综合效率完全无效的城市，表明在当前创新资源投入状况下，各城市在珠三角众多城市中能够最有效地实现资源利用。另外，最低值是深圳，综合效率值为 0.418，还存在很大的发展空间。

武汉城市群域经济体创新效率综合值的平均值为 0.821，为三大经济体创新效率最低区域。相较于浙江、珠三角城市群各城市间综合效率的差异，武汉城市群呈现出明显的两极分化情况，其中武汉、鄂州、黄冈综合效率值均达到了 1，孝感的效率值仅为 0.320，这表明武汉城市群在规模报酬不变的前提下，整体创新效率优劣程度显著，为提升总体创新绩效，咸宁、孝感两座城市应合理规划创新资源投入，改善自身效率低的现状，争取获得良好收益（见表 7 – 7）。

表 7 – 7　城市群区域创新综合效率值对比

城市群	平均值	最大值	最小值	有效个数
浙江城市群	0.919	1	0.639	5
珠三角城市群	0.901	1	0.418	5
武汉城市群	0.821	1	0.320	3

2. 纯技术效率值最佳——珠三角城市群域经济体

浙江城市群域经济体纯技术效率的平均值为 0.963，反映了规模报酬可变情况下，该经济体纯技术创新效率居于第二位。其中达到技术有效的城市有 7 座，分别是杭州、宁波、嘉兴、湖州、舟山、温州、金华，表明这些城市创新发展中重视技术及管理的运用。技术效率值最低的是台州，仅为 0.715，从原始数据上看，台州市创新资源投入及产出量较低，应该根据自身的发展情况、资源禀赋状况，加强技术创新，提升自身创新水平。

珠三角城市群域经济体纯技术效率的平均值为1，该经济体纯技术创新效率居于第一位。同时各成员城市DEA纯技术效率值均为1，说明广州、深圳、珠海、江门、佛山、中山、东莞、肇庆、惠州9座城市都注重创新的管理和运用。相关数据显示，深圳发明专利密度是全国平均水平的10倍，而且深圳也是新兴产业的集聚地，产业主要集中在新材料、生物、无人机、机器人、可穿戴设备五大领域。

武汉城市群域经济体纯技术效率的平均值为0.852，为三大城市群创新效率最低区域。与综合创新效率相同，该经济体的纯技术效率也呈现出明显的两极分化情况，其中武汉、鄂州、黄石、黄冈的纯技术效率值均达到了1，孝感的纯技术效率值仅为0.364，主要原因在于孝感市经济基础差，在武汉城市圈中处于配角地位，工业化程度较低，技术水平不高，难以形成规模效益和骨干财源。因此要提升武汉城市群整体技术创新效率，应着重解决短板问题（见表7-8）。

表7-8 城市群区域创新纯技术效率值对比

城市群	平均值	最大值	最小值	有效个数
浙江城市群	0.963	1	0.715	7
珠三角城市群	1	1	1	9
武汉城市群	0.852	1	0.364	4

3. 规模效率最优——武汉城市群域经济体

浙江城市群域经济体中处于规模效率最优状态的是宁波、嘉兴、湖州、舟山和金华5座城市，其创新投入资源与创新产出相匹配，为规模效率有效；绍兴处于规模效应递增状态，从原始数据上看，绍兴市在R&D活动人员、R&D内部经费支出等方面投入中存在上升空间，适当增加投入可实现产出增加；杭州、台州、温州处于规模效应递减状态，表明这些城市创新经济增长已经不能依托于资源的持续投入，而是应该注重产业结构调整、生产管理技术创新等方面，提升资源利用效率，以提升创新水平。

珠三角城市群域经济体规模效率最优的地区为珠海、江门、佛山、中山、肇庆，但并没有规模效应递增区域。从原始投入产出数据上看，深圳市专利授权量、科技成果奖励数量等产出存在短板，要在合理规划创新资源投入的同时，能够实现产出的增加；广州、深圳、东莞、惠州处于规模效应递减状态，资源投入增加不能带来持续的产出增加，应该从创新技术角度着手提升产出效率。

相较于浙江、珠三角两大经济体，武汉城市群域经济体六市整体规模效率均处于较优状态。成员城市 DEA 规模效率值在 0.866 ~ 1 波动，波动幅度很小，表明武汉城市群内各城市在当前的资源投入数量下能够实现相对合理的产出。其中武汉、鄂州、黄冈实现了规模效率最优，随着"双创"理念的提出，这三座城市在保持现有投入与产出的同时也应当与时俱进，以适应技术、产品市场的变化；孝感、咸宁处于规模效应递增状态，适当增加投入，能实现更高更优的创新成果产出。

（二）投影分析结果对比

1. 从创新资源投入角度分析

浙江城市群和武汉城市群均出现创新资源投入冗余的情况。从改进率数量上看，浙江城市群的绍兴市在投入方面表现为少量冗余，但台州市在 R&D 活动人员、R&D 经费内部支出以及科学技术财政支出的改进率都达到了 - 28% 以下，表明其创新资源投入过多没有实现合理回报率；相较于浙江城市群，在当前经济规模下武汉城市群典型综合效率值较低的咸宁与孝感，表现出严重的创新投入冗余情况，其中人员冗余量分别为 25.13% 和 77.26%，造成地区区域创新的劳动力成本与管理成本提升，同时经费支出的冗余量也都达到了 - 25% 以下。

2. 从创新资源产出角度分析

三大群域经济体中，只有武汉城市群表现出创新产出不足的状态。出现这个问题是因为科技成果不足、高新技术产业缺乏，例如咸宁市与孝感市较为突出的问题是高新技术企业的数量不能满足当前的需要，改进率分别达到 90.29% 和 117.74%。这表明咸宁市、孝感市现阶段创新投入水平远高于创新产出水平。换言之，这些城市对创新投入的利用率不高甚至较低，投入冗余现象比较普遍，也表明创新资源配置缺乏合理性。

第八章

区域创新系统子系统的比较

区域创新系统的内部结构包括两个子系统——企业创新系统和产业集群创新系统，两个子体系——技术创新开发与应用体系和技术传播与转化体系，以及区域创新环境支撑体系，本章着重对三大群域经济体创新系统的两个子系统进行分析及对比。

第一节　群域经济体企业创新系统的比较

企业创新系统由技术创新、产品创新、战略创新和市场创新等组成，这些创新由企业各个部门共同参与、相互协调得以完成。本章将结合不同的产业群与城市群耦合模式的特点对三大群域经济体的企业创新系统的特点进行分析与对比，并分别选取每个地区具有代表性的企业进行具体分析。

一　浙江城市群域经济体的企业创新系统

浙江城市群域经济体是棋盘式内生型产业集群与多核散状城市群耦合的典型代表，这是一种基于内生型产业集群、由民营经济推动、市场经济主导进行产学研联合创新的区域经济发展模式。

（一）浙江城市群域经济体企业创新系统的主要特点

1. 创新主力：民营科技企业为主力军

浙江是内生型产业集群，民营经济为经济发展的主要推动力，产生了一大批发达的民营企业。由于自身科技资源有限，一些民营企业为了实现技术创新、产品创新和工艺创新，开始进行两种形式的创新尝试：一种是基于产业集群企业间的技术合作。随着产业集群的发展，一些民营科技企业在产业链中的优势逐渐显现出来，就形成以这些企业为核心进行分工与合作的产业链结构，例如宁波市较为典型的凯峰电器公司，依靠其主营业务——电源连接器的生产，与观海卫镇从事电源连接器生产加工的中小企业之间形成了技术、销售等方面的合作，有效地提高了各个企业的市场份额，使各企业均能从中获益。另一种是基于资源配置的全球化跨界创新，最典型的形式就是在海外设立研发机构。目前，浙江地区多个行业中具有影响力的民营科技企业已在海外设立研发机构，例如：杭州汽配行业的万向集团1994年在北美底特律设立万向北美技术中心；机械行业的佳力科技2003年在德国伍珀塔尔设立佳力德国研发中心；温州制鞋行业的奥康2008年在意大利设立奥康国际研发中心等。在海外设立研发机构，不仅有利于浙江发展外向型经济，也有利于浙江民营企业吸收技术溢出，使产品在激烈的市场环境中更具竞争力。

2. 创新导向：企业以市场为导向进行技术创新

浙江的产业集群主要集中在传统消费品制造行业，从小城镇起步发展，企业技术含量不高，与外界的技术联系也不多。改革开放后，在较为完善的市场经济环境和激烈的市场竞争压力下，民营企业家的商业头脑和市场直觉被大大地激活，以市场为导向，积极主动整合外部资源，进行技术方面的创新。例如浙江在全国率先建设中国浙江网上技术市场，以市场为导向吸收各个地区的先进技术，为技术流动和科技成果转化提供了快速有效的通道和平台，受到企业、高校、科研机构和广大科技人员的普遍认可。

3. 创新载体：企业依托高校和科研院所进行产学研联合创新

浙江群域经济体是以民营企业为主的内生型产业集群，自身的科技能力创新有限，在发展过程中主要与有关高等院校和科研院所建立技术合作关系，将科研成果产业化，以实现技术、产品和工艺等方面的创新。杭州的产学研结合创新模式的科技型企业有很多，如浙江大学与杭电技术转移中心的多位专家作为富阳区科学技术局的创新顾问，与企业进行对接，更好地将科学技术转化成产业成果；浙江大学与中控科技集团也进行了全方位合作，组建了浙江大学中控科技集团有限公司；此外也有一些民营企业与省外的高校、科研院所进行产学研联合创新，既有利于转化高科技成果，也有利于提高民营科技企业的创新能力。

（二）案例分析——以阿里巴巴集团为例

1. 阿里巴巴集团简介

阿里巴巴集团由马云于 1999 年在杭州创立，是一家以互联网平台为依托的电子商务 B2B 类型业务模式起家的公司。该集团的业务主要包括：淘宝网、聚划算、支付宝、阿里云等，现已成为全球最大的网上交易市场和商务交流社区。近年来，我国电子商务行业整体竞争愈加激烈，国内不少电子商务企业通过不断创新，已经对阿里巴巴的地位形成了威胁与挑战。面对愈加激烈的竞争，阿里巴巴只有通过不断地创新，才能保持自己的领先地位，下面将分析阿里巴巴在各个方面进行的创新。

2. 企业创新系统案例分析

（1）颠覆性的技术创新。

企业通过技术创新可以提高在整个行业中的竞争力。阿里巴巴以推动科技进步、重塑人类生活为己任，研发投资范围涵盖基础科学和尖端技术。它的明星产品支付宝简化了支付方式，消费者不必携带现金、银行卡，只需扫一扫二维码即可向商家付款，为人们带来快速、便捷的支付体验。目前其业务还涉及金融理财、国际汇款等多方面，对中国人的生活方式产生了颠覆性影响，引起巨大的国际关注。2016 年阿里云发布的大数据平台"数加"是全球第一个覆盖数据采集、加工、分析、应用以及计算引擎和学习的数据生成全链条。

阿里巴巴一系列商业奇迹的背后是富有远见的不断的技术创新及对研发的持续投入。从表 8 - 1 可以看出，2018 年阿里巴巴成为中国研发支出排名第一的企业，未来阿里巴巴的科研投入还会有更大的上升空间。①

---

① 普华永道思略特：《2018 年全球创新 1000 强研究报告》，https：//baijiahao. baidu. com/s？id = 1616193295597946749&wfr = spider&for = pc，最后检索时间：2021 年 7 月 13 日。

表 8-1　中国内地及香港地区研发支出十大上市公司

单位：十亿美元

2018 年中国 企业排名	2018 年全球 创新 1000 强中排名	企业	行业	研发支出	研发强度
1	45	阿里巴巴	软件与互联网	3.6	14.4%
2	59	腾讯	软件与互联网	2.7	7.3%
3	77	中兴	计算机与电子品	2.0	11.9%
4	78	百度	软件与互联网	2.0	15.2%
5	83	中国建筑	工业品	1.9	1.2%
6	84	中石油	化工与能源	1.9	0.6%
7	89	中国中铁	工业品	1.9	1.7%
8	98	上汽	汽车	1.7	1.3%
9	100	中国铁建	工业品	1.6	1.5%
10	101	中国中车	汽车	1.6	4.9%

资料来源：2018 年全球创新 1000 强研究报告。

（2）独具特色的制度创新。

独具特色的制度创新是阿里巴巴集团保有生机和活力的源泉。其中最具代表性的制度创新就是合伙人制度，阿里巴巴的合伙人制度与传统合伙企业法中的合伙制不同，与双重股权架构也不同。在这一制度中，由合伙人来提名董事会中的大多数董事人选，而不是按照持有股份的多少来分配董事席位。相对于把公司投票权集中在某几个创始股东手中的双层股权结构，合伙人制度实现了一定程度上的集体领导，更能激发员工的积极性与创造性，使企业永远保持生命力和创新力。

（3）国际化的前瞻性战略创新。

阿里巴巴目前的产品和服务体系展现了卓越的战略眼光。它的核心业务是涵盖国际市场、国内市场、B2B、B2C 和 C2C 模式的电商，为电商提供配套保障的是菜鸟物流，金融业务包括商务金融、消费金融、理财、担保、融资等，泛生活包括餐饮、出行、医疗、教育、便民等，泛娱乐包括影视、音乐、游戏等，云服务包括移动云、游戏云、金融云、电商云等，物联网包括互联网汽车和智能家具等。

阿里巴巴集团顺应中国成为"世界工厂"的发展潮流，采用两大战略全面进军国际市场。一是采用成本领先战略，通过推出中国供应商、诚信通等贸易与服务，成为国际上销售收入最大的第三方电子商务平台。二是采用多平台抢占战略，利用旗下多个平台如天猫国际、海外购等进行跨境电商业务。未来阿里巴巴将对人类社会的方方面面进行改革与重塑，大到整个社会的基础设施建设，小到人们的购物体验，真正实现推动科技进步、重塑人类生活。

二 珠三角城市群域经济体的企业创新系统

珠三角城市群域经济体是卫星平台嵌入型产业集群——网络城市群组合，是一种基于外源型产业集群、外部性明显的区域经济发展模式。珠三角地区的企业利用良好的区位、政策、成本优势，灵活应对市场变化进行产业升级，受控于全球产业价值链，通过建设"双创"平台、跨国并购等手段实现企业技术创新。

（一）珠三角城市群域经济体企业创新系统主要特点

1. 创新主力：以高新技术企业为主力军

随着知识经济成为推动全球经济发展的主要动力，高新技术企业成为促进珠三角地区产业升级、提高区域竞争力的主要力量。珠三角地区开始重点培育适合高新技术企业发展的环境，出台相关政策加大对高新技术企业的扶持力度，吸引优秀高科技人才落户并鼓励企业持续创新。在培育适合高新技术企业的发展环境方面，中山市大力培育具有潜力的中小型科技型企业成长为高新技术企业，将大量的中小微科技型企业纳入后备库，着力培育高新技术企业的生力军。在政策支持层面，佛山市推出了市区联动、镇企挂钩的政策支持高新技术企业的发展。据统计，2020 年佛山市高新技术企业数量达到 5718 家。[1] 在

---

[1] 佛山市人民政府：《佛山两大产业集群产值超万亿》，http：//www.foshan.gov.cn/zwgk/zwdt/jryw/content/post_ 4715620. html，最后检索时间：2021 年 7 月 13 日。

吸引人才方面，深圳市政府出台一系列优惠政策，如减免税收、对所得税减半、后备级人才认定、购房补贴、人员优先赴港出国、优先用水用电通信、优先支持财政补贴等。全国十大创新企业中，深圳占到一半以上，包括华为、中兴、创维、腾讯等高新技术企业。

2. 创新手段：通过跨国并购实现企业创新

并购手段有利于企业技术能力的提高以及企业自主创新能力的提升。珠三角地区企业通过跨国并购取得的研发资源与自身要素相结合，将全球创新人才收入囊中，帮助企业省去了自身的技术成长探索阶段。企业直接利用并购技术再经过创新以培育企业自主研发能力，从而提升企业的核心竞争力，也有利于进入全球产业价值链的核心环节。例如，美的集团股份有限公司收购德国工业机器人巨头库卡（KUKA）机器人有限公司就是美的布局未来制造业的重要一步。根据统计，自 2014 年以来，珠三角企业开始在日、韩、美国以及欧洲等国开展并购活动，使得珠三角地区涌现了很多像美的这样的企业。仅 2020 年前三季度，广东省跨国并购交易总数即达 152 起①。通过跨国并购，珠三角正在向引领创新的方向悄然转型，成为全国创新驱动发展的前沿高地。

3. 创新平台：企业依靠产学研创新创业孵化平台实现创新

改革开放以来，珠三角地区一直是全国创新驱动发展的前沿高地，依托创新创业孵化平台，为企业营造创新发展的大环境。例如，珠海市在营造有利于高新技术企业培育的环境方面，积极构建众创空间、孵化器、加速器与产业园区四大模块相结合的创业孵化链条。据统计，珠海市目前有众创空间 35 家，②孵化器和新型研发机构 33 家，③为高新技术企业落户、集聚与发展营造了良

---

①　清科研究中心：《2020 年第一季度中国并购市场报告》《2020 年第二季度中国并购市场报告》《2020 年第三季度中国并购市场报告》，https：//report. pedata. cn/1604980536868610. html，最后检索时间：2021 年 7 月 13 日。

②　中国珠海政府：众创空间，http：//www. zhuhai. gov. cn/xw/ztjj/kjcx/fhzt/zckj/index. html，最后检索时间：2021 年 7 月 13 日。

③　珠海市统计局：《2019 年珠海市国民经济和社会发展统计公报》，http：//www. zhuhai. gov. cn/attachment/0/251/251414/2723291. pdf，最后检索时间：2021 年 7 月 13 日。

好的环境，诞生了一批像格力、魅族、丽珠等在创新方面起引领作用的龙头企业。如图 8 – 1 所示，清华珠三角研究院、深圳清华大学研究院与清华大学及政府合作共同建立的创新创业孵化平台包含六大业务板块，为珠三角地区的企业提供了所必需的技术、资金、载体、人才支持，有效促进了珠三角地区企业创新能力的提高与区域经济的发展。

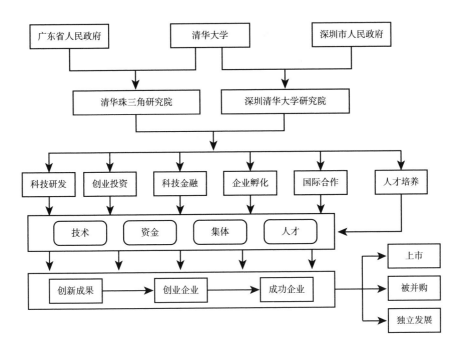

图 8 – 1　创新创业孵化平台

（二）案例分析——以华为技术有限公司为例

1. 华为技术有限公司简介

华为技术有限公司位于中国深圳市，是一家生产、销售通信设备的民营通信科技公司，是全球领先的信息与通信技术解决方案供应商。华为公司能成长为中国国际化最成功的企业，正是因为从成立之初就加大对通信核心网络技术的研究和开发，将提升产品技术创新能力放在企业发展的核心位置，以价格和技术的破坏性创新，彻底颠覆了通信产业的传统格局，打造出全球市场认可的低价优质产品，并以颠覆性的制度创新实现"工者有其股",使华为成为中国企业创新的成功典范。

2. 企业创新系统案例分析

(1) 标杆式的技术创新。

研发投入体现了企业对技术创新的重视程度,也是衡量企业的研发能力的重要指标。华为自 1993 年成立了基础研究部,此后每年坚持以超过销售额 10% 的比例投入技术研发。据统计,2018 年华为研发投入额为 1015 亿人民币,为销售额的 14.1% 左右。[①] 如表 8 - 2 所示,2019 年华为以 1317 亿元研发投入额位居中国第一、世界第三,充分体现华为对技术创新的重视程度。[②] 华为根据市场环境的变化,确定要研发的技术并集中进行投入与开发。1993 年,华为把创业 6 年所得的全部资金用来研发 C&C08 数字程控交换机,当交换机产品取得优势后,又将积累的资金投入光网络传输产品,随着市场的发展,再将研发重点从有线转到无线,例如由第一代模拟技术向第二代 GSM 转变,然后发展到图文时代的 3G,再到视频时代的 4G,最后到 2019 年 5G 时代的开启,通过标杆式的技术创新,华为在全球无线技术市场中,已经成为 5G 技术的引领者并且相关专利位列全球第一。

表 8 - 2 2019 年全球企业研发投入排行榜

单位:亿欧元

企业研发投入排名	公司	总部	研发费用
1	Alphabet	美国	231.601
2	微软	美国	171.524
3	华为	中国	167.127
4	三星电子	韩国	155.250
5	苹果	美国	144.356

---

① 华为投资控股有限公司:《华为投资控股有限公司 2018 年年度报告》,https://www.huawei.com/cn/annual - report/2018,最后检索时间:2021 年 7 月 13 日。

② 华为投资控股有限公司:《华为投资控股有限公司 2019 年年度报告》,https://www.huawei.com/cn/annual - report/2019,最后检索时间:2021 年 7 月 13 日。

续表

企业研发投入排名	公司	总部	研发费用
6	大众	德国	143.060
7	Facebook	美国	121.061
8	英特尔	美国	118.943
9	罗氏	瑞士	107.532
10	强生	美国	101.077

资料来源：欧盟委员会：《2020 年欧盟工业研发投入记分牌》，https：//www. sohu. com/a/44139 6505_ 166680，最后检索时间：2021 年 7 月 13 日。

（2）永无止境的产品创新。

华为作为一个高新技术企业，从成立之初就致力于通信核心网络技术的研究和开发，致力于拥有企业自主知识产权和核心技术的产品。以华为手机系列的 Mate40 为例，这款手机突破了智能手机领域多项瓶颈与门槛。它不仅搭载了自主研发的麒麟 9000，而且配备集成了 153 亿晶体管的全球首款 5nm "性能怪兽" 5G SoC，使该手机在功耗性能、图形处理能力、弱覆盖性能、多天线吞吐量等多个方面优势明显，同时也让其坐稳了 2020 年安卓机皇的位置。此外，在华为被美国列入管制 "实体清单"，遭到禁止使用谷歌的 GMS 服务后，华为研发团队迅速推出了划时代的国产操作系统鸿蒙（Harmony OS），它解决了当前同平台的智能设备互联问题。通过 Harmony OS 可以让使用该系统的手机、平板、笔记本电脑、智能手表、汽车、IoT 物联网等第三方设备组成超级终端，构建成一个完善的生态系统以应对用户各种各样的使用场景。华为一直坚持优化用户每一处细小的体验，以创新、延续、发展的姿态，使送到用户手上的产品更加完美。

（3）"工者有其股" 的制度创新。

华为的根本创新是制度创新。制度创新的核心是通过普遍分享带来的群体合作。华为公司是由员工 100% 持有公司股份的民营企业，员工的智慧、能力、贡献等这些无形资产都可以被定价，并作为员工的核心资产成为华为公司的股东。据统计，目前华为拥有的股东数量将近 8 万人。目前股权制度又有进一步的创新，即外籍员工也能成为公司的股东，有利于实现真正意义上的

"工者有其股"。这是华为公司的重大创举,也使华为成为人类商业史上未上市公司中持股员工数量最多的企业。未来,华为将致力于在这一分散的股权架构下满足不同管理阶层、员工阶层、股东阶层的利益需求,实现企业的长期使命,达到多种不同诉求的内外平衡。

三 武汉城市群域经济体的企业创新系统

武汉城市群域经济体是轮轴式国家推动型产业集群与圈层城市群组合。这是一种依靠国家战略推动与政府政策支持,以武汉为轴心与外围城市群保持密切联系与合作,面向市场并依托周边城市丰富的人才和科教资源优势进行创新的区域经济发展模式。

(一)武汉城市群域经济体企业创新系统主要特点

1. 创新主力:核心龙头企业与高科技企业

武汉是轮轴式国家推动型产业集群,是以国家战略为主要引擎,由众多相关中小企业围绕核心大企业形成的产业集群。轮轴式产业集群中核心企业发挥着至关重要的作用,其进行创新的动力也是最强的,并带动外围中小型企业在技术创新、管理创新、产品创新等方面进行学习与吸收。武汉地区这些核心企业有两种类型,一种是以钢铁、石化、汽车、食品物流为代表的龙头企业;另一种是以光电子信息、新材料、生物工程等为主的高科技企业。这两类核心企业可以产生强大的集群效应,成为促进武汉地区产业升级、提高区域竞争力的主力军。

2. 创新动力:国家战略与政府规划相结合鼓励企业创新

武汉城市圈是中国"弓箭型"经济发展格局的着力点,具有十分重要的战略地位。为了提高武汉城市圈的自主创新能力,带动湖北实现跨越式发展,国家与地方政府层面出台了一系列政策鼓励企业创新。在国家层面,2006年,国家提出"中部崛起"战略,并出台促进武汉地区经济发展的相关政策;2007年,国家批复武汉为"两型社会"建设综合配套改革试验区;2009年,批复东湖高新区成为国家自主创新示范区。三大国家战略的陆续出台促进了三大开发区的形成,即武汉东湖高新技术开发区、武汉经济开发区和武汉吴家山海峡两岸科技产业园区。在地方政府层面,武汉响应国家战略出台了一系列政策支持企业加强技术创新。例如，武汉市提出鼓励企业加大研发投入，鼓励企业申报高新技术企业，支持创建国家、省、市级创新平台，支持建立国家、省、市级产业技术创新战略联盟，资助企业发明专利等。武汉城市群域经济体内的企业在国家战略与政府政策的支持下持续创新，带动中部经济实现新的跨越。

3. 创新载体：企业依托城市圈内丰富的人才和科教资源进行产学研联合创新

武汉是中部地区优秀人才和高新技术最密集的地区，武汉东湖更是仅次于中关村、在全国排名第二的智力密集区，高尖人才密集。武汉科教综合实力居全国第三位，拥有各级各类高等院校128所，在校大学生150万人，如表8-3所示，武汉共有7所高校入选"双一流"高校建设名单，居全国第四名，仅次于北京、上海、江苏。[①] 武汉城市圈内的企业一方面充分依托区域内丰富的人才和科教资源，加强产学研联合创新，帮助企业提高知识获取和技术创新的能力。另一方面，建立多渠道科技投入机制，聚集创新型高尖人才，并努力在新动力汽车、地球空间信息、新一代移动通信、生物医药、新材料等重要领域取得关键技术的突破，由"武汉制造"向"武汉创造"转变。

表8-3　武汉"双一流"建设高校名单

世界一流大学建设高校	世界一流学科建设高校
武汉大学	华中师范大学
华中科技大学	武汉理工大学
	中国地质大学（武汉）
	中南财经政法大学
	华中农业大学

资料来源：根据《湖北统计年鉴2020》整理。

（二）案例分析——以武汉中地数码集团有限公司为例

1. 中地数码集团简介

中地数码集团总部位于武汉，下辖多家子公司，主要从事地理信息系统

① 湖北省统计局：《湖北省统计年鉴2020》，http：//tjj. hubei. gov. cn/tjsj/sjkscx/tjnj/qstjnj/，最后检索时间：2021年7月13日。

（GIS）的研发与应用，是提供解决方案的云地理信息系统软件平台。中地数码集团的愿景是"让人人享有地理信息服务"，坚持自主创新，抓住云计算机遇，以云地理信息系统软件平台推出为契机，将 GIS 技术和云计算相结合，为客户提供智能化的地理信息系统服务，满足客户全方位的需求。

2. 企业创新系统案例分析

（1）实现历史性跨越的技术创新。

中地数码集团以我国著名的地理信息系统专家吴信才教授为核心，致力于研发可控并具有国际竞争力的国产 GIS 软件，通过持续不断的技术创新，在创新 GIS 技术方面实现了一次次历史性跨越。从中国第一套可实际应用的彩色地图编辑出版系统 Map CAD 到率先研制出国内具有完全自主知识产权的 MapGIS，从引领 GIS 新潮流的 MapGIS K9 再到全球首款具有"云"特性的 GIS 软件平台 MapGIS 10，一系列的技术创新使中地数码集团的自主核心技术跻身国际一流行列，成为国际 GIS 技术创新的领跑者。未来，中地数码仍致力于坚持自主创新，以一流的技术力争为客户提供全面、高效、专业的服务。

（2）持续完善的产品创新。

中地数码一直致力于提升产品的核心价值，从 2014 年发布 MapGIS 10.2 产品，到 2018 年推出的 MapGIS 10.3 全空间智能 GIS 平台，再到 2020 年的 MapGIS 10.5 九州大数据与云平台，不断用产品践行企业致力于空间信息技术的持续进步，为客户创造价值的社会使命。目前公司自主研发的 MapGIS 10.5 九州全国产化 GIS 平台通过将全空间数据作为支撑，运用云计算、物联网、大数据等前沿技术，在跨领域多类时空信息资源的融合处理、智能物联技术体系的完善、大数据的可视化和分析等方面实现了技术跃迁。多方面的技术创新成就了以全空间维度、大数据洞察、智能 GIS 感知为特点的 MapGIS 10.5 九州全国产化 GIS 平台。除此之外，MapGIS 10.5 专业 GIS 平台在信息化建设中已经成为智慧城市和资源共享的基础底层支撑技术之一，中地数码持续完善的产品创新为各种业务平台和解决方案的优化打下坚实的基础。

四 三大群域经济体企业创新系统的对比

通过对浙江、珠三角、武汉城市群域经济体企业创新系统特点的分析，可以看出其主要差异体现在：创新主力、创新动力、产学研创新平台三个方面。

（一）创新主力各异

1. 浙江城市群域经济体——民营科技企业

浙江是内生型产业集群，民营经济是推动浙江经济发展的主要力量，这里活跃着一大批发达的民营企业。一些民营企业利用已有的经济基础，在发挥体制机制优势的同时，加强科技创新，促进经济与科技的融合，因此催生了一大批民营科技企业，成为浙江群域经济体企业创新系统的创新主力军。据统计，2020 年浙江省省级以上高新技术企业中，民营科技企业占 95% 以上，这些民营科技企业的发展模式分为三种：第一种是传统民营企业经过技术创新发展成具有一定科技含量的科技型企业；第二种是以高校或科研院所、专业科技人员或海外留学的华人为主创办的科技型企业；第三种是外资带着科技产品或者技术进入浙江创办的科技型企业。著名浙江民营科技企业如恒生电子股份有限公司、宁波波导股份有限公司、正泰集团股份有限公司等已成为行业发展的排头兵。

2. 珠三角城市群域经济体——高新技术企业

珠三角城市群域经济体是一种基于外源型产业集群、外部性十分明显的区域经济发展模式。改革开放初期，珠三角地区利用政策、区位及成本优势形成了一批以加工制造业为主的企业，虽然带动了当时珠三角地区的经济增长，但是创新动力不强。随着知识经济成为推动全球经济发展的主要动力，高新技术企业成为促进珠三角地区产业升级、提高区域竞争力的主要力量。据统计，2019 年全国高新技术企业数量为 22.5 万家，[1] 珠三角高新技术企业数量达到 48357 家，占比高达 21.5%。[2] 30 年前良好的区位优势、政策优势、成本优势

---

[1] 国家发展和改革委员会：《关于 2019 年国民经济和社会发展计划执行情况与 2020 年国民经济和社会发展计划草案的报告》，http：//www.gov.cn/xinwen/2020 - 05/30/content_ 5516227.htm，最后检索时间：2021 年 7 月 13 日。

[2] 根据广州市、佛山市、肇庆市、深圳市、东莞市、惠州市、珠海市、中山市、江门市九所城市 2019 年《国民经济和社会发展统计公报》数据整理得出。

以及经济自由化，将珠三角变成了中国重要的制造和出口中心。而现在，一大批高新技术企业不断创新，一路走高，带领珠三角地区经济实现新的飞跃。

3. 武汉城市群域经济体——核心龙头企业与高科技企业

武汉是轮轴式产业集群，核心企业是整个产业集群的中心，控制着资金、技术、资源等，对依附它们的外围企业有很强的辐射作用，核心企业与外围企业保持着密切的合作关系。武汉地区核心企业有龙头企业与高科技企业两种类型，它们进行创新的动力也是最高的，并在武汉城市群域经济体中发挥着至关重要的作用。这些核心龙头企业与高科技企业在国家战略与政府政策的支持下，不断加大科技创新投入，立足于已有的高新产业集聚地，不断向其他 8 个城市的外围企业辐射。

（二）创新动力不同

1. 浙江城市群域经济体——市场化

浙江是我国实行市场化改革的重要发源地之一，率先构建起较为完善的市场经济体制，市场化促进浙江地区的企业持续创新。一方面，浙江地区较大力度的市场化改革以及充满活力的市场机制，催生了一大批像阿里巴巴这样成功的私营企业。例如浙江各级政府对民间私营企业的经济创新活动实行"先放开后引导、先搞活后规范、先发展后提高"的政策，有效促进了企业创新和市场机制发育。另一方面，在较为激烈的国内国际市场竞争压力下，企业创新具有较高的激励与补偿，因此它们进行技术研究、技术创新、引进技术的动力较强。

2. 珠三角城市群域经济体——全球化

珠三角城市群域经济体是外源型产业集群，是全球产业价值链的重要节点，企业受全球化影响十分明显。一大批珠三角企业把创新摆到发展的核心位置，从制造环节向技术研发环节升级，推动企业向全球价值链的高端升级。这一过程中，东莞企业表现尤为突出。例如东莞正扬电子机械有限公司经过多年的实践，形成一系列自主知识产权，率先在"尾气处理系统——节能环保型车载用尿素液位传感器"领域形成一系列的专利技术。凭借在核心部件方面的技术突破，该公司成长为全球规模最大的汽车、游艇液位传感器、尿素液位传感器及仪表的生产商之一。受全球化影响，珠三角地区的企业创新呈现出时代的趋势与特征，不仅开始积极参与全球化创新，还通过科技创新实现产业内外跨界重组、促进产业链升级，一大批传统生产制造型企业正蜕变为新兴服务型企业。

3. 武汉城市群域经济体——国家战略与政府规划相结合

武汉城市圈在中国经济发展格局中具有重要的战略地位。改革开放以来，国家逐渐意识到武汉地区地理位置的重要性，出台了一系列重大战略使武汉地区由区域创新的参与者成为承担者，促进武汉地区企业树立创新发展思路，加强科技创新。地方政府响应国家战略也出台了一系列政策与规划，支持企业加强技术创新，通过国家战略与政府规划相结合，促进武汉成为全国依靠创新驱动发展的典范。

（三）产学研创新平台构建途径不尽相同

1. 浙江城市群域经济体——依靠省内外高校科研院所进行产学研联合创新

产学研合作是加强技术创新的一条有效途径，在企业创新系统中发挥着重要作用。浙江地区产学研联合创新主要采用两种模式：一种是以浙江省内高等院校为主导，以产学研相结合的模式发展科技产业；另一种是以企业为主导，企业主动与省内外相关高校和科研院所进行技术合作，将科研成果产业化。由于浙江民营科技企业自身的科技资源有限，所以更多采用的是第二种模式，即企业主动加强与省内外高校、科研院所进行产学研联合创新，集成各自优势，整合区域资源，提升企业自身的创新力与影响力。

2. 珠三角城市群域经济体——孵化育成体系

在珠三角这片创新创业的沃土上，由政府主导，支持并鼓励全国高校、科研院所与珠三角企业共同合作构建孵化育成体系，有利于集聚各类创新型人才，建设集孵化、转化、产业化功能于一体的完整的创新孵化链条。珠三角地区通过加快发展四众平台，即"众创、众包、众扶、众筹"，支持发展低成本、便利化、全要素与开放式的众创空间，鼓励大中型制造企业构建互联网众包平台，有利于为企业营造创新创业的良好环境。

3. 武汉城市群域经济体——丰富的科教资源进行产学研联合创新

武汉城市群是三大城市群域经济体中人才与科教资源最为丰富的地区。就武汉市而言，改革开放以来，累计为国家培养了300多万高素质人才，其科教综合实力居全国第三位，仅次于北京、上海。武汉利用城市圈内丰富的科教资源，已经形成东湖高新技术开发区和武汉经济技术开发区两个国家级开发区，并在这些开发区内建有不同功能和产业特点的科技园，为企业技术创新提供了优良的支撑平台与科研环境，也推动了武汉城市群域经济体走产学研一体化道路。

第二节　群域经济体产业集群创新系统的比较

产业集群创新系统是指在一定的地理区域范围内，以产业集群为基础并结合规则安排而形成的创新网络，主要包括创新主体、创新环境、创新动力、创新能力和创新目标五个要素。其中创新主体是由企业、高校与科研院所、金融机构、政府部门以及中介组织等相互联结组成的合作网络；创新环境为创新活动提供环境支持，包括所处的地理位置、基础设施情况、政策体制等；创新动力指促进产业集群内创新活动持续进行的力量；创新能力指使创新活动能够持续进行的能力，包括创新投入与产出能力、人力资源情况、分工合作能力等；创新目标是指引创新活动的向导，包括宏观目标即整个社会的创新目标，微观目标即每个创新主体的目标。

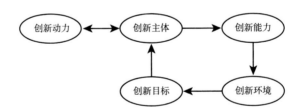

图 8 - 2　产业集群创新系统运行机制

如图 8 - 2 所示，产业集群创新系统是一个各要素之间相互作用、动态循环的运行系统。在现有的创新环境中，创新动力激发产业集群内的创新主体产生创新的欲望，然后在创新目标的指引下，运用创新能力，如此循环往复持续创新，最终实现产业集群创新系统内的创新目标。下面将分别从创新主体、创新环境、创新动力、创新能力和创新目标五个方面分析珠三角、浙江、武汉城市群三大群域经济体产业集群创新系统的特征，并进行对比分析。

一 浙江城市群域经济体的产业集群创新系统

1. 创新主体方面

浙江产业集群内的主体要素包括企业、中介机构、金融机构、政府、学校和科研机构等，这些主体要素联合起来，共同建设产业集群创新系统，为产学研三方提供了及时有效的政策法规以及方便快捷的信息获取渠道，有利于创新活动的持续进行。其中浙江省政府提供相关政策支持并进行必要的监管，中介机构为浙江棋盘式内生型产业集群搭建相互联系的平台，金融机构为产业创新发展提供信贷扶持，学校和科研机构与企业的密切结合，能促进科学研究成果转化为生产力，推动浙江省走产学研一体化发展道路。

2. 创新环境方面

创新环境为浙江城市群域经济体产业集群内创新活动的进行提供了环境支撑，包括基础设施、政策支持、社会文化环境。基础设施方面，交通基础设施逐步完善，各种运输方式迅速发展，真正落实国家《科普基础设施发展规划》总体要求，使科技基础设施得到了明显的改善，另外信息化应用也十分发达。政策支持方面，浙江省贯彻全国科技创新大会精神，围绕浙江城市群区域创新能力发展的具体要求，出台了一系列有关区域创新的政策法规支持创新活动的进行。社会文化环境方面，浙江是民营经济大省，具有悠久的工商业文化积淀，产业集群内的技术大多来自本地民间或者由历史传承，产业根植性和共生性都很强。

3. 创新动力方面

浙江是我国实行市场化改革的发源地之一，率先构建了比较完善的区域市场经济体制。在充满活力的市场机制下，浙江城市群产业集群内进行创新活动的动力与热情较高。一方面，由于浙江地区进行了程度较高的市场化改革，产业集群内部企业之间竞争较为激烈，这就要求各企业通过自主创新提升本企业的竞争力。另一方面，在较为完善的市场经济环境与国内国际市场竞争压力下，进行创新活动具有较大的激励和利益回报。因此浙江城市群产业集群内进行创新活动的动力较强。

4. 创新能力方面

浙江城市群产业集群的创新能力可以用创新投入、创新产出与人力资源情况等来衡量。创新投入方面，2019 年，浙江 R&D 经费投入达到 1669.80 亿元，[①] 建有省级重点实验室 28 家，[②] 工程研究中心 45 家[③]，省领军型创新创业团队 27 个，[④] 省级企业研究院 301 家。[⑤] 创新产出方面也是成果颇丰，科技成果有 5820 个，专利申请量有 435824 项。人力资源情况方面，创新人才队伍不断壮大。2019 年从事研究与试验发展（R&D）人员 53.47 万人，新增两院院士 7 名，11 个市全部实现人才净流入，全省新引进大学生 96 万人，比上年增长 88.9%，[⑥] 人才资源总量达 1361.1 万人。[⑦]

5. 创新目标方面

创新目标对产业集群内的创新活动具有指导作用。浙江的创新目标为"两个率先"战略目标，即率先全面建成小康社会与率先基本实现现代化，实现创新目标的关键在于创新争先、富民优先。浙江地区一方面通过创新与创业，依靠创新型人才，促进"两率"目标的实现；另一方面大力发展创新型经济，加快走上依靠创新驱动的道路，实现浙江从"经济大省"向"创新强省"转变的战略目标。

---

① 浙江省统计局：《浙江统计年鉴 2020》，http：//tjj. zj. gov. cn/col/col1525563/index. html，最后检索时间：2021 年 7 月 13 日。
② 浙江省科学技术厅：《2019 年浙江省重点实验室拟认定名单公示》，https：//www. instrument. com. cn/news/20130425/471744. shtml，最后检索时间：2021 年 7 月 13 日。
③ 浙江省发展和改革委员会：《省发展改革委关于创建 2019 年度省级工程研究中心的通知》，http：//fzggw. zj. gov. cn/art/2019/10/24/art_ 1599544_ 39377524. html，最后检索时间：2021 年 7 月 13 日。
④ 浙江省科学技术厅：《2019 年度浙江省领军型创新创业团队拟确定对象公示》，http：//i. cztv. com/view/13341222. html，最后检索时间：2021 年 7 月 13 日。
⑤ 浙江省科学技术厅：《浙江省科学技术厅关于 2019 年拟认定省级企业研究院名单的公示》，http：//kjt. zj. gov. cn/art/2020/2/17/art_ 1228971387_ 41926981. html，最后检索时间：2021 年 7 月 13 日。
⑥ 浙江省统计局：《浙江统计年鉴 2020》，http：//tjj. zj. gov. cn/col/col1525563/index. html，最后检索时间：2021 年 7 月 13 日。
⑦ 浙江省民营经济研究中心：《浙江高水平建设人才强省综述》，http：//www. myjjzx. cn/cj/view. php？ aid = 279，最后检索时间：2021 年 7 月 13 日。

二　珠三角城市群域经济体的产业集群创新系统

1. 创新主体方面

珠三角产业集群内的创新主体要素主要包括本地企业、外商投资企业、高校、研究机构等，其中外资企业是带动和引领珠三角各创新主体迸发活力的核心动力，高新技术企业是进行科技创新的主力军，高校与研究机构是产业集群创新系统的知识源和技术源，主要承担培养创新型人才与进行科技创新和研发的功能。

2. 创新环境方面

外资集中和毗邻港澳的地理位置为珠三角产业集群提供了创新环境保障。另外，基础设施与政策体制也为创新活动提供了环境支撑。基础设施方面，珠三角地区信息化建设和应用水平处于全国领先地位，创新人才培养平台不断完善，为产业集群内创新活动的开展提供了良好的环境。政策体制方面，珠三角地区不断完善创新政策方针建设，包括税收政策、知识产权保护政策、人才培养政策等，为珠三角产业集群内的创新活动营造了良好的制度环境。

3. 创新动力方面

珠三角地区作为全国创新驱动发展的排头兵，一直是全国创新驱动发展的前沿高地，市场化与政策导向是促进珠三角产业创新转型的重要力量。在市场化与政策导向的作用下，一方面，珠三角劳动密集型产业发展得较早，相对内地而言，市场化程度较高，更早进入了产业集群阶段，因此在创新方面具有一定的先发优势。另一方面，由于国家政策导向是要将珠三角建设成为国际一流的创新创业中心，使创新成为珠三角地区经济发展的第一动力，劳动密集型产业的集群，已经变得不合时宜，因此必须要加大创新力度，促进产业转型。

4. 创新能力方面

创新能力是推动珠三角产业群快速发展最重要的引擎，以下用创新投入、创新产出与人力资源情况来衡量珠三角城市群产业集群的创新能力。从创新投入方面来看，2019 年，珠三角全社会共投入研究开发经费 2197.63 亿元，较 2018 年增长 9.76%，研究开发经费占 GDP 的比重为 2.53%，超过全国平均水平 0.3 个百分点。创新产出方面，科研成果十分丰硕。截至 2019 年年底，珠三角地区发明专利申请 19.8 万件，发明专利授权 5.7 万件。人力资源方面，珠三角地区高层次人才队伍建设不断加强。截至 2019 年年底，共有 R&D 人员 78.4 万，居全国之首。① 据统计，2019 年珠三角地区在创新投入与创新产出方面都高于全国水平，区域创新综合能力排名全国首位。

5. 创新目标方面

创新目标对珠三角产业集群的发展具有一定的激励与带动作用。珠三角的创新目标是成为推动经济高质量发展、建设现代化经济体系的先行区，成为国家科技产业创新中心的主阵地，成为粤港澳大湾区国际科技创新中心的主要承载区，提升产业全球竞争力，完善科技创新平台体系，推动高端创新创业资源集聚。这一目标有利于使创新成为珠三角经济发展的第一动力，使珠三角朝着国际一流的创新创业中心发展。

三　武汉城市群域经济体的产业集群创新系统

1. 创新主体方面

武汉城市群域经济体产业集群创新系统的主体要素包括企业、高校与科研机构、各级政府、中介机构等。其中企业是将创新转化为生产力的直接生产者；高校与科研机构是促进创新成果转化的机构，提供知识、技术与人才，各级政府为产业集群创新系统的发展提供良好的政策环境；中介机构是服务于创新投入和产出双方的纽带和桥梁，能通过各种手段、途径获取信息，促进武汉城市群域经济体产业集群创新系统内信息的传递。

2. 创新环境方面

武汉城市群域经济体位于国家三大战略之一——长江经济带的核心地理位置，也是中国经济地理的中心，具有重要的战略地位。由于无可取代的区位优势，武汉产业群拥有优越的创新环境。基础设施方面，武汉是国内重要的铁路、公路交通枢纽，中部地区最大规模的航空港也位于武汉，四通八达的公路、铁路、水运、航空交通使武汉城市群域经济体成为东部经济向西延伸开拓

---

① 根据《广州统计年鉴 2020》《佛山统计年鉴 2020》《肇庆统计年鉴 2020》《深圳统计年鉴 2020》《东莞统计年鉴 2020》《惠州统计年鉴 2020》《珠海统计年鉴 2020》《中山统计年鉴 2020》《江门统计年鉴 2020》相关数据整理得出。

的重要承接地。政策环境方面，地方政府出台了一系列政策鼓励产业升级，如鼓励科技人员创业、鼓励技术转化与市场转让等。武汉城市群域经济体的产业集群在良好的基础设施环境中与政府政策的支持下持续创新，带动中部产业群实现产业升级转型。

3. 创新动力方面

自 2016 年 5 月以来，国家发展和改革委员会、住房和城乡建设部等先后发函支持武汉国家中心城市的建设，是近年来推动武汉城市圈产业集群快速发展的核心力量。国家中心城市作为城市规划体系中的最高层级，是区域城市发展的引领者。在国家中心城市战略的支撑下，武汉全域推进创新改革试验区、自由贸易区、科技金融改革创新试验区等建设行动，将高新技术产业、智能制造及高端装备制造产业、战略性新兴产业纳入武汉发展的动能体系，全面提速存储器、航天产业、网络安全人才与创新、新能源和智能网联汽车等四个国家新基地建设，争做国家产业创新中心，这也促进武汉成为全国依靠创新驱动发展的典范。

4. 创新能力方面

武汉城市群拥有丰富的人才与科教资源，高素质人才、众多的高校和科研机构大大提高了武汉地区的自主创新能力。武汉拥有包括武汉大学、华中科技大学等在内的 83 所高等院校，在校大学生数量居全球第一，已达 130 万人。[1] 2019 年底，拥有 39258 个专利授权、22 个国家重点实验室、28 个国家工程技术研究中心、101 个科研研究机构，为产业集群内科研创新能力的提高提供了重要的平台。[2]

5. 创新目标方面

创新目标方面，武汉城市圈力争成为具有世界影响力的高科技产业创新中心。实现创新目标的关键是创新人才的支撑，武汉打造 15 个"创谷"，引进 10 名产业科学家与 1000 名创新创业领军人才。2019 年 7 月，武汉又掀起抢人

---

[1] 武汉市统计局：《武汉统计年鉴 2020》，http：//jyh. wuhan. gov. cn/pub/whtjj/tjfw/tjnj/2021 02/t20210202_ 1624450. shtml，最后检索时间：2021 年 7 月 13 日。

[2] 武汉市统计局：《2019 年武汉市国民经济和社会发展统计公报》，http：//tjj. wuhan. gov. cn/tjfw/tjgb/202004/t20200429_ 1191417. shtml，最后检索时间：2021 年 7 月 13 日。

大战，对大学生落户政策再次进行调整，45 岁以下专科即可全家落户武汉，而且通过湖北政务服务网，在网上 24 小时内就可以申请落户。

四　三大群域经济体产业集群创新系统的对比

结合上文对珠三角、浙江、武汉城市群三大群域经济体产业集群创新系统特征的分析，其主要差异体现在三个方面：创新主体中的中心主体要素不同、创新动力中的核心力量不同、创新能力的强弱程度不同。

（一）创新主体——中心主体要素不同

产业集群创新系统中的主体要素包括企业、高校与科研院所、中介组织、政府等，主体要素是产业集群创新系统中创新活动的参与者或组织者，而中心主体要素在创新活动中起主要作用。

浙江城市群是内生型产业集群，民营经济是经济发展的主要推动力，民营企业是产业集群创新系统中的中心主体要素，而高校及科研机构、政府、金融机构等为非中心主体要素；珠三角城市群拥有毗邻港、澳、台的地缘优势与充满活力的开放政策，有利于招商引资，吸引外资企业在珠三角地区投资建厂。同时，随着知识经济越来越成为推动全球经济发展的主要力量，高新技术企业也成为促进珠三角地区产业升级的主力军。因此，外资企业和高新技术企业是珠三角产业集群创新系统中的中心主体要素；武汉城市群是这三大城市群域经济体中科教资源最丰富的地区，科教综合实力位居全国第三，高校与科研院所在产业集群创新系统中的贡献远超政府、企业、中介组织等主体要素。因此，高校与科研院所是武汉城市群域经济体产业集群创新系统中的中心主体要素。

（二）创新动力——核心力量不同

创新动力激发产业集群内创新主体产生创新的欲望，包括市场化、国际化、国家战略与政府政策等力量，而核心力量就是推动产业集群创新活动持续进行的主要力量。

浙江地区是我国实行市场化改革的重要发源地之一，现有的市场体制比较完善，市场化程度较高，因此，市场化是促进浙江产业集群创新系统内创新活动持续进行的核心力量。珠三角是外源型产业集群，是全国创新驱动发展的前沿高地，珠三角产业集群受国际化影响十分明显，是全球产业价值链的重要节点，因此，国际化是带动珠三角产业集群创新系统持续运行的核心力量。武汉是轮轴式国家推动型产业集群，是以国家战略为主要引擎，由众多相关中小企业围绕核心大企业形成的产业集群，因此，国家战略与政府政策是推动武汉产业集群快速发展的核心力量。

（三）创新能力——强弱程度不同

在产业集群创新系统中，创新能力包括研发能力、合作与学习能力和产出能力等，是创新活动持续进行的保障，可以用创新投入与创新产出来衡量。以下从创新投入与创新产出两方面来对比并分析每个经济体产业集群创新系统创新能力的强弱，如表 8 - 4 所示。

创新投入主要包括 R&D 经费投入和 R&D 人员投入。三大城市群产业集群创新系统中 R&D 经费投入最多的是珠三角城市群产业集群，约为 2962.35 亿元。最少的是武汉城市群产业集群，约为 312.29 亿元。三大城市群产业集群创新系统中，R&D 人员数量最多的是珠三角城市群产业集群，为 78.4 万人，最少的是武汉城市群产业集群，约为 9.25 万人。由此可见，珠三角城市群产业集群无论在 R&D 经费投入，还是在 R&D 人员数量上，都处于三大城市群产业集群创新系统首位，说明珠三角研发机构创新活动能力与科技创新能力从规模和质量上都要比其他两个城市群强。因此，要提高武汉城市群产业集群创新系统的科技创新能力，必须加大 R&D 经费与 R&D 人员的投入。

表 8 - 4 三大城市群域经济体产业集群创新系统创新能力对比

地区	创新投入		创新产出	
	R&D 经费支出（亿元）	R&D 人员（万人）	专利申请量（个）	专利授权量（个）
浙江产业集群创新系统	1669.80	53.47	435824	285325
珠三角产业集群创新系统	2962.35	78.40	729363	470619
武汉产业集群创新系统	312.29	9.25	103006	52098

资料来源：浙江省统计局、广东省统计局、湖北省统计局：《浙江统计年鉴 2020》《广东统计年鉴 2020》《湖北统计年鉴 2020》。

　　创新产出包括专利申请数量、专利授权量与科技成果奖励数量等。三大城市群产业集群创新系统中，专利申请量与授权量最多的是珠三角产业集群，分别为 729363 个和 470619 个。专利申请量与授权量最少的是武汉城市群产业集群，不到珠三角产业集群专利申请量与授权量的 1/7，但两个地区科技成果奖励数量相差不大。由此可见，三大城市群产业集群创新系统中，珠三角产业集群的创新产出能力最高，武汉城市群产业集群的创新产出能力有待进一步提升。

第九章
区域创新系统子体系的比较

区域创新系统子体系主要包括技术创新开发与应用体系、技术传播与转化体系。本章着重对三大城市群域经济体创新系统的子体系进行比较。

第一节　技术创新开发与应用体系的比较

技术创新开发与应用体系的主体主要是企业和区域内的高校与科研机构。这两大行为主体是进行技术开发应用与创新、知识创新的主体，也是区域创新系统中的核心要素。以下将对三大城市群企业和区域内的高校及科研机构状况进行比较。

一　三大城市群域经济体企业情况的对比

企业是技术开发及应用的主力军，其中创新型企业是进行区域创新的最核心因素，决定着该区域能否成为创新区，下面将对三大城市群域经济体主要的创新型企业进行对比分析。

1. 浙江城市群域经济体的企业情况

浙江城市群域经济体是内生型产业集群，民营企业是它的主体。在市场化主导下，基于地缘关系或亲缘关系形成的民营企业由于自身资源十分有限，开始进行科技创新，由此催生了一大批民营科技企业，并成为浙江城市群域经济体科技创新的主力军。

2. 珠三角城市群域经济体的企业情况

珠三角城市群域经济体是外源型产业集群。改革开放以来，良好的区位优势与政策优势为外资企业的发展创造了良好环境，外资企业成为珠三角地区区域创新的核心力量：一方面，外资企业在本地投资建厂，与本地企业在管理、技术、制度等方面进行交流；另一方面，外资研发中心进入珠三角地区，与本地企业进行技术转让与合作。

3. 武汉城市群域经济体的企业情况

武汉城市群域经济体是轮轴式国家推动型产业集群，核心企业是整个产业集群的中心，也是进行创新的主要力量。武汉地区核心企业有龙头企业与高科技企业两种类型，这些核心龙头企业与高科技企业在国家战略与政府政策的支持下，不断加大科技创新投入，立足于已有的高新产业集聚地，不断向其他城市的外围企业辐射。

二　三大城市群域经济体高校与科研院所情况的对比

高等院校与科研院所是区域创新系统的理论源、知识源和技术源，承担培养创新型人才与研究创新型技术的功能。下面将对三大城市群域经济体主要的高校与科研院所进行对比分析。

1. 浙江城市群域经济体的高校与科研院所情况

浙江城市群域经济体虽然拥有全国知名的一流大学——浙江大学，但与珠三角和武汉地区相比，科教资源还是十分薄弱。近几年，浙江开始重视这一问题，并开始在引进高校和科研资源方面加大投入。例如，由社会力量举办、国家重点支持的新兴研究型大学——西湖大学，力争5年后在校生人数达到5000人左右，教授、副教授人数达到300人，博士后人数达到900人，科研水平比肩清华、北大等知名高校，15年后成为世界上最好的大学之一。此外还有萧山区与北京大学共建的北京大学信息技术高等研究院，汇聚了国内外一流科研专家，重点发展信息技术领域的核心技术，例如人工智能、智慧城市、智能制造等。高等教育资源的引进与高等科研院所的创建，必将带动浙江城市群实现新的腾飞。

2. 珠三角城市群域经济体的高校与科研院所情况

珠三角城市群域经济体的快速发展离不开当地高校优秀人才的输送与科研院所的发展。珠三角地区一流大学有中山大学、华南理工大学、暨南大学等，为珠三角地区源源不断地输送高科技人才。当地政府也出台了一系列政策法规，支持并鼓励中小企业加强与高校、科研院所等合作。目前，在政府政策的号召下，一大批中小型企业与高校和科研院所共同建立研发中心，促进珠三角地区形成产学研一体化体系。

3. 武汉城市群域经济体的高校与科研院所情况

武汉城市群域经济体在这三大城市群域经济体中人才与科教资源最为丰富。这里拥有约 130 万名在校大学生，科技创新潜力大。这里拥有共 50 个国家重点实验室、工程技术中心，同时不断推动科研院所与境外机构合作，共同建立研究中心，探索搭建科技、科学数据互联共享平台。[①]

第二节　技术传播与转化体系的比较

技术传播与转化体系的主体主要包括地方政府和区域内的中介机构及其他辅助机构，这两大行为主体是连接区域创新系统各主体之间的桥梁与纽带，能够推动知识和技术的扩散与传播。以下将对三大城市群域经济体内的政府、中介机构及辅助机构状况进行比较。

一　三大城市群域经济体地方政府情况的对比

地方政府在区域创新系统中发挥着两个方面的作用。第一，政府是区域创新活动制度和法规的制定者，提供政策支持；第二，在政府的投入与支持下，一些技术才能得以研发和创新，并获得资金支持。以下将从这两方面来分析三大城市群域经济体地方政府情况。

---

① 湖北省统计局：《湖北统计年鉴 2020》，http：//tjj. hubei. gov. cn/tjsj/sjkscx/tjnj/qstjnj/，最后检索时间：2021 年 7 月 13 日。

1. 浙江城市群域经济体的地方政府情况

在政策支持方面，浙江城市群域经济体各级政府围绕区域创新能力发展的具体要求，出台了一系列有关区域创新的政策法规。例如：《关于进一步支持企业技术创新　加快科技成果产业化的若干意见》《关于进一步培育和规范浙江网上技术市场的若干意见》《关于加快高新技术产业园区转型升级的指导意见》等。在政府资金支持方面，首先，加大财政科技投入力度，确保增长幅度高于同级财政经常性收入增长幅度的 1 个百分点以上；其次，省财政设立创新强省专项资金，到 2015 年共安排 50 亿元，用于高新技术研发与高科技人才引进；最后，政府安排一定资金按产出贡献进行补助与扶持，对创新企业与科研团队进行鼓励。

2. 珠三角城市群域经济体的地方政府情况

在政策支持方面，政府出台一系列政策加大对高新技术企业的扶持力度，吸引优秀高科技人才落户并鼓励企业持续创新。在政府资金支持方面，政府加大对科技资金投入，尤其是研发经费支出。2019 年，珠三角地区全社会共投入 R&D 经费 2197.63 亿元，占 GDP 的比例为 2.53%，超过全国平均水平 0.3 个百分点。① 此外，由省科技厅、省发改委牵头，省财政厅、金融办及珠三角 9 个城市政府等参与科技金融合作行动，积极发展创业投资，引导科技信贷。

3. 武汉城市群域经济体的地方政府情况

武汉城市群域经济体在政策支持方面，政府也出台了相关政策鼓励企业创新。例如鼓励企业加大研发投入并积极申报高新技术企业，支持建立国家、省、市级产业技术创新战略联盟等。资金支持方面，地方政府为促进创新创业，一方面，完善创新资金支撑体系，设立小微企业贷款风险池和风险补偿基金，并落实相关财税优惠政策，改善小微企业的发展环境。另一方面，落实企业研发投入和创新补贴政策，资助企业发明专利创造，促进产学研协同创新，推动创新成果转化。

---

① 根据《广州统计年鉴 2020》《佛山统计年鉴 2020》《肇庆统计年鉴 2020》《深圳统计年鉴 2020》《东莞统计年鉴 2020》《惠州统计年鉴 2020》《珠海统计年鉴 2020》《中山统计年鉴 2020》《江门统计年鉴 2020》相关数据整理得出。

二　三大城市群域经济体中介组织与辅助机构情况的对比

中介组织与辅助机构有利于加强区域创新系统中主体之间的联系，促进创新信息的传递和延伸，加强产业、技术和市场的对接，主要包括三种类型：一是为区域内企业提供信息、咨询、人才输送的机构，如信息中心、咨询公司、人才市场等；二是为企业提供资金扶持的金融机构，如各类商业银行、基金组织、风险投资机构等；三是对知识技术成果进行修改和完善的服务公司，如科技孵化器基地、工程技术中心、技术开发中心等。下面将分析三大城市群域经济体中这三类中介组织及辅助机构的发展情况。

1. 浙江城市群域经济体的中介组织与辅助机构情况

浙江城市群域经济体在构建中介组织与辅助机构方面，做出了不懈的努力。首先，创办了技术交易所并不断完善浙江网上技术市场的技术交易成果体系、技术交易中介服务体系与监管体系、知识产权保护体系等；其次，出台技术市场税收优惠与扶持政策，对在省内通过浙江网上技术市场交易实施的产学研合作项目，设立专项资金予以资助；最后，加快建立政府采购公共科技服务制度，抓好“11＋1”省级特色工业设计示范基地建设，为中小企业提供技术开发、产品设计、成果转化、技术培训等服务。

2. 珠三角城市群域经济体的中介组织与辅助机构情况

珠三角城市群域经济体在完善中介组织与辅助机构方面做出的努力如下：首先，建立统一的科技信息共享平台，推进各类基础性科技资源的联网共享；其次，鼓励发展各类科技联盟组织，各级财政对符合规定条件的科技联盟组织给予适当的经费资助或通过政府购买服务形式予以支持；最后，培育连锁式科技服务机构，引导科技中介服务机构在珠三角积极布局并设立分支机构，联合搭建区域创新服务平台，重点打造一批小微民营科技企业服务平台。

3. 武汉城市群域经济体的中介组织与辅助机构情况

武汉城市群域经济体为促进中介组织与辅助机构的健康发展，采取了如下措施：首先，建立完善科技企业融资需求信息库、科技金融人才库、科技企业信息库等数据平台，提供投融资、知识产权交易、科技咨询等一站式服务；其次，发展新兴科技金融服务机构，设立扶持和奖励基金，推动符合条件的机构依法发起设立网络借贷、网络保险和网络基金销售等依托互联网运营的创新型机构；最后，为加强产业技术与市场的对接，充分发挥科技园区、孵化器、产业技术联盟和行业协会的作用，推动企业和项目在各开发区之间自由流动，促进信息交流与资源共享，实现武汉城市群域经济体内资源的优化配置。

第十章

区域创新环境的比较

区域创新环境是区域创新系统重要的支撑体系，创新环境的不同是导致三大城市群域经济体创新绩效显著差异的重要原因。城市群域经济体的区域创新环境因为城市群耦合模式的不同而各具特色，进而对区域创新绩效产生不同程度的影响。本章首先追溯了区域创新环境的相关理论，对区域创新环境的概念和构成进行了说明。其次，对三大城市群域经济体的创新基础设施环境、创新资源环境、创新政策制度环境和社会文化环境进行了归纳和比较。最后，构建区域创新环境综合评价指标体系，提炼出三大城市群域经济体的创新环境分布特征，并进行全方位的对比分析。

第一节　区域创新环境的概念及基本构成

因地制宜培育优良的区域创新环境，是当今全球化、信息化以及区域化多重背景下培育区域创新能力、促进区域经济增长的关键。目前需要解决的问题就是明确区域创新环境的概念和构成。

一　区域创新环境的内涵及特征

区域创新环境是一定区域时空范围内，能够满足创新产出需求、提升区域创新能力的客观条件。对区域创新环境进行研究是为了促进区域创新活动发生，推动区域经济实现快速、合理、协调和持续发展。

区域创新环境的概念于 1985 年由欧洲创新研究小组首次提出，并被定义为"一定区域内，部分行为主体通过相互协作建立的一种能够提高创新能力的非正式复杂社会关系"。佩林（Perrin）将区域创新环境定义为：一种空间集聚体，在这种集聚体里企业、政府、中介服务机构等行为主体通过不断学习和创新使其得到发展。[①] 梅拉特（Maillat）认为，区域创新环境须具有以下三个基本特征：第一，区域化的网络结构；第二，外部学习和内部创新相结合；第三，学习过程动态化。[②]

可见，区域创新环境的核心内涵主要包括以下两方面内容：一是由创新活动中必要的客观条件组成的区域创新环境（客观环境）；二是区域内创新活动行为主体间通过学习、创新等过程形成一系列复杂互动关系，以提高创新绩效的区域创新环境（主观环境）。

二 区域创新环境的基本构成

区域创新环境由硬件环境和软件环境两部分构成。硬件环境是指交通、信息网络等基础设施环境和创新资源环境，而软件环境则包括政策制度环境、社会文化环境等。

（一）基础设施环境

基础设施环境主要包括交通、信息、科技等基础设施环境。交通基础设施环境是指由公路、铁路等公共设施组成的基础设施环境，信息基础设施环境是指包括通信、网络等设施在内的基础设施环境，科技基础设施环境包括实验室、数据库、科技馆等。

（二）创新资源环境

创新资源环境主要由人才、教育、科研等部分组成。创新人才资源环境主要包括区域内创新人才的供应情况和区域流动性，创新教育资源环境主要包括

---

① J. C. Perrin, "Action by Local Authorities and Partnership Schemes Between Small and Large Businesses: an Evaluation of the Main Examples in France", *Organization & Environment* 45（1989）: pp. 183 – 194.

② D. Maillat, "Territorial Dynamic, Innovative Milieu and Regional Policy", *Entrepreneurship and Regional Development* 7（1995）: pp. 157 – 165.

学校、教师、学生等相关内容，创新科研资源环境主要包括企事业科研机构、大学及科研机构实验室等。

（三）政策制度环境

政策制度环境主要由政策环境和制度环境两部分构成。创新政策环境主要是指有利于提升区域创新能力的相关科技政策，创新制度环境则是指为规范区域创新活动而制定的一系列市场制度。

（四）社会文化环境

社会文化环境指在开展创新活动过程中，逐步形成的一系列被社会公认的价值观念、行为规范等。社会文化环境的核心内涵是对于区域创新活动的认知和参与度，如区域内的创新观念、工作倾向、消费习惯等。

第二节 群域经济体区域创新环境的总体描述

根据区域创新环境的具体构成，分别从区域创新基础设施环境、区域创新资源环境、区域创新政策制度环境、区域创新社会文化环境等方面对三大城市群域经济体的区域创新环境进行描述。

一 浙江城市群域经济体区域创新环境总体状况

统计数据显示，浙江城市群域经济体在 2010～2019 年把有限的土地和优质的政策资源用于推动创新资源集聚和优化公共配套设施，创新生态建设成效显著。

（一）区域创新基础设施环境

1. 交通基础设施环境全面完善

2015～2019 年，浙江城市群域经济体的交通设施投资力度不断加大：交通运输的固定资产投资额依次为 2311.40 亿元、2577.43 亿元、2966.00 亿元、3731.23 亿元、4339.42 亿元；与 2015 年相比，2019 年铁路、公路运营总里程分别增长了 11.0% 和 3.2%，基本形成了四小时公路交通圈；同时，公路运输工具的数量与质量不断提升，快客、集装箱、冷藏等多种运输方式不断完善；

内河航道疏浚、改造和整治，通航能力也大大提升。

2. 信息基础设施环境较为优越

浙江省早在 2012 年就实现了电信固话用户破亿、主线普及率全国第一等成绩。截至 2019 年，浙江城市群域经济体固定电话用户共 1296 万户、移动电话用户共 8332 万户、互联网用户共 2635 万户。近几年，浙江城市群域经济体根据地区发展不断优化业务结构，固定电话用户数有所回落，移动电话用户和互联网用户数增长快速，其中固定电话和移动电话普及率分别是 22.8% 和 152.3%。[①]

3. 科技基础设施环境显著改善

"十二五"期间，浙江城市群域经济体根据国家《科普基础设施发展规划（2008—2010—2015 年）》总体要求，大力推进科技基础设施环境建设与管理水平。截至 2019 年，浙江城市群域经济体建设有国家认定的企业技术中心 121 家（含分中心），县级以上研究与开发机构 90 个，省级重点实验室 214 家、工程技术中心 70 家，[②] 为浙江城市群域经济体提升区域创新能力打造了良好的基础环境。

（二）区域创新资源环境

1. 人才资源

人才队伍不断壮大。"十一五"以来，浙江城市群域经济体的科学研究和技术服务业从业人员以及 R&D 人员人数大幅度增长。据科技部统计，2019 年浙江城市群域经济体中的科学研究和技术服务业从业人员、R&D 人员分别达到 67 万人和 53.47 万人。[③] 围绕浙江城市群域经济体区域创新能力的发展要求，2019 年新引进培育浙江省领军型创新创业团队 27 个、省"万人计划"97 名；积极推进"外国高端人才创新集聚区"建设，新入选国家计划的外国专家 20 名，连续 6 年居全国之首。

---

① 浙江省政府新闻办：《浙江省互联网发展报告 2020》，http：//www.zj.gov.cn/col/col1229536499/index.html，最后检索时间：2021 年 7 月 13 日。

② 浙江省统计局：《2019 年浙江省国民经济和社会发展统计公报》，http：//www.yw.gov.cn/art/2020/11/24/art_1229442729_3700841.html，最后检索时间：2021 年 7 月 13 日。

③ 浙江省统计局：《2019 年浙江省国民经济和社会发展统计公报》，http：//www.yw.gov.cn/art/2020/11/24/art_1229442729_3700841.html，最后检索时间：2021 年 7 月 13 日。

2. 教育资源

教育资源统筹协调发展。实施高职优质院校暨重点院校建设工程，以培育主导产业、战略性新兴产业人才为发展目标，支持一批与区域发展高度契合的高职院校发展；推进继续教育和终身教育发展，探索学历教育和社会培训高效衔接机制；完善继续教育和终身教育，实施省"151人才工程""浙江省万名公务员公共管理培训工程""企业家素质提升工程""三年三万新技师工程""千万农村劳动力素质培训工程"等。

3. 科研资源

科技资源协同发展。以需求为导向，推进企业、高校、科研机构和政府的协同发展，2019年，新增16个拟认定省"2011协同创新中心"，共计61个；大力发展服务于支柱产业、特色小镇和产业集聚区域的政产学研合作平台；推进创新链、产业链、资本链"三链融合"，实现科研成果市场化、产业化。

（三）区域创新政策制度环境

1. 不断优化的区域创新政策环境

"十三五"期间，浙江省贯彻全国科技创新大会精神，围绕创新能力发展的具体要求，出台了一系列有关区域创新的政策。2019年，浙江省委、省政府出台《进一步推进我省重大科研基础设施和大型科研仪器设备开放共享的实施意见》《全面加快科技创新推动高质量发展的若干意见》《实施创新驱动发展战略深入推进大众创业万众创新的实施意见》等政策措施，加强了浙江省区域创新活动的监管力度，进一步完善了浙江城市群的区域创新政策环境。

2. 逐步完善的区域创新制度环境

浙江省围绕建立健全区域科技创新服务中心新体制和新机制，采取了一系列制度办法。如建立健全现代知识产权制度，鼓励科技人员以技术入股，吸收社会参股，凝聚和增强区域科技创新服务中心的科技创新服务能力和活力；建立健全区域科技创新服务中心管理办法和绩效考核制度，推动区域科技创新服务中心工作向纵深发展。

（四）区域创新社会文化环境

"尊重劳动、提倡创新"的社会氛围浓厚。小到城市、大到区域，处处都是欣欣向荣的创新创业局面。在"老四千精神"和"新四千精神"的双重激励下，浙江人民不断学习、不断创新，创造了无数个"浙江奇迹"。

二　珠三角城市群域经济体区域创新环境总体状况

珠三角城市群域经济体在基础设施、创新资源及政策制度环境等建设上取得了显著成效。

（一）区域创新基础设施环境

1. 交通基础设施环境

公共交通体系日益完善。白云国际机场旅客吞吐量已突破 7000 万人次，国内排名第三；[①] 广州港南沙港区货物吞吐量约 6.25 亿吨，位居世界前五；[②] 铁路客运量稳步上升达到 3.82 亿人次；新增公交专用道 2143 公里，公路通车里程达 220290 公里，[③] 城市内部交通联系增强。

2. 信息基础设施环境

信息化建设和应用水平处于全国领先地位。目前，珠三角城市群域经济体正全面推进 5G 建设，并计划于 2020 年底实现 5G 宽带城市群建设。截至 2019 年底，移动互联网用户达 14200.29 万户，移动电话普及率达 143.50% ,[④] 为提升区域创新绩效奠定了良好的信息网络基础。

3. 科技基础设施环境

珠三角城市群域经济体的公共实验室建设不断完善，形成了较为完善的实验室体系。截至 2019 年，珠三角城市群域经济体的实验室体系共有 30 家国家重点实验室、5944 个省级工程技术研究中心和 1413 个省级企业技术中心，趋

---

①　中国民航局：《2019 年民航机场生产统计公报》，http：//www. caac. gov. cn/XXGK/XXGK/TJSJ/202003/t20200309_ 201358. html，最后检索时间：2021 年 7 月 13 日。

②　广州市港务局：《广州港吞吐量稳居世界前五》，《广州日报》2020 年 10 月 11 日。

③　广东统计信息网：《广东统计年鉴 2020》，http：//stats. gd. gov. cn/gdtjnj/content/post_ 3098041. html，2020 - 10 - 09，最后检索时间：2021 年 7 月 13 日。

④　广东统计信息网：《广东统计年鉴 2020》，http：//stats. gd. gov. cn/gdtjnj/content/post_ 3098041. html，2020 - 10 - 09，最后检索时间：2021 年 7 月 13 日。

于完善的实验室体系为珠三角城市群域经济体开展创新活动提供了更好的基础平台。[①]

（二）区域创新资源环境

1. 人才资源

人才队伍建设不断加强。截至 2019 年，珠三角城市群域经济体 R&D 人员达 109.15 万人。[②] 自 2009 年启动了引进人才项目，区域内大力招引高层次人才，新增引进 44 个省创新创业团队以及 81 个领军人才，带动实现人才集聚。

2. 教育资源

供给更加优质多元。珠三角城市群域经济体在区域创新教育资源环境方面，注重引导建设覆盖面广、层次丰富、选择多样化的教育服务体系。

3. 科研资源

深化协同创新改革。重点培育国家级协同创新中心，推动高校和地方政府共建联合研究院、工业技术研究院等新型研发机构；建立健全科研创新供需对接机制，为科研机构对接创新平台、高新区、专业镇等创新载体搭建信息对接平台。截至 2019 年底，广东省全省共有 23 个国家工程中心、6143 个省工程中心。[③]

（三）区域创新政策制度环境

在政策制度环境方面，珠三角城市群域经济体已形成覆盖面广、指导性强的创新政策与制度体系。例如，《广东省自主创新促进条例》《广东省促进自主创新若干政策》《广东省改善创新环境五年行动计划》等一系列政策制度文件的相继发布，推动了珠三角城市群域经济体区域创新政策制度体系的逐步完善。

（四）区域创新社会文化环境

珠三角城市群域经济体历史悠久，有着推动区域创新的良好社会文化环境。改革开放以来，珠三角城市群域经济体不仅积攒了丰富的经济财富，也积

---

① 浙江省统计局：《2019 年浙江省国民经济和社会发展统计公报》http：//www. yw. gov. cn/art/2020/11/24/art_ 1229442729_ 3700841. html，最后检索时间：2021 年 7 月 13 日。

② 广东统计信息网：《广东统计年鉴 2020》，http：//stats. gd. gov. cn/gdtjnj/content/post_ 30980 41. html，2020－10－09，最后检索时间：2021 年 7 月 13 日。

③ 《2019 年浙江省国民经济和社会发展统计公报》，http：//www. yw. gov. cn/art/2020/11/24/art_ 1229442729_ 3700841. html，最后检索时间：2021 年 7 月 13 日。

累了共同的文化财富，铸造了共同的文化精神。第一，珠三角有共同的人文渊源。几千年岭南文化给珠三角人民提供了共同的精神营养，务实、义利并举、敢为天下先。第二，珠三角统领开放风气之先。共同的改革开放经验使得广大民众改革开放的信心和决心坚定，绝不怀疑、犹豫和徘徊。第三，珠三角有共同的发展渴望。开拓创新、不断迈上台阶是珠三角人民的共同愿望。

三　武汉城市群域经济体区域创新环境总体状况

综合分析武汉城市群域经济体区域创新环境时发现，武汉城市群域经济体拥有建立良好区域创新系统、开展创新活动的优渥环境。

（一）区域创新基础设施环境

1. 交通基础设施环境

武汉城市群域经济体综合交通体系成形。随着京汉广、沪汉蓉高速铁路开通，至咸宁、黄石（黄冈）城际铁路和四条城市轨道的运行，汉孝高速机场北连接线的建成，四环线、武深高速的相继开工建设，武汉城市群域经济体的综合性交通体系已逐步成形。

2. 信息基础设施环境

推进多层次的"数字城市"建设项目，并以"三纵三横两环"的光缆干线网络结构为基础，进行信息高速公路网的建设；参照"数字武汉"，大力发展接入网，建成高性能综合信息网络平台。

3. 科技基础设施环境

科技基础设施与武汉城市群域经济体定位不匹配。虽然拥有武汉光电国家实验室等世界领先的科研机构和大科学装置，但是国家层面的基础设施数量少。

（二）区域创新资源环境

1. 人才资源

湖北是科教大省，人力资源丰富。2019 年，湖北省两院院士增加为 80 人，居全国前列，中部第一。[①] 同时，湖北省拥有大量成本相对较低的人才资

---

① 中国科学院：《关于公布 2019 年中国科学院院士增选当选院士名单的公告》，http：//www. cas. cn/tz/201911/t20191122_ 4724737. html，最后检索时间：2021 年 7 月 13 日。

源和熟练劳动力。

2. 教育资源

湖北省教育实力位居全国前列。截至 2019 年，湖北省已有 128 所普通高等学校，其中 68 所本科高校（含 8 所中央部委属高校）、60 所高职高专学校。武汉城市群域经济体 2019 年成人高校招录 22.96 万人，技术培训学校在校生 16.91 万人。[1]

3. 科研资源

湖北省政府部门所属科学研究与发展机构共有 27 所，市、州级政府部分所属科学研究与开发机构 35 所。通过实施"湖北 2011 计划"，建设省级协同创新中心 59 个。县级以上政府研究与发展机构中，自然科学机构 132 个，社会科学机构 4 个，科技情报机构 8 个。[2]

（三）区域创新政策制度环境

武汉城市群域经济体地方政府在促进区域创新方面制定了大量政策制度，例如鼓励科技人员创业、鼓励风险投资、鼓励技术转化、市场转让等。

（四）区域创新社会文化环境

武汉城市群域经济体的社会文化环境为其区域创新的发展提供了竞争优势和精神支撑。

1. 文化理念

宣传"科技是第一生产力、创新是第一竞争力"。比如，鼓励发明创造、创新成果产业化等一系列创新活动，努力营造敢于创新、敢于创业、敢于冒险、包容失败的创新创业氛围；同时，各成员城市通过搭建创新活动交流社团、创新创业沙龙等非正式交流平台，激发经济体的创新创业灵感。

2. 学习平台

营造"全民学习、终身学习、开放学习"的平台与环境，建设学习型组织、学习型社区及学习型社会。经济体内各成员城市在其基础教育体系中深化

---

① 湖北省统计局：《湖北统计年鉴 2020》，http://tjj.hubei.gov.cn/tjsj/sjkscx/tjnj/qstjnj/，最后检索时间：2021 年 7 月 13 日。

② 湖北省统计局：《湖北统计年鉴 2020》，http://tjj.hubei.gov.cn/tjsj/sjkscx/tjnj/qstjnj/，最后检索时间：2021 年 7 月 13 日。

创新素质培养理念，以培养创新知识型人才为目标搭建学习平台，不断激发人们的创新学习潜力。

四　三大城市群域经济体区域创新环境总体状况的比较分析

对浙江、珠三角及武汉城市群域经济体区域创新系统的基础设施环境、资源环境、政策制度环境和社会文化环境进行对比，可以得出以下结论。

1. 区域创新基础设施环境的比较

浙江城市群域经济体的优势是由领先的通信、网络设施形成的较好信息基础设施环境；珠三角城市群域经济体的优势是完善的科技基础设施环境，科技团队不仅数量多而且结构丰富、层次多样；武汉城市群域经济体的优势则是独特的交通基础设施环境。

2. 区域创新资源环境的比较

浙江城市群域经济体作为我国最有可能且最具条件实现"两个率先"（即率先建成更高水平小康社会、率先基本实现现代化）的区域版块，凭借创新人才资源环境、创新教育资源环境和创新科研资源环境三方面的良好表现，形成了多层次全方位发展的区域创新资源环境；珠三角城市群域经济体因改革开放的逐步实行、对外开放格局的不断完善，极大地吸引了国内外的资金、人才、技术等区域创新资源要素聚集，为珠三角城市群域经济体的区域创新资源环境奠定了良好的基础；武汉城市群域经济体创新人才资源和创新科研资源都十分丰富，但是都表现出向优势主导产业集中的特征，对区域内经济发展起到了很好的支撑作用。

3. 区域创新政策制度环境的比较

浙江城市群域经济体拥有一定的区域创新发展基础，在区域创新政策与制度环境中强调提升区域创新能力的服务力度；珠三角城市群域经济体在三个经济体中区域创新发展最为突出，设立的区域创新发展目标也较为超前，区域创新政策与制度供给相对最为充分；武汉城市群域经济体区域创新基础在这三个经济体中较为薄弱，区域创新政策与制度环境基本上是围绕如何激发武汉城市群域经济体区域创新能力的提升。

4. 区域创新社会文化环境的比较

不同的自然历史环境和人口构成意味着不同的区域创新社会文化环境。浙江城市群域经济体自然经济和民营经济发达，创新创业的社会氛围浓厚；珠三角城市群域经济体外来人口众多，区域创新社会文化内涵构成丰富；武汉城市群域经济体通过形式多样的学习平台促进"全民学习"，形成了鼓励创新的社会理念。

第三节 群域经济体区域创新环境的比较分析

一 区域创新环境评价指标体系

区域创新环境包含的因素较多，因此可以从区域创新的基础设施环境、创新资源环境、政策制度环境和社会文化环境等多个方面来判断区域创新环境。

（一）指标选取原则

建立区域创新环境评价指标体系的目的是通过一些代表性指标来充分反映区域创新环境的复杂信息，体现的是"化繁为简"的经济学思维。在选取指标时要注重客观、有效，能够准确、全面地反映区域创新环境的发展水平及特征。因此，区域创新环境评价指标体系的构建应遵守以下四个原则：系统性、针对性、科学性和可操作性。

（二）指标体系构建

全面、客观、准确地判断一个地区的区域创新环境状况，需要包含以下四个方面的内容。

1. 基础设施环境

区域创新的基础设施环境包括交通基础设施环境、信息基础设施环境、科技基础设施环境等多个部分，如公路铁路设施、图书馆、科技馆等区域创新的基本物质基础。因此选择每万人平均公路拥有量、每万人客运量、公共图书馆数量和科技馆数量四项指标衡量区域创新基础设施环境。

2. 创新资源环境

创新资源环境是指支持地区创新活动的各方面资源状况，包括区域创新的人力、物力、财力资源等，因此选择国际互联网用户数、公共图书馆藏书量、R&D活动人员数量和R&D经费内部支出四个指标进行衡量。

3. 政策制度环境

创新的政策制度环境主要是指有利于开展区域创新活动的科技政策环境和市场制度环境，因此选择科学技术财政支出、科技成果奖励情况、高新技术企业数和专利申请授权量等指标来衡量政策与制度环境。

4. 社会文化环境

区域创新的社会文化环境主要是指区域内人民对于创新活动的认知观念、行为规范等内容，因此选择普通高等学校毕业生数、高技术产业就业人数、各市县级及以上政府部门研究与开发机构数和科学研究与技术服务业就业人员平均工资等指标来衡量社会文化环境。

借鉴国内外关于区域创新环境评价指标体系的研究成果，综合中国区域创新环境的具体发展情况，建立区域创新环境评价指标体系，如表 10 - 1 所示。

表 10 - 1　区域创新环境评价指标体系

一级指标	二级指标
基础设施环境 A	每万人平均公路拥有量 A_1，每万人客运量（万人次）A_2，公共图书馆 A_3，科技馆 A_4
创新资源环境 B	国际互联网用户数 B_1，公共图书馆藏书量 B_2，R&D 活动人员 B_3，R&D 经费内部支出 B_4
政策制度环境 C	科学技术财政支出 C_1，科技成果奖励情况 C_2，高新技术企业数 C_3，专利申请授权量 C_4
社会文化环境 D	普通高等学校毕业生数 D_1，高技术产业就业人数 D_2，各市县级及以上政府部门属研究与开发机构数 D_3，科学研究与技术服务业就业人员平均工资 D_4

二　区域创新环境的实证检验

（一）基础设施环境

采用 SPSS 软件里的 Analyze - Data - Reduction - Factor 方法，对三大城市群域经济体基础设施环境的多个二级指标进行主成分分析，得到了基础设施环境主成分的表达式为：

$$Y_1 = 0.34 A_1 - 0.10 A_2 + 0.66 A_3 + 0.66 A_4 \qquad (10-1)$$

由此可计算出三大城市群域经济体各成员城市基础设施环境水平的主成分值，用 $SCORE = Y_1$，得到各市的综合值，如表 10 - 2 所示。

表 10 - 2　三大城市群各市基础设施环境水平综合值

区域	综合值	排序	区域	综合值	排序	区域	综合值	排序
浙江城市群			珠三角城市群			武汉城市群		
杭州	2.26	1	广州	1.12	1	武汉	3.65	1
温州	1.08	2	肇庆	0.64	2	黄冈	1.81	2
宁波	1.05	3	深圳	0.2	3	咸宁	0.43	3
台州	0.66	4	江门	- 0.03	4	孝感	0.33	4
嘉兴	0.03	5	惠州	- 0.59	5	黄石	- 0.05	5
绍兴	- 0.2	6	佛山	- 0.6	6	鄂州	- 1.56	6
湖州	- 0.54	7	珠海	- 1.61	7			
舟山	- 1.35	8	中山	- 2.27	8			
金华	- 2.15	9	东莞	- 2.3	9			

（二）创新资源环境

采用 SPSS 软件里的 Analyze - Data - Reduction - Factor 方法，对三大城市群域经济体创新资源环境的多个二级指标进行主成分分析，得到了创新资源环境主成分的表达式为：

$$Y_1 = 0.35\,B_1 + 0.46\,B_2 + 0.48\,B_3 + 0.47\,B_4 + 0.47\,B_5 \qquad (10 - 2)$$

由此可计算出三大城市群域经济体成员城市创新资源环境水平的主成分值，用 $SCORE = Y_1$，得到各市的综合值，如表 10 - 3 所示。

表 10 - 3　三大城市群各市创新资源环境水平综合值

区域	综合值	排序	区域	综合值	排序	区域	综合值	排序
浙江城市群			珠三角城市群			武汉城市群		
杭州	2.82	1	深圳	6.61	1	武汉	0.99	1
宁波	1.31	2	广州	3.37	2	黄冈	- 1.4	2
温州	0.54	3	东莞	0.99	3	孝感	- 1.64	3
绍兴	0.41	4	佛山	0.52	4	黄石	- 1.73	4

续表

区域	综合值	排序	区域	综合值	排序	区域	综合值	排序
浙江城市群			珠三角城市群			武汉城市群		
嘉兴	−0.28	5	江门	−0.26	5	咸宁	−1.8	5
台州	−0.36	6	惠州	−0.81	6	鄂州	−2.05	6
金华	−0.56	7	中山	−0.96	7			
湖州	−1.05	8	珠海	−1.28	8			
舟山	−1.85	9	肇庆	−1.54	9			

（三）政策制度环境

采用 SPSS 软件里的 Analyze – Data – Reduction – Factor 方法，对政策制度环境的多个二级指标进行主成分分析，得到了政策制度环境主成分的表达式为：

$$Y_1 = 0.50 C_1 + 0.50 C_2 + 0.50 C_3 + 0.51 C_4 \qquad (10-3)$$

由此可计算出三大城市群域经济体成员城市政策制度环境水平的主成分值，利用 $SCORE = Y_1$，得到各市的综合值，如表 10 – 4 所示。

表 10 – 4   三大城市群各市政策制度环境水平综合值

区域	综合值	排序	区域	综合值	排序	区域	综合值	排序
浙江城市群			珠三角城市群			武汉城市群		
杭州	0.81	1	深圳	7.31	1	武汉	0.91	1
宁波	0.42	2	广州	4.09	2	黄冈	−1.09	2
温州	−0.28	3	东莞	0.69	3	孝感	−1.18	3
嘉兴	−0.52	4	佛山	0.49	4	咸宁	−1.22	4
绍兴	−0.59	5	中山	−0.43	5	黄石	−1.27	5
台州	−0.67	6	珠海	−0.43	5	鄂州	−1.41	6
金华	−0.74	7	惠州	−0.7	7			
湖州	−0.98	8	江门	−0.77	8			
舟山	−1.33	9	肇庆	−1.12	9			

（四）社会文化环境

采用 SPSS 软件里的 Analyze – Data – Reduction – Factor 方法，对社会文化环

境的多个二级指标进行主成分分析，得到了社会文化环境主成分的表达式为：

$$Y_1 = 0.50 D_1 + 0.57 D_2 + 0.52 D_3 + 0.39 D_4 \qquad (10-4)$$

由此可计算出三大城市群域经济体成员城市社会文化环境水平的主成分值，利用 $SCORE = Y_1$，得到各市的综合值，如表 10-5 所示。

表 10-5　三大城市群各市社会文化环境水平综合值

区域	综合值	排序	区域	综合值	排序	区域	综合值	排序
浙江城市群			珠三角城市群			武汉城市群		
杭州	2.02	1	广州	2.48	1	武汉	5.82	1
宁波	1.54	2	深圳	1.51	2	黄冈	-0.78	2
嘉兴	0.62	3	东莞	0.35	3	咸宁	-1.26	3
温州	-0.28	4	佛山	-0.24	4	孝感	-1.28	4
绍兴	-0.33	5	珠海	-0.5	5	黄石	-1.32	5
台州	-0.36	6	惠州	-0.83	6	鄂州	-1.93	6
金华	-0.52	7	中山	-0.84	7			
湖州	-0.65	8	肇庆	-0.9	8			
舟山	-1.13	9	江门	-1.2	9			

（五）综合实证结果

以上述区域创新环境分项评价所得到的基础设施环境、创新资源环境、政策制度环境、社会文化环境的综合得分为变量，进行二次因子分析，最终计算得出三大城市群域经济体各成员城市的区域创新环境综合值及其排序，如表 10-6 所示。

表 10-6　三大经济体各市区域创新环境综合值比较

区域	综合值	排序	区域	综合值	排序	区域	综合值	排序
浙江城市群			珠三角城市群			武汉城市群		
杭州	2.19	1	深圳	4.34	1	武汉	3.22	1
宁波	1.21	2	广州	3.09	2	黄冈	-0.48	2
温州	0.25	3	佛山	0.06	3	孝感	-1.09	3
嘉兴	-0.02	4	东莞	0.01	4	咸宁	-1.12	4

续表

区域	综合值	排序	区域	综合值	排序	区域	综合值	排序
浙江城市群			珠三角城市群			武汉城市群		
绍兴	-0.2	5	江门	-0.66	5	黄石	-1.25	5
台州	-0.23	6	惠州	-0.82	6	鄂州	-1.93	6
湖州	-0.89	7	肇庆	-0.85	7			
金华	-1.05	8	珠海	-1.02	8			
舟山	-1.56	9	中山	-1.2	9			

三 实证结论及比较分析

1. 浙江城市群域经济体区域创新环境的分布特征

一方面，浙江城市群域经济体的区域创新环境在总体分布上，呈现"多板块分化"态势。从浙江城市群域经济体区域创新环境的实证结果中可以看出：杭州的创新环境综合值最高且没有表现相似的城市，台州、湖州、金华和舟山的创新能力综合值较为接近且依次降至最低值，而宁波、温州、嘉兴和绍兴四个地市的创新能力综合值位于两者之间且分值接近。根据各成员城市区域创新能力综合值进行分析，可以将浙江城市群域经济体细分成两大板块：第一版块为杭州市；第二版块为宁波、温州、嘉兴、绍兴、台州、湖州、金华以及舟山市。

另一方面，浙江城市群域经济体成员城市创新环境的子指标水平存在不同程度的差异。例如，温州市在基础设施环境方面存在一定的优势，宁波在政策制度环境上领先，杭州市的总体创新环境尤其是企业技术创新能力综合值最高，湖州、金华和舟山三市在基础设施环境、创新资源环境、社会文化环境多方面上都落后于其他地区。

2. 珠三角城市群域经济体区域创新环境分布特征

一方面，各成员城市的区域创新环境总体发展步伐不一致。通过实证分析可以看出：深圳、广州和东莞等9个城市的区域创新环境总体上发展不同步，其中深圳市的区域创新环境综合值位列第一，广州市区域创新环境的发展相对完善，而东莞、佛山和江门等7个城市与以上两个城市相比，在区域创新环境上仍有很大的提升空间。

另一方面，各成员城市创新环境子指标水平呈现出稳定持久的差异。例如，广州市和深圳市无论是在总体的区域创新环境还是基础设施环境、创新资源环境、政策制度环境以及社会文化环境等四个创新子环境中始终排在前三位，而肇庆市、珠海市和中山市无论是在区域创新环境综合值上还是在创新资源环境中都排名靠后。

3. 武汉城市群域经济体区域创新环境分布特征

从武汉城市群域经济体的总体情况来看，各成员城市区域创新环境发展存在一定的差距。实证分析显示，武汉市区域创新环境最为优秀，而黄冈、孝感两市较差，咸宁、黄石和鄂州则是最差的，六个城市之间区域创新环境的发展特征差距也非常明显。

从成员城市区域创新环境的子指标来看，各地市的区域创新环境发展不均衡。例如，武汉市在社会文化环境中分值最高，而在其余几个区域创新子环境中虽名列第一，但从得分情况来看，发展状况并不良好。黄冈市也出现了相似情况。

4. 三大城市群域经济体区域创新环境的对比

第一，珠三角城市群域经济体区域创新环境总体水平上高于其他经济体。通过对三大经济体中的首位、末位城市综合值进行比较，深圳市、武汉市和杭州市作为三大经济体区域创新环境的第一名，在具体得分上差距悬殊；而中山市区域创新环境综合值虽在珠三角城市群中处于最末位，但将其与武汉城市群各城市相较，排名分别为第五位。

第二，三大经济体多个区域创新环境的子指标特征存在差异。浙江城市群域经济体的成员城市在基础设施环境、创新资源环境、政策制度环境等子指标水平分别存在最优、较优、较差和最差的状态，状态类型比较完备；而武汉城市群域经济体和珠三角城市群域经济体由于城市规模、发展进程等因素的制约，其发展特征的分类状态存在一定缺失：比如武汉城市群域经济体仅有个别创新环境子指标特征表现出最优、较差和最差的状态。

第十一章

区域创新机制的比较

不同产业群与城市群耦合模式在相应运行过程、运行机理下会形成不同的区域创新系统运行机制。浙江棋盘式内生型产业集群－多核散状城市群组合模式、珠三角卫星平台嵌入型产业集群－网络城市群组合模式、武汉轮轴式国家推动型产业集群－圈层城市群组合模式，这三种不同的耦合模式也相应地形成了各具特色的区域创新系统运行机制。

第一节　群域经济体区域创新系统形成机理的对比

区域创新系统的形成机理可以分为多种，按照前文总结归纳的三种典型类型：内部创新成本降低、集群带动作用的驱使、创新政策的推动等，本节将总结浙江、珠三角、武汉城市群域经济体区域创新系统的形成机理。

一　浙江城市群区域创新系统形成机理

1. 良好的经济基础

全方位的开放格局为区域创新系统的建立奠定了物质基础和经济基础。浙江省独有的市县－高新技术开发区－沿海经济开放区－浙江西部腹地的梯度推进的多层次、全方位的对外开放格局，为区域创新系统的建立提供了必要的支持。

浙江省出口总额从 2011 年的 2163. 5 亿美元增长到 2019 年的 23076. 3

亿美元，增长了 9.7 倍；2019 年受国际关系的变化以及国际经济环境的影响，浙江省 2019 年实际使用外资金额较上年有所下降。但总体上，从 2005 年使用外资金额突破百亿美元后，每年基本保持稳步增长态势。实际使用外资金额从 2011 年的 154 亿美元增长到 2018 年的 186.4 亿美元；而利用外资协议项目 2019 年已达到 3580 个[①]（见表 11 - 1）。在地缘优势下浙江省的外向型经济使其具备了资金和技术两方面的优势，形成了建立区域创新系统的优势条件。

表 11 - 1 浙江省 2011～2019 年对外经济贸易情况

年份	出口总额（万美元）	当年实际使用外资金额（万美元）	当年实际使用外资金额增长（%）	利用外资协议项目（个）
2011	21634949	1539807	16.42	1691
2012	22451854	1622327	5.36	1597
2013	24874624	1415898	-12.72	1572
2014	27332897	1579725	11.57	1550
2015	171701752	1696024	7.36	1778
2016	176664804	1757748	3.64	2145
2017	194397631	1790210	1.85	3030
2018	211745029	1863874	4.11	3529
2019	230763226	1355920	-27.25	3580

资料来源：《浙江统计年鉴 2020》。

2. 产业转型的助推

浙江省"块状经济"的转型升级是区域创新系统发展的助推器。浙江省以早期自下而上的民间资本力量推动形成了小型企业、小产品、小规模集聚、大市场、大合作为特色的"块状经济""一乡一品""一县一业"的产业专业化分工及市场细分，数量多达 500 多个，行业涉及 175 个，是浙江省经济活力的主要源泉。然而由于主体多为私营企业，在初期粗放式的快速增长后，产品

---

① 浙江省统计局：《浙江统计年鉴 2020》，http://tjj.zj.gov.cn/col/col1525563/index.html，最后检索时间：2021 年 7 月 13 日。

质量、污染排放、能耗指标等方面的问题均制约了进一步的发展。近些年浙江省致力于整治"低小散"块状经济，通过提升小微企业产品附加值及科技含量，向产业链上下游延伸。

3. 示范效应的辐射

功能完备且运转独立的中心镇内部创新的示范效应带动了区域整体创新能力的提高。2007 年浙江省首批公示的 141 个中心镇是具有相对良好的地理位置优势、经济实力较强、发展潜力巨大，既能承接周边大中型城市产业转移辐射，也能有效带动其辐射范围内乡村经济发展的小型城镇。在这种具备独立运转能力的中心镇，一旦某个企业在某项技术产业方面取得创新成果，便会迅速传递辐射到周边乡镇企业，其他乡镇企业就会引进、模仿和改进该项创新技术并应用于自己的生产。一个中心镇内的创新成为整个区域的创新，为区域产业创造整体价值，推动浙江省区域创新系统产生质的飞跃。

二　珠三角城市群区域创新系统形成机理

1. 改革开放政策是引擎

极具先导性的改革开放政策是推动珠三角城市群城镇化及区域经济新发展的引擎。改革开放政策使珠三角地区摆脱了政策及体制上的约束，充分发挥了其地缘区位优势，成功融入全球加工贸易的价值链。（1）全球化竞争压力的加剧倒逼企业持续提高创新研发能力。国际市场购买者精细挑剔的要求和国际市场竞争压力倒逼珠三角企业不断提升创新能力，促使本地企业在生产技术、产品品质等方面不断突破和蜕变。20 世纪 80 年代珠三角主要依赖从欧美等国引进产品生产技术，随着本土企业自主生产设计自由度的提升，竞争压力迫使企业不断增加新技术开发的要素投入，强化产品的差异性，从而把单纯的引进技术演变为"吸收 – 消化 – 再创新 – 自主研发"。（2）由于珠三角外资子公司与母公司的天然联系，产生了通过资金、技术和高级人才在公司间往来形成的技术溢出效应，也为珠三角地区创新系统的形成与发展提供了支撑。

2. 公共服务设施是支撑

完善的公共服务设施为区域创新系统的形成与发展提供了重要保障。2019

年广东省全省高新技术企业超过 5 万家，比上年增长 9.6%；[①] 全社会科研投入强度达到 2.88%，同比增长 0.17%。其中珠三角地区科研经费支出为 2962.36 亿元，占全省 R&D 经费的 95.6%。[②] 2019 年全省专利申请数量为 80.77 万件，比上年增长 1.8%；发明专利授权数量 52.74 万件，增长 12.2%。[③] 特别是深圳已成为珠三角甚至是全国范围内自主创新的领头羊，2019 年深圳全社会科研投入强度为 4.93%，[④] 远高于珠三角平均水平；而高新技术企业更是多达 5713 家；[⑤] 专利申请量 26.15 万件，[⑥] 占珠三角总体的 1/3。

发达的交通及健全的公共服务设施极有力地支撑了区域创新系统的培育和发展。（1）珠三角地区基础设施完善。珠三角地区已建成的与周边八省、港澳地区相连接的公路网络，以及城际轨道、铁路、航空、水运等构成综合性一体式交通网络，加之健全的通信、教育、医疗保健、文化娱乐等设施为区域创新系统的形成提供了良好的环境。（2）政府打造的创新服务平台，也在完善珠三角创新体系方面起到重要作用。例如顺德区政府打造的产业服务创新中心，在整合创新资源、提供创新服务方面提供了众多支持。

3. 空间产业分布的优化是条件

集群效应下区域空间产业分布的结构性优化为区域创新系统的升级发展创造了条件。群域范围内产业结构的优化和专业化分工不仅提供了协同高效

---

① 广东统计信息网：《2019 年广东省国民经济和社会发展统计公报》，http：//stats. gd. gov. cn/tjgb/content/post_ 2923609. html？ivk_ sa = 1024320a，最后检索时间：2021 年 7 月 13 日。

② 广东统计信息网：《2019 年广东省科技经费投入公报》，http：//stats. gd. gov. cn/tjgb/content/post_ 3117173. html，最后检索时间：2021 年 7 月 13 日。

③ 广东统计信息网：《2019 年广东省国民经济和社会发展统计公报》，http：//stats. gd. gov. cn/tjgb/content/post_ 2923609. html？ivk_ sa = 1024320a，最后检索时间：2021 年 7 月 13 日。

④ 广东统计信息网：《2019 年广东省科技经费投入公报》，http：//stats. gd. gov. cn/tjgb/content/post_ 3117173. html，最后检索时间：2021 年 7 月 13 日。

⑤ 中华人民共和国中央人民政府网：《〈深入学习贯彻习近平总书记在深圳经济特区建立 40 周年庆祝大会上的重要讲话精神扎实推动深圳综合改革试点落地见效有关情况〉发布会》，http：//www. gov. cn/xinwen/2020 - 10/18/content_ 5552184. htm，最后检索时间：2021 年 7 月 13 日。

⑥ 深圳市统计局：《深圳统计年鉴 2020》，http：//tjj. sz. gov. cn/zwgk/zfxxgkml/tjsj/tjnj/index. html，最后检索时间：2021 年 7 月 13 日。

的生产方式，有效规避了单个企业在创新过程中面临的成本、难度等各项风险，并且使得创新要素在更大范围内的流动和调整成为可能，成为滋养创新要素集聚的土壤。珠三角城市群与卫星平台嵌入式的产业集群耦合发展，让同类企业在区域范围内不断集聚，内部则通过生产工艺专业化、生产配套服务专业化、产品专业化等，使专业化分工达到极致。在产业规模持续扩大的基础上，形成了沿珠江口东西两侧分工明确、错位发展、优势互补的产业布局，九大城市各有自身功能定位以及重点发展产业，城市群逐步走向成熟阶段（见表11－2）。

表 11－2 珠三角城市群各城市重点产业规划

	城市	重点发展产业	目标定位
	广州	商贸会展、金融保险、现代物流、文化创意、商务与科技服务、汽车制造、石油化工、电子产品、重大装备	广东宜居"首善之区"、国际产业服务中心、珠三角城市群核心、国家中心城市
珠江口东岸产业带	深圳	电子信息、金融、商务会展、物流、科技服务、文化创意等现代服务业	国际产业创新中心、珠江口东岸产业带核心、国家经济中心城市
	东莞	通信设备、电气机械、通用和专用设备、汽车制造、船舶制造、石化产业	国际产业制造中心
	惠州	电子信息、石化产业、汽车零部件业、商贸流通、旅游业	世界级石化产业基地和珠三角基础产业基地
珠江口西岸产业带	珠海	电子信息、电气机械、航空产业、生物制药、石化产业、物流业、商贸服务	国际重大装备制造业中心、珠江口西岸产业带核心、区域中心城市
	佛山	机械装备、新型平板显示产业、电子信息、新材料、光机电一体化、家用电器、陶瓷及建材、纺织服装、金属材料加工	国际产业制造中心
	中山	临港装备制造、风电装备、新光源、新能源汽车、太阳能、核电及生物质能	国家级先进制造业基地、精细化工和健康产业基地
	江门	核电新能源、新光源、化纤新材料、交通车辆装备产业、清洁能源装备产业	国家级先进制造业基地
	肇庆	金属加工、电子信息、汽车零配件、食品饮料、生物制药、林产化工	传统产业转型升级集聚区和重大装备制造配套基地

资料来源：根据《实施珠三角规划纲要 2017 年重点工作任务》等资料整理。

三 武汉城市圈区域创新系统形成机理

1. 两型社会的建设要求实现突破

两型社会建设要求武汉城市圈自主创新实现新的突破。2007年武汉城市圈被国家发改委定为资源节约型和环境友好型社会建设综合配套改革试验区。"两型"社会建设总体方案的核心内容是推进"九大体制机制"创新，包括创新资源节约、创新环境保护、创新对内对外开放等，推动区域创新系统的发展成为武汉城市圈发展的题中应有之义。

通过自主创新改变产业同构现象，增强同类企业布局的横向合作互补关系，促进武汉城市圈域内产业结构协同高效发展与优化升级，改变武汉城市圈产业发展的"散""乱""差"等特征，提升武汉城市圈综合竞争力。

2. 优越的创新环境提供有力支撑

从硬件条件方面看，武汉城市圈长江黄金水道流域中游地带，是国内重要的铁路、公路交通枢纽，同时还拥有中部地区最大规模的航空港，而公路、铁路、水运、航空交通的建立也使武汉城市圈成为东部经济向西延伸开拓的重要承接地，良好的区位条件为武汉城市圈与外部地区进行人才流、物流、资金流、信息流交换提供平台；从软件环境方面看，武汉市教育科研的综合实力在全国各大城市中排名第三位，仅次于北京、上海，是中部地区优秀人才和高新技术最密集的地区，武汉东湖更是仅次于中关村的全国排名第二的智力密集区；从产业基础角度看，作为国家粮食主产区，武汉城市圈打下了坚实的农业基础，工业方面也建成了以汽车装备、农药化工、钢铁等为主的工业体系，而以旅游、物流、信息技术、房地产等为主的现代服务业也初具雏形。

3. 独特的地理位置具有战略优势

武汉城市圈在"弓箭型"经济发展格局中具有得天独厚的地理区位，使其具备承接东部、连接南北创新资源的战略作用，沿海地区先行开放，促进了长三角、珠三角和京津冀城市群等三个中国经济引擎的发展，经济规模和经济效益双快增长的沿海经济带，造就了中国经济之弓；连接成渝城市带和长三角城市群的长江流域经济带，构成长江之"箭"；贯通京津冀和珠三角的京广铁路经济带构成"弦"。武汉城市圈位于中国长江流域经济带与京广铁路经济带的交会处，是贯通中国南北、东西发展轴线的中心，也是"弓箭型"经济发展格局的搭箭点和着力点（见图 11 - 1）。优越的地理位置使武汉城市圈成为承接东部沿海三大经济增长极产业转移的重要地点。此外，三大城市群知识、技术、人才集聚的扩散效应及溢出效应，也为武汉城市圈创新城市发展提供了支撑。

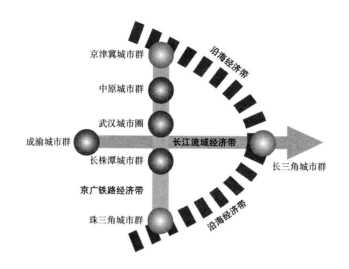

图 11 - 1　武汉城市圈在"弓箭型"经济发展格局中地位

四　形成机理的对比

对三个群域经济体群域创新系统的形成机理进行比较，可以得出以下结论。

（一）相同点

1. 受惠于政府政策

浙江省推动"块状经济"向现代产业集群转型升级的过程中，政府起主导作用，主要通过搭建创新平台、政策支持、指导规划、品牌打造等方式，营造利于"块状经济"转型升级的政策环境；珠三角地区在改革开放政策的东风下，率先成为世界加工工厂，国际市场买家对产品品质严苛的要求倒逼珠三角城市群提升自主创新能力；武汉城市圈环境友好型与资源节约型社会改革试验区的建设，也是在国家发改委指导下探索的促进武汉城市圈区域创新系统发展的重要战略举措。

2. 受地理位置影响

浙江省作为中国最早对外开放的地区之一，已与全世界 230 多个国家建立了外贸往来关系，全方位的对外经济格局为浙江省区域创新系统发展提供了资金技术基础；珠三角享有与港澳、东南亚隔海相望的地缘优势，能够更好地参与到全球化生产价值链中，外资集聚效应显著，为区域创新系统的发展提供了动力；武汉城市圈是中国"弓箭型"经济发展格局中的着力点和搭箭点，具备承接东部、连接南北创新资源的重要战略作用。

3. 公共基础设施建设起到重要作用

公共基础设施建设是吸引创新资源、孕育创新萌芽的基础条件。浙江省与珠三角地区均位于中国沿海地带，便捷的海路运输及航空，辅以四通八达的陆路交通，构成了一体式的交通网络，充分保障了区域范围内创新要素的流动，武汉则以中部最大航空港、长江黄金水道、京广铁路等交通网络实现区域互动。政府搭建的创新服务平台，也在整合创新资源、提供服务等方面提供了支持。此外，教育、医疗、通信、文化娱乐等设施也为吸引创新资源集聚提供了良好的环境。

（二）不同点

1. 资金来源不同

浙江省创新资金起初较多来源于自有资金、民间集资等内源融资，而中小企业融资困难的局面也增加了浙江省对外资的依赖程度。2020 年浙江省实际利用外资金额为 158 亿美元，同比上升 16.4%，[①] 外资成为浙江省区域创新系统建立的重要支撑；2020 年广东省实际利用外资金额为 1620.29 亿美元，[②] 总量居全国第一，FDI 的流入不仅带来了区域创新系统形成的必备资金，也带来了先进的技术、管理方式和市场营销理念，武汉城市圈创新资金则更多地源于财政科技投入及东部发达地区创新资金进入。

---

① 浙江省统计局：《2020 年浙江省国民经济和社会发展统计公报》，http：//tjj. zj. gov. cn/art/2021/2/28/art_ 1229129205_ 4524495. html，最后检索时间：2021 年 7 月 13 日。

② 广东统计信息网：《2020 年广东省国民经济和社会发展统计公报》，http：//stats. gd. gov. cn/tjgb/content/post_ 3232254. html，最后检索时间：2021 年 7 月 13 日。

2. 知识、技术扩散方式不同

浙江省民营经济的先发优势为区域创新系统的发展奠定了品牌知名度、人才、技术等必要基础，是浙江省区域创新的根基；珠三角在建设世界级城市群的过程中，获得了在更高层次上参与国际市场竞争与合作的机遇，加上毗邻港澳的区位优势，也使得珠三角协同港澳向着打造亚太地区最具创新活力城市群的目标迈进；武汉城市圈在"弓箭型"经济发展格局中处于重要的战略位置，为其与东部发达地区进行人才流、资金流、技术流等创新要素交换搭建了桥梁，因此武汉城市圈区域创新系统的发展必然受东部地区影响。

3. 创新驱动力不同

浙江省在整治"块状经济"推动其向产业集群转变的过程中，形成了中小企业相互推动的创新局面。产业集群所要求的企业横向合作有效降低了单个企业的创新成本，也解决了企业因担心无法避免被同质企业模仿而缺乏创新动力的问题；珠三角在从"世界加工工厂"向高科技制造、服务和创新中心转型过程中产业布局结构不断优化，形成了沿珠江东西两侧错位发展、优势互补的产业布局；武汉城市圈两型社会示范区建设在协调资源约束、经济结构与经济增长的关系，实现经济效益和社会效益统一的过程中，促进了产业质量与产业结构两方面的改善，其也必然会促进武汉城市圈创新资源节约、创新环境保护，走创新发展道路。

第二节　群域经济体区域创新系统运行机制的对比

区域创新系统是具有地域根植性与动态平衡性等特征的一定区域范围内的创新系统。受区域历史发展基础、政策、经济水平等众多因素影响，它也呈现出阶段性发展的特征。本节将分别从创新主体、创新环境支撑、创新学习机制、创新传导机制、创新系统发展阶段几个角度来分析珠三角、浙江、武汉城市群区域创新系统运行机制，并进行对比分析。

一　浙江城市群域经济体区域创新系统运行机制

浙江省区域创新系统运行机制的逻辑模式如图 11 - 2 所示，具体分析如下。

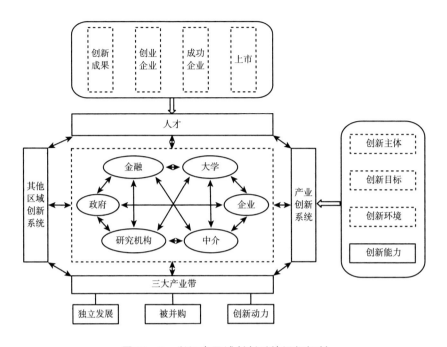

图 11 - 2　浙江省区域创新系统运行机制

（一）创新主体

浙江城市群形成了以民营企业为主导，包括高校及科研机构、政府、金融机构、中介代理机构等在内的创新行为主体。各行为主体在区域创新系统中均有明确的角色定位，并按照图 11 - 2 所示的箭头方向，形成了以各行为主体为节点，交叉互动的小内环网络。其中浙江省政府为区域创新系统提供相关政策支持并进行必要监管；金融机构，主要包括国有银行、商业银行、各种基金组织以及借贷资本的机构、风险投资机构等，为产业创新发展提供信贷扶持；学校、科研机构与企业的密切结合，能促进科学研究成果转化为生产力，走产学研一体化发展道路；中介机构能够为浙江省呈"块状"结构发展的产业集群搭建相互联系的平台，加速知识转化为创新成果的速度。

（二）创新环境

根植于小城镇、小城市的浙江省原发型产业集群为区域创新系统的形成提供了载体。在长期演化过程中，浙江省形成了三大产业带：环杭州湾、温台沿海、金衢丽产业带，三大产业带内企业间经过长期磨合往来，减少了企业信息搜集成本、社会交易成本等，形成分工合作的良好态势，推动企业开发新产品、新工艺、新技术。此外内生于传统民营经济的五大支柱型产业形成的产业集群，能有效促进市场和信息技术等创新信息在平台间的流动。

（三）创新学习机制

浙江城市群形成了独特的内源式集群创新主导的区域创新系统。浙江城市群创新学习机制是在棋盘式内生型产业集群——小城镇、小城市组合耦合模式下，结合浙江省原有的历史文化因素和资源禀赋因素发展起来的。得益于其内生型民营企业多具有地缘关系、亲缘关系和长期合作关系等优势，企业间横向学习、合作更加畅通，集群内人员的流动和相关产业之间的联系频繁，因而知识和技术的学习转移扩散更便利。

（四）创新传导机制

区域内部创新行为主体相互作用，形成的互动内环网络作用于系统整体的创新能力，促进了浙江省产业创新系统的形成。浙江省区域创新系统中包含四大创新体系，分别为技术创新体系、知识创新体系、创新服务体系、制度创新体系。通过四大创新体系可以有效协调浙江全省各区域的创新资源、技术资源、知识资源、人才资源。在四大创新体系的支撑下，浙江省内部的产业创新系统与外界其他区域创新系统通过资源共享、合作创新等方式，形成知识、信息等流动并转化的外部互动网络，不断促进区域创新主体间技术、知识等交流、渗透、协同互动，进而致力于浙江全省区域创新能力的提升。

（五）区域创新系统发展阶段

基于前期研究划分的区域创新系统发展阶段，浙江省区域创新系统发展应处于成长期至成熟期过渡阶段。浙江省区域创新系统根植于特定的创新体系，强调区域水平上创新过程的特殊性，强调地理临近和空间集聚的作用。小城镇本身就存在集聚的吸引力，浙江省典型的乡镇企业发展模式融合了城乡二元经济社会结构，通过城乡间生产要素的流动，形成以企业为依托、城镇为节点的区域内的产品、技术、信息、人才、资金等要素交互流动的网络结构，逐步强化各行为主体间的集群关联效应，加速区域创新系统的进阶发展。

二　珠三角城市群域经济体区域创新系统运行机制

珠三角城市群区域创新系统运行机制的逻辑模式如图 11−3 所示，具体如下。

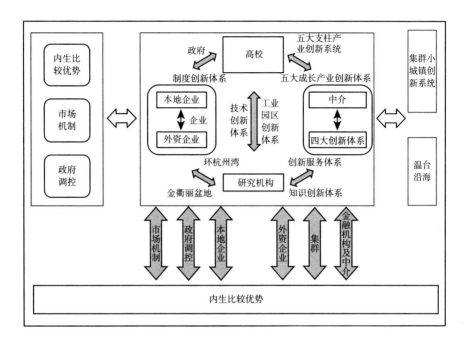

图 11 – 3　珠三角城市群区域创新系统运行机制

1. 创新主体

珠三角城市群创新系统中的网络节点即创新主体，主要包括本地企业、外商投资企业、高校、研究机构、市场中介组织、珠三角各级政府等。作为区域创新系统的行为主体，它们均能作为独立的节点参与区域创新系统的运作，其中外资企业是带动和引领珠三角各创新主体迸发活力的核心动力。

2. 创新环境

外资的集中和毗邻港澳的地理位置为珠三角提供了创新环境保障。改革开放初期，在地缘优势影响下，珠三角成为承接港澳地区加工制造企业的主要地区。随着珠三角地区产业结构的升级，珠三角城市群在推进产业结构腾笼换鸟的同时积极建立粤港澳跨区域创新系统。通过与港澳地区资金流、信息流、价值流、知识流、人才流的交流互动，建立跨区域创新系统成为推动珠三角城市群集成创新的重要途径。

3. 创新学习机制

珠三角城市群创新系统形成了外源式网络学习机制的系统。20 世纪七八十年代，随着外资核心企业逐渐进入珠三角地区，其卫星企业作为核心企业的配套企业也进入珠三角地区，形成了专业化分工的企业网络组织。这种网络组织有其特定的运转模式，当新技术、新思想、新产品在网络中某一节点产生，就会沿着网络连线迅速传递开，各创新主体会主动吸纳 FDI 和先进技术，并通过创新资源要素在各行为主体间的流动交汇，提升系统创新的整体质量。

4. 创新传导机制

珠三角城市群创新系统是由多元主体有机连接、多层次通道网络共同支撑的动态系统。它强调创新资源在区域范围内的流动、配置与使用以及跨区域范围的交流互动，致力于知识、技术的持续开发、迅速扩散和有效转化。

5. 区域创新系统发展阶段

受对外开放程度及外资的直接影响，珠三角地区创新系统发展起步较早，发展进入成熟阶段。成熟阶段的区域创新系统表现为区域内的产品、技术、信息、人才、资金等要素流动更加充分，企业、高校及科研机构、政府和金融中介机构成为网络学习机制中的节点，进行技术的创新、扩散和传播。

三　武汉城市群域经济体区域创新系统运行机制

武汉城市群域经济体区域创新系统运行机制的逻辑模式如图 11 - 4 所示，具体分析如下。

1. 创新主体

武汉城市圈创新系统的主体包括企业、高校与科研机构、湖北省及城市圈内各级政府、中介机构。其中，企业是连接知识、技术、产品的重要纽带，是将创新转化为生产力的最直接生产者，是参与创新生产的主要载体。高校及科研机构是提供有知识、高技术含量人才并促进创新成果转化的机构。湖北省是中部地区人才与智力资源最密集的地区，拥有丰富的人才资源。武汉城市圈内各级政府发挥了"清障、规划、引导、协调、搭台"的作用，为区域创新系统的发展提供了良好的政策环境。中介机构是服务于创新投入和产出双方的纽带和桥梁，能通过各种手段、途径在信息爆炸的时代获取信息，助力武汉城市圈创新系统内创新信息的迅速传递和延伸。

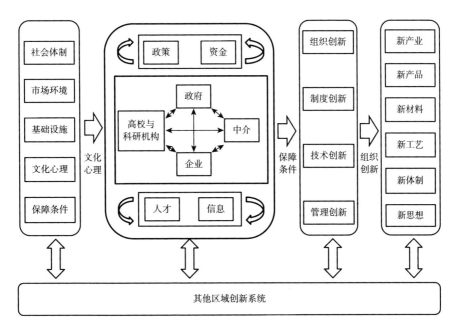

图 11 - 4　武汉城市圈区域创新系统运行机制

2. 创新环境

创新软环境和硬环境共同构成武汉城市圈创新系统的创新环境要素。其中，硬环境主要指区域范围内的资源禀赋、基础设施建设、自然环境等，软环境包括社会体制、文化心理、市场环境、保障条件等。

3. 创新学习机制

武汉城市圈形成了具有自组织反馈机制的创新学习系统。武汉城市圈区域创新系统在与周边区域创新系统，包括长三角区域、珠三角区域等进行人才流、物质流、信息流、资金流等交换的同时，内部也存在创新投入 - 创新主体 - 创新对象 - 创新产出回路，形成具有持续溢出效应的投入与产出机制。

4. 创新传导机制

武汉城市圈在承接东部地区直接或间接的创新成果、技术、知识等传递的过程中，各行为主体与环境要素的交流互动过程引发了自身区域创新系统功能要素的创新，包括制度创新、组织创新、管理创新与技术创新。这些功能要素的创新发展体现到具体成果方面就是新产业、新产品、新材料、新工艺、新体制、新思想的产生，进而提升区域整体创新能力，实现区域的可持续发展。

5. 区域创新系统发展阶段

基于前期研究，武汉城市圈区域创新系统发展应处于成长阶段。我国省域区域创新系统发展阶段有明显的差异，表现为东部地区创新系统较为完善，中西部地区及东北地区受经济发展水平限制，总体创新水平相对落后。湖北省作为中部地区，虽然集聚了中部地区最密集的人才和智力资源，但区域创新系统发展仍处于成长阶段。

四　运行机制的对比

结合上文对珠三角、浙江、武汉城市群域经济体区域创新系统运行机制的分析，其主要差异体现在三个方面：创新主体中发挥主导作用的主体不同、创新环境支撑中资源禀赋不同、创新系统学习机制不同。

（一）创新主体不同

1. 浙江城市群域经济体区域创新系统主体——民营企业

2019 年浙江省固定资产投资额为 36702.86 亿元，其中非国有投资占66%。[①] 全年新增加市场产业主体 143.56 万户，市场产业主体中民营市场主体 776 万户，占企业总量的92.3%。[②] 由此可见民营性质的企业是浙江省市场经济的主要成分。依赖于具有先发优势的内生性民营企业，浙江省形成了由中小企业为主体的区域创新网络，每个企业都是创新节点，并在加快经济与科技接轨的转型过程中，催生了一批民营科技企业，成为浙江省创新发展的主力军。

2. 珠三角城市群域经济体区域创新系统主体——外资企业

根据广东省商务厅最新数据，2019 年 1～11 月，全省实际吸收外资 1424.1 亿元，同比增长 3.3%；新设外商直接投资项目 13147 个，同比下降 60%，[③] 规

① 浙江省统计局：《浙江统计年鉴 2020》，http：//tjj. zj. gov. cn/col/col1525563/index. html，最后检索时间：2021 年 7 月 13 日。

② 浙江省统计局：《2020 年浙江省经济社会发展情况》，http：//tjj. zj. gov. cn/col/col1525492/index. html，最后检索时间：2021 年 7 月 13 日。

③ 广东省商务厅：《广东省吸收外商直接投资情况（2019 年 1—11 月）》，http：//com. gd. gov. cn/zwgk/tjxx/content/post_ 2791787. html，最后检索时间：2021 年 7 月 13 日。

模继续保持全国第一。2019 年全省高技术产业实际使用外资金额为 345.5 亿美元，占全省的 22.7%。① 外商直接投资建厂所形成的珠三角地区专业化分工与协作产生的空间集聚系统，通过与本地企业在技术、营销理念、管理等方面的互动，能够将创新技能扩散出去。此外，外资研发中心进入珠三角地区，与本地企业进行技术转让、合作等，都有效推动了珠三角地区创新系统的形成。

3. 武汉城市群域经济体区域创新系统主体——科研机构

武汉城市群域经济体的科技资源、科研效率、企业研发等科研机构对区域创新系统的贡献率远超政府、企业。武汉是中部地区优秀人才和高新技术最密集的地区，武汉东湖更是仅次于中关村，成为排名全国第二的智力密集区，高尖人才密集是武汉城市圈科研机构创新研发的必要条件，也由此催生了以科研机构为主体的区域创新系统。

（二）区域创新系统环境差异显著

对 2019 年三大城市群创新资源进行统计（见表 11 - 3），对比之后可以得出以下结论。

1. 浙江城市群域经济体创新环境资源较为丰富

浙江城市群在 2019 年新产品产值及销售收入等方面均以较小差距落后于珠三角城市群，而 R&D 经费支出、新产品开发经费支出等费用方面与珠三角差距较大，创新投入略显不足，此外新产品出口销售收入方面远远落后于珠三角，新产品对外贸易较欠缺。但是与武汉城市圈相比，各项指标均处于领先地位。

2. 珠三角城市群域经济体创新环境资源最为丰富

2019 年珠三角地区全部 R&D 经费支出金额为 2962.36 亿元，同比上升 11.34%，② 高出排名第二的浙江城市群 1200 亿元左右；新产品开发方面，开发经费共支出 4294.57 亿元，是浙江城市群的近三倍，是武汉城市圈的近九

① 中国产业经济信息网：《2019 年广东实际利用外资超 1522 亿》，http：//www.cinic.org.cn/xy/gd/762193.html，最后检索时间：2021 年 7 月 13 日。
② 广东统计信息网：《2019 年广东省科技经费投入公报》，http：//stats.gd.gov.cn/tjgb/content/post_3117173.html，最后检索时间：2021 年 7 月 13 日。

倍;① 而在专利申请数量和授权数量方面，珠三角均领跑其他两大城市群。密集的创新资源分布构成珠三角创新环境的比较优势，雄厚的科研基础促使珠三角地区产生显著的创新成效。

3. 武汉城市群域经济体创新环境资源相对薄弱

2019 年武汉城市圈全部 R&D 经费支出为 516.49 亿元，② 不及珠三角城市群的 1/5，新产品开发经费更只是珠三角的 1/10 左右，在创新经费投入方面明显不足；专利申请方面，武汉城市圈也只是珠三角城市群的 1/10 左右，创新产出效果较差。对于武汉城市圈来说，增加创新投入、提高创新绩效以增加创新产出是区域创新系统发展、完善的当务之急。

表 11 - 3　2019 年三大城市群创新资源对比

创新指标	珠三角城市群	浙江城市群	武汉城市圈
全部 R&D 经费支出(亿元)	2962.36	1669.80	516.49
折合当量 R&D 人员(万人/年)	78.34	45.18	10.19
R&D 经费支出(亿元)	2197.63	1274.23	395.37
新产品开发经费支出(亿元)	4294.57	1531.68	487.72
新产品产值(亿元)	28286.05	27122.00	6642.58
新产品销售收入(亿元)	40561.12	26099.37	6507.45
新产品出口销售收入(亿元)	11401.98	5142.15	539.53
专利申请量合计(个)	807700	435824	103006
专利授权量合计(个)	527389	285325	52098

资料来源：根据《浙江统计年鉴 2020》《广东统计年鉴 2020》及 2020 年湖北省九市统计年鉴相关数据整理。

（三）区域创新系统学习机制迥异

1. 浙江城市群域经济体——内源式集群创新主导

浙江省区域创新系统是搭建在农村工业化进程中形成的"块状经济"发

---

① 广东统计信息网：《广东统计年鉴 2020》，http：//stats. gd. gov. cn/gdtjnj/content/post _ 3098041. html，最后检索时间：2021 年 7 月 13 日。

② 依据 2020 年武汉市、黄石市、鄂州市、孝感市、黄冈市、咸宁市、仙桃市、天门市、潜江市九市的统计年鉴数据整理获得，http：tjj. hubei. gov. cn/tjsj/sjkscx/tjnj/qstjnj/，最后检索时期，2021 年 7 月 13 日。

展模式之上的。基于民营经济的"块状"产业集群滋生了区域创新系统产生的基础，这种产业集群是建立在历史文化与资源禀赋优势之上，是浙江省独有的内生型集群，集群内各企业往往存在地缘、亲缘关系，更有利于创新技术的传播。

2. 珠三角城市群域经济体——外源式网络学习机制

外源式表现为外资企业在珠三角地区设立研发公司并雇佣本地人员进行研发、生产带来的知识扩散，以及外资企业与本地企业间合作与技术转让等。在这一过程中，外资企业、本地企业、中介机构、政府等行为主体构成网络学习机制中的节点，而作为独立运作的节点，均具有促进创新资源扩散、延伸的作用，并在相互作用、循环往复的过程中促进创新能力的更新与学习。

3. 武汉城市群域经济体——自组织反馈机制

武汉城市圈创新系统内部存在创新投入－创新主体－创新对象－创新产出回路，形成具有持续溢出效应的投入与产出机制。在与东部沿海城市群关系上，武汉城市圈区域创新系统具有被动吸纳技术溢出的特点，在与其进行人才流、物质流、信息流、资金流等交换的同时，系统自身内部结构也保持相对完整封闭。东部沿海城市群对武汉城市圈的技术溢出效应，反作用于武汉城市圈内部创新能力的提升。

第四篇

对策建议

浙江城市群域经济体的区域创新系统是在棋盘式内生型－多核散状城市群耦合的模式上形成和发展的，具有它的独特性：（1）目前浙江城市群域经济体的区域创新系统正处于成长期，展现出强劲的发展势头；（2）该经济体区域创新系统的创新综合效率值领跑三大城市群；（3）企业创新系统和产业集群系统都以民营企业为主力，以市场为导向，主要依靠省内外高校科研院所进行产学研联合创新；（4）区域创新环境呈"多板块"分化特征，不同成员城市的创新子环境的要素水平存在差异；（5）以内源式集群创新为主导，知识和技术的扩散主要通过企业间的横向学习。

珠三角群域经济体的区域创新系统是在卫星平台嵌入型产业集群－网络城市群耦合的模式上形成和发展的，其发展特点如下：（1）珠三角群域经济体的区域创新系统正处于成熟期；（2）区域创新系统的纯技术效率值在三大群域经济体中位居第一，同时它也是三大群域经济体中唯一不存在创新资源投入冗余情况的区域；（3）企业创新系统受全球化推动，以高新技术企业为主力，依托孵化育成体系进行创新，产业集群创新系统的中心主体要素为外资企业和高新技术企业，产业集群创新投入及产出居三大经济体之首；（4）区域创新环境的总体水平是三大经济体中最高的，成员城市的总体区域创新环境发展步伐不一致，并且各创新环境的子指标也表现出持久的差异；（5）创新主体能够主动吸纳出现的先进技术，新思想、新技术、新产品沿着网络进行多方位的传播和扩散。

武汉城市群域经济体是轮轴式国家推动型的产业集群与圈层城市相耦合的结果，可以发现武汉城市群域经济体具有以下发展特征：（1）武汉城市群域经济体的区域创新系统处于成长阶段，并逐步走向成熟发展阶段；（2）武汉城市群域经济体区域创新系统的创新绩效规模效应则处于最优状态，但是其纯技术效率值最低，也呈现出非常明显的创新产出不足的状态；（3）企业创新系统和产业集群创新系统是在国家战略和政府规划的鼓励下以核心龙头企业和高科技企业为主，依托城市圈的人才和科教资源进行创新；（4）成员城市的区域创新环境发展存在较大差距，同时受城市规模、发展进程等因素的制约，区域环境子指标的发展特征分类结果存在一定缺失；（5）武汉城市群域经济体区域创新学习机制属于自组织反馈机制。

本篇针对三大群域经济体区域创新系统的发展特点及不足，分别从区域创新环境、区域创新机制提出相应的改善建议，并提出了三大群域经济体区域创新发展的新模式。

第十二章

浙江城市群域经济体区域创新能力提升对策

浙江城市群域经济体区域创新系统存在一些问题，包括在一定程度上存在创新产出不足、区域创新环境水平从整体上看存在分化、区域创新机制的建立仍未成熟等。本章分别针对区域创新环境、区域创新机制提出相应的改善策略，然后依据浙江群域经济体区域创新系统的特点，为之量身打造一个区域创新发展模式。

第一节　区域创新环境优化对策

良好的区域创新环境是提高创新产出的必要条件。浙江创新环境存在科研费用投入产出不足、科技成果转化效率低下、企业高校等创新主体地位尚未确立、创新产业劳动力综合素质不高、知识产出及流动吸收能力不强等问题，因此仍有提升空间。

一　区域创新基础设施环境

1. 夯实创新发展基础

创新基础设施是区域创新能力建设的基础，为科技创新能力的发展提供了支撑。基础设施环境主要包括信息基础设施、交通基础设施、科技基础设施等，通过增加区域基础设施的投入建设，能够实现区域创新硬件设施的改善，进而增强区域创新能力，扩展区域创新知识传播的深度及广度，逐步缩小发展差距，为区域整体的创新发展奠定良好的硬件基础。浙江省内各市创新基础设施建设相对于珠三角来说整体水平较低，区域间差异较小，但仍有改善的余地。其中湖州、舟山市基础设施环境水平综合值分别为 -0.54 和 -1.35，与浙江的省会城市杭州相比有一定差距，因此政府应加大对基础设施建设较弱地区的资金投入力度，力求群域内各市的创新能力同步提高，夯实整体创新发展基础，为浙江省区域经济体创新能力的提升奠定基础。

2. 推动科技创新平台发展

科技创新平台是区域创新基础建设的重要内容，更是促进区域科技创新水平提升的助推器。创新平台的建设涉及科技研发、创新成果转化、创新知识共享、创新产业孵化、中介机构等多方面，推动科技创新平台建设，就是为以企业为代表的社会创新发展主体提供资源共享平台及基础设施环境支撑。目前浙江省科技创新平台建设已初具规模，创新企业型、综合型等各类平台均处于建设高峰期，但同时也存在平台重复建设率高、创新资源整合力度不够、信息及技术传播的深度广度不足等问题。因此，浙江省政府应尽快建设分工合理、功能齐全、体系完善、资源共享、协同高效的省科技创新基础平台，为不同创新主体构建沟通合作的桥梁，实现最大限度的资源共享与信息的高速沟通运转，为省内基础研究与高新技术研发奠定基础。

二 区域创新资源环境

1. 发挥高校科研优势，构建产学研相结合的创新体系

浙江省区域创新能力受创新资源投入的限制，取决于知识存量的多少。浙江省多以中小民营企业为主，其主要特点是企业规模小、分散性强、独立研发能力不足，浙江省区域创新能力的提升应摆脱科技研究与经济生产相分离的困境，改善经济系统与科技系统条块分割的问题。政府作为区域创新活动的领导者，须充分调动全省各创新活动主要承担者——高校及科研机构的积极性，利用浙江省丰富的高校资源，实现科研资源与企业、生产部门的双向互动协作；高校作为区域创新知识的主要提供者，应当充分利用学校的教学资源以及在创新人才培养等方面的优势，面向社会需求将科技人才培养与社会生产活动相结合，改变学校教育与生产实践相分离的现状，通过产学研一体化的教学模式构

建创新体系，实现互相学习、优势互补的产学研合作创新。

2. 健全创新人才资源开发体系

人才是知识技术的载体，是区域创新能力的重要组成部分。切实做到培养人才、引进人才、任用人才是促进区域创新发展的重中之重，这就意味着浙江省区域创新能力的提升离不开创新型人才的培养。首先，浙江省应坚持以市场为导向的人才引进模式。事实证明，浙江省现有的人才引进模式精准化、专业化程度不高，政府直接引进人才易形成"拉郎配""一头热"等问题。以市场需求为导向，能够自适应地调整和解决人才供需矛盾。其次，应降低人才落户门槛。2020 年浙江省开展了"万人计划"引进青年拔尖人才，着重引进"互联网＋"、生命健康和新材料三大科创高地领域青年创新创业人才，有效推动高新技术产业成果转化，形成乘数效应。最后，应鼓励科研人员到一线引领创新活动开展。高校及科研机构创新人才众多，但人才与经济系统结合不够紧密，因此应该鼓励创新型人才在推动科技成果转化中发挥其自身作用，引领创新。

3. 建立省内创新资源共享机制

创新资源环境是区域创新的原动力。建立省内的创新资源共享机制，能够促进地区及企业间相互学习，实现创新知识的倍数增长。建立浙江省内的创新资源共享机制，一方面可以推动建设科技创新云服务平台，整合高校、科研机构、企业、创新项目等各类创新数据，并上传分享至云服务平台，实现创新资源、数据的互通互享；另一方面要健全创新资源共享的市场导向机制，例如可以通过设置绩效评估"后补助"专项资金、中小企业"创新券"等多种方式，积极探索建立市场化的创新资源有偿使用机制，着力提高政府管理创新资源共享的能力，以开放共享为核心，以整合资源为主线，形成优势互补、互促发展的合作机制。

三　区域创新政策与制度环境

1. 健全区域创新制度环境

良好的创新制度所塑造出的优质创新环境是促进区域创新的重要因素。浙江省科技创新企业中很大一部分是由民营企业构成的，民营企业的初期发展源自内生性的自我累积及长期滚动式发展，但随着民营企业规模的逐渐扩大、收益增加，企业产权不明的问题暴露出来，影响到企业管理者、员工的工作积极性。因此，迫切需要对浙江省进行产权制度的改革，逐渐从单一的所有制结构向多元化的所有制结构转变。[①] 条件允许的情况下鼓励部分高新技术企业改制为股份有限公司，建立投资主体多元化的企业制度，并通过引进股份制、红利共享等方式，建立长效激励机制，增加科技创新类企业对创新型人才的吸引力，能促进企业及区域创新效率、创新能力的提高。

2. 增强政府政策性倾斜，鼓励创新企业发展

政策性支持是无形的创新资源，政府对创新研究方面的扶持能够迅速拉动区域创新能力的提升。企业是区域创新的主要执行者，在企业创立运行初期，尤其需要政府在创新研究方面的支持。浙江省中小型企业多以乡镇家庭小规模加工业为主，受制于资金、技术等方面的限制，在产业升级及技术创新等方面面临诸多困难，需要政府予以相应的政策性支持。一方面，对于积极开展创新活动的企业，政府可以提供适当的税收减免政策，减轻企业在资金投入方面的压力，使其将更多的资金运用到产品、技术的创新研发中；另一方面，浙江省政府也可以建立奖励机制，对创新投入较多、创新成果丰富的企业给予适当的财政资金补贴，以此激励企业为提升区域创新水平做更多努力。

四 区域创新文化环境

1. 培育企业家创新精神

企业的创新精神是企业创新动力的源泉，能够推动企业持续创新。经过30多年的发展，浙江省部分民营企业出现了创新精神衰退、创新动力不足的现象，不少民营企业面临着持续创新和企业传承的问题。尽管绝大多数民营企业家的第二代传人从小就耳濡目染地学习了长辈们的管理经验及创新挑战能力，但相对优越的生活环境决定了企业家精神层面的部分要素缺失；同时，在企业传承的过程中，家族企业也面临着产权不清与财产分割不明等众多问题，

---

① 浙江省统计局：《2020 年浙江省国民经济和社会发展统计公报》，http://tjj.zj.gov.cn/art/2021/2/28/art_ 1229129205_ 4524495.html，最后检索时间：2021 年 7 月 13 日。

从而影响了企业的持续发展。因此，浙江省要着重培养企业家的创新精神，摒弃固有的企业管理者与企业所有者二者合为一体的狭隘理念，从而促进浙江省民营企业家素质的整体提升，推动区域持续创新的发展。

2. 引导区域学习环境的建立

形成建立区域学习网络，能够有效促进创新知识的流动。一方面，要为各创新主体间搭建互动联系的学习网络。政府要担任好为各创新主体搭桥引路的职责，鼓励支持企业为高校及科研机构提供实习岗位，使创新人才能够在合适的领域运用自己的知识技能，夯实学习的科学知识，同时也为企业注入新鲜的血液，通过高校等科研机构与企业的互动联系，促使创新知识成倍产出。另一方面，政府也应该鼓励民间企业的科技交流与合作。例如可以通过组织公司技术展示、交流座谈会或者是派遣交流实习人员、外出进修、邀请讲座等多种方式，促进企业间横向技术交流学习，不仅能够提高企业的技术创新能力，同时能够将不同的技术创新在行业间传播扩散，将其作用扩散到整个行业内，从而提升整个区域的创新能力。

第二节　区域创新机制完善策略

区域经济的创新发展既需要依靠要素和投资的推动，也需要通过与之相匹配的创新机制来驱动。浙江城市群域经济体的创新系统是以民营经济为主导的创新系统模式，在其日益发展中虽创新速度和质量不断提升，但也显露出创新服务支撑体系不完善、创新传导机制不健全等问题。针对浙江省群域经济体创新机制存在的问题，可以通过整合支撑体系、优化创新学习及传导机制等提升浙江省创新能力，构筑完善的区域创新系统。

一　创新主体

1. 强化民营经济在创新系统中的主体地位

以企业、高校、科研机构等为代表的行为主体，在创新系统的大框架中通过彼此间相互联系形成创新要素供给与需求的对接。其中，企业既是社会经济中最活跃的部分，同时也是创新投入、产出及收益的主体，应着重强化企业在创新系统运行机制中的作用。浙江省是民营经济大省，2020 年民营经济增加值对全省 GDP 增长贡献率达 66.3%，[①] 根植于本地要素的民营经济已经成为浙江省群域经济体创新发展的主要载体，但随着宏观经济环境的变化，民营经济分散且规模小、创新能力不足、管理模式落后等问题暴露出来，先发优势逐渐弱化，因此浙江省中小企业应该积极调整产业结构，适当运用高新技术改造传统产业，鼓励民营企业进入高新技术产业、新兴产业、现代服务业等领域，推动传统产业自主创新能力的提升，增强民营企业的核心竞争力，充分发挥其在区域创新系统运行机制中的作用。

2. 完善创新主体间的组织网络结构

完善区域创新系统中各行为主体间的组织网络结构，能够有效促进知识、技术、人才及信息交流。首先要打破各主体间交流的桎梏，建立省内知识交流平台。浙江省政府应带头引导大学、科研机构、企业三方建立合作反馈机制，注重不同主体间的知识交流与研究合作，实现创新知识产出及资源共享。其次，创新系统中各主体应该从自身不足之处出发，不断强化自身学习能力，使不同行为主体间形成具有良性循环系统的协同创新网络，提升系统创新能力与创新绩效。最后，浙江省应该推动行业协会的创立。行业协会的监督和规范，能有效促使浙江省本地的创新企业及从业人员共同遵守、维护诚实守信的行业环境，使行业发展走上法制化、规范化的轨道。

二　创新服务支撑机制

1. 加强科技中介机构建设

科技中介机构是推动创新主体间产学研相结合的桥梁。科技中介机构的主要职能就是为区域创新系统中人才、技术、知识的整合提供平台，能够有效降低企业间的交易成本，特别是信息交易成本。针对浙江省民营企业独立创新能力低、创新规模小、创新成果转化效率低等问题，除创新制度不健全、管理机制缺乏等因素外，民营企业集群中介服务缺乏、中介组织运行不良也是重要原因。具

---

① 杭州市统计局：《2020 年浙江省国民经济和社会发展公报》，http：//tjj. hangzhou. gov. cn，最后检索时间：2021 年 12 月 4 日。

体来说，政府要加大对科技中介机构的扶持力度，为其构筑相对宽松的市场准入环境，并把开展与科技创新相关的信息咨询、技术交流、资源配置等业务交由中介机构来管理；此外科技中介服务是复杂的专业化过程，需要具备投融资服务、人力资源管理、法律监管、科技成果转化等方面专业知识的全方位人才，从而提高区域创新行为参与主体的服务水平，增强创新成果产出并拓展扩散的深度与广度。

2. 优化创新创业投融资环境支撑体系

创新活动的可持续发展离不开金融环境的支持。我国的金融机构在支持大型企业创新创业方面做出了巨大贡献，但民营中小企业始终面临着融资困难的问题，因此浙江城市群域经济体应着重解决中小企业融资困境，拓宽中小企业融资渠道。首先，政府应完善中小企业融资与信用担保体系，充分发挥专业担保商会、协会的作用，构建中小企业互助基金会，并为协会会员提供银行贷款担保。其次，要拓宽创新型企业的融资渠道。多元化的融资途径是保障企业创新资金来源的重要方式，浙江省目前创新投资多依赖于银行和政府，来源过于单一，极大地限制了创新企业的发展规模。最后，要加大政府对创新型产业的投资力度。政府应强化对高新技术企业的资金支持，重点扶持具有独创性、市场前景广阔、拥有自主产权的科技企业发展，解决创新企业资金获取的难题。

三　创新学习机制

1. 加强对内源式产业集群的学习管理

集群学习是区域持续创新的核心。浙江省产业集群是典型的内源式产业集群，它是受本地历史文化及资源禀赋影响而发展起来的，集群内的众多企业往往存在错综复杂的地缘关系、血缘关系，此类集群内的成员更易进行知识及技术的交流合作，更能通过相互学习的方式促进创新成果扩散。因此为促进整个群域经济体创新能力的提升，要加强对内源式产业集群的学习管理。一方面，加强对区域内行为主体的学习管理。政府应该鼓励高校、科研机构以其科研成果为资本入股企业，建立其与高新技术企业合作的体制机制，充分发挥高校知识源泉的作用，促进企业主动学习和接受创新知识。另一方面，要构建创新主体间的横向学习机制。应当鼓励群内具有科研实力的企业建立自主研发中心，为在技术方面相对弱势的企业提供学习的机会和途径，避免共性技术的重复开发，减少群域经济体内的创新成本。

2. 建立主动吸收型的创新学习机制

产业集群的学习机制不仅要重视集群内部联合技术学习的开展，更要重视构建主动吸收型的学习机制。浙江省基于文化根植的社会网络使群内成员学习到的知识多来自集群内部，但长期的内部学习容易形成路径依赖。产业集群的外部学习可以通过"知识引进－内部消化"从外部引进技术，并在集群内部消化再创新，具体包括两个层面：一是不同省区市间学习交流。浙江省创新经济发展迅速，并在长期累积沉淀中形成了独特的"浙江"模式，但浙江省的创新能力相对于创新强省广东、江苏等仍有一定差距，因此为提升浙江省区域创新能力，可以携手创新实力更强的省份，建立跨省份的技术合作联盟，在互利中共赢、共同进步。二是国际间的交流与合作。浙江省以市场化为导向的集群创导模式要求其面向国际市场，通过国际间的交流与合作深入了解专业领域的国际前沿动态，在不断交流和对话中丰富和完善自身创新体系，提升国际影响力。

四　创新传导机制

1. 构建群域内临近传导机制

区域创新系统的临近传导机制，是指群内创新产出者与接收者间直接的成果交流、传递、转化，实现创新转移的过程。浙江省棋盘式内生型产业集群是基于产业历史发展、地缘关系自然演化形成的，群内各成员具有天然地理位置上的近邻性，更易通过群域内的临近传导机制传播、扩散创新成果。首先要加强创新主体间的人员流动。这种流动主要体现在高校等技术供应方与企业等创新成果需求方间的合作，应鼓励企业为具备创新能力的高素质人才提供实习或就业的渠道，形成互利互惠的合作环境。其次要加强劳动者素质教育。可以通过高校等教育机构为企业提供人员培训服务，如浙江新安化集团股份有限公司（建德市）就与浙江大学建立了长期的培训合作机制。最后要通过正式或非正式的沟通机制强化部门间联系。正式的沟通包括专项研讨会、市场分析报告等，通常由政府部门或中介机构提供，而非正式沟通则主要指各企业私下的沟通交流。通过这两种正式及非正式的沟通方式，能够降低区域信息搜索成本，提高创新成果运用效率。

2. 完善信息服务网络

信息服务网络的建设能够满足企业以较低成本获取创新资讯的要求。知识共享和创新是区域竞争优势形成的重要内容，而创新知识源头多为个人或个体企业部门，信息网络的建设就是要为个体知识在区域内扩散搭建平台，使创新知识影响的范围扩大。浙江省信息服务网络的建设应该以促进民营中小企业信息化为出发点，以强化民营企业信息化网站建设为核心，以鼓励、扶持中小民营企业信息化网络建设为支撑，全面提升浙江省民营经济的信息化运作水平，为中小民营企业提供多方位、成本低、效率高、内容丰富的信息服务，从根本上破解信息不对称、信息交流渠道不畅通等问题。

第三节　区域创新模式的构建——中心镇产业集成创新模式

基于对浙江省群域经济体的研究，可以发现浙江省棋盘式内生型产业集群是根植于本地民间资本和技术、历史文化背景与资源要素禀赋发展起来的原生型产业集群，具有强大的自我发展能力，而浙江群域经济体作为棋盘式内生型产业集群与多核散状的城市群耦合的典型代表，为其构建以多核散状的城市群为主体、以特色产业为支撑的中心镇产业集成创新模式提供可能性。

中心镇产业集成创新是指以区位良好、发展潜力大、对周边地区具有辐射作用的区域中心镇为依托，利用地缘优势、信息技术与管理手段等，对产业集群内部各个创新要素进行筛选、集成与传递，形成优势互补、良性互动的有机整体的动态创新过程。浙江省群域经济体要实现该创新模式，必须强化中心镇的辐射作用，打造区域特色产业，并为各个独立的中心镇打造促进横向联系交往的制度环境。

一　增强中心镇创新集聚和辐射能力

1. 充分发挥中心镇首位度作用

中心镇设立的初始目的是为形成以其为中心的辐射带动作用。通过中心镇的培育建设，能够形成区域经济增长极，带动周边村镇协同发展，缩小地区发展差距，因此浙江省区域创新能力的提升需要充分发挥中心镇集群创导作用。

然而从浙江省中心镇目前发展状况来看，浙北、浙东南地区中心镇数量和集聚水平要远高于浙西地区，呈现出明显的东高西低状态，西部地区的中心镇不能有效地发挥首位度作用，长此以往将形成马太效应。因此，为有效发挥中心镇带动周边村镇发展的首位度作用，一方面，政府要针对区域差异性为不同地区的中心镇制定差异化发展战略，以解决中心镇发展中存在的首位度不高的问题，缩小区域发展差距，实现浙江省城乡一体化与区域经济协调发展。另一方面，政府要积极鼓励以龙头中心镇为引导的垂直产业网络建设，通过合理规划布局、政策扶持等方式，充分发挥中心镇的领头羊作用。

2. 完善中心镇布局及定位

强化中心镇在区域布局中的战略节点作用，能够形成以中心镇为核心的创新产业集群。1999 年浙江省提出了"培养 100 个中心镇"的方案，拉开了中心镇培育的序幕，2007 年全面启动了中心镇培育项目，成为全国中心镇发育态势最好的地区。中心镇的合理布局定位也在浙江省区域经济发展中起到了至关重要的作用。合理布局及定位中心镇的发展，一方面政府要以优化城镇网络布局为出发点，完善中心镇的区域节点规划，遵循因地制宜、统筹布局、合理规划、协调共创的原则，打造特色鲜明、分工合理、等级规模有序的城镇体系。另一方面，政府要合理规划中心镇的发展战略和定位，合理科学的功能定位是中心镇健康发展的关键，中心镇在发展的过程中应该避免"摊大饼"的发展方式，紧紧抓住特色产业创新发展的节奏，打造差异化、辐射化、集中式的产业布局。

二 强化中心镇特色产业升级

1. 培育中心镇特色创新产业

区域内产业集群都会面临产业同质化的问题，而过度同质化则会造成区域范围内的不良竞争。浙江省区域创新能力的提升需要解决各中心镇同质化发展的问题，因地制宜地培养中心镇特色产业，发挥区域优势，提升区域整体的竞争能力。首先，政府要有侧重地根据地区资源禀赋、市场需求、环境基础等选择发展潜力大、市场前景广阔、体现地方特色的可持续发展型产业加以扶持，培育发展区域龙头企业，同时又要与周边的中小型企业有所差别，形成优势互补的产业结构，减轻同质化引起的恶性竞争。其次，政府要积极引导大型企业围绕自身特色产业核心技术延长产业链，鼓励中小型企业加大与大型企业的配套程度，积极主动地参与产业间分工合作，扩大中心镇规模优势。最后，政府要带头营造良好的社会氛围，为中心镇特色产业的培育构建公平有序的市场环境，并且通过政策法规的制定，促进市场竞争秩序的规范化。

2. 加快中心镇产业结构升级

以中心镇为依托的产业集成创新模式需要坚实的支柱产业作为发展基石。从总体上看，浙江省中心镇产业建设仍处于核心竞争力较为低下、产品技术研发能力薄弱、产品附加价值低的低价优势阶段，因此为提升浙江省区域创新能力，必须加快推动以中心镇为主体的产业结构升级。首先，政府要引导中心镇着眼于自身基础条件，通过创新改造、技术研发、设备引进、招商合作等方式，推动新型产业改造浙江传统块状经济，促进战略性新兴产业发展。其次，政府要运用财政、金融、税收等政策鼓励引导中心镇大型企业强化自身发展，延长产业链，并提升中小企业在中心镇产业升级中的作用，形成大中小企业集成创新的景象。最后，政府要为中心镇产业升级搭建公共性、科技性、开放性的创新服务平台，完善与中心镇产业升级相配套的研发、工业生产类基础设施，以平台优势推动创新。

三　推动有利于中心镇集群创新的制度环境建设

1. 建设保护创新成果的知识产权制度

中心镇创新活动的开展需要完备的创新制度支撑，知识产权制度是创新的基本保障，也是使科技成果向现实生产力转化的桥梁和纽带。浙江省产业集群起源于家庭手工场，企业数量多，同质现象严重，产品价格低下，大量企业都是依靠低价和仿制获取生机，极易引起产权纠纷。浙江省中心镇产业创新发展需要建设起保护创新成果的知识产权制度，为企业创造公平合理的竞争氛围。对内政府要制定出严密、完善的知识产权保护制度，在鼓励区域科技创新、促进技术扩散的同时，要保障创新型企业的知识产权受到有效保护，构建公平竞争的市场环境；对外政府要构建多主体利益纠纷下的调节机制，为浙江省创新型企业可能面临的国际产权纠纷提供法律保护、跨国维权等保护措施。

2. 消除不同中心镇集群创新的壁垒

推动不同中心镇的协同创新，能够充分发挥区域整体创新效应。浙江省产业集群创新能力的提升不能单单依靠个别企业创新发展带动，而应该依靠区域整体创新资源共享、创新水平提高，消除不同城镇间的创新壁垒，构建区域范围内的创新资源共享机制。一方面，政府要统筹协调创新资源要素，以提升区域整体创新实力为目标，以实现可持续创新为导向，努力消除不同城镇间的创新系统制度壁垒，打破创新主体间的联系隔断，促进横向交流。另一方面，政府也应该转变职能，减少对区域内企业集成创新的干预，通过构建社会诚信体系，营造不同城镇在相对自由的环境中公平竞争、公开交流的氛围，使政府不再成为区域间学习沟通的障碍。

第十三章
珠三角城市群域经济体区域创新能力
提升对策

在珠三角群域经济体区域创新系统不断发展的过程中，依然在一定程度上存在问题，如创新效率低、创新投入冗余，区域创新环境水平各地发展步伐不一致，区域创新机制的建立仍未成熟等。除了改善区域创新环境、完善区域创新机制之外，应该构建增长极核自主创新与全域合作创新相结合的区域创新模式。

第一节　区域创新环境优化对策

完善珠三角城市群域经济体的区域创新环境，不仅要改善交通、信息和科技基础设施等硬环境，也要不断促进改善创新资源环境、政策制度环境、社会文化环境这些软环境，实现区域创新环境总体水平的提高。

一　区域创新基础设施环境

1. 推动区域综合交通一体化

珠三角城市群域经济体的公共交通体系较为完善，但是成员城市之间的交通一体化及不同交通方式之间的衔接仍需加强。随着广州白云国际机场旅客吞吐量和广州港港口货物吞吐量不断增加，铁路客运量稳步上升，公共专用道路、城市道路，城市内部交通联系日益增强，同时贵广、南广、广深港多条高铁建成开通，珠三角4小时经济圈也已形成。对于广州、深圳等处于珠三角城市群内圈层的核心城市来说，公共交通体系较为完善，但是相邻地市出现了建设发展不同步、无统一标准、交通网络失衡等问题，影响地市之间的相互衔接，因此必须树立城市群交通一体化协调发展理念，充分认识到珠三角交通一体化是实现珠三角经济一体化的基础和先决条件。要大力发展航空、铁路、高速公路和管道运输，促进不同交通方式之间的顺畅衔接，加快建成合理的现代化集散运输体系，实现真正意义上的区域综合交通一体化，为城市群的经济发展提供有力保障。

2. 建立多样化创新技术信息平台

信息基础设施建设方面，广东在5G网络建设及产业布局已领跑全国。根据广东省工信厅数据，2020年1~8月，广东新建5G基站61625座，累计建成5G基站98613座，基本实现深圳5G网络全覆盖、广州主要城区连续覆盖、珠三角中心城区广覆盖。① 同时，在全国率先启动700M 5G基站建设工作，无论是信息化建设还是信息应用水平，都遥遥领先于其他地区。不断完备的信息网络设施，为区域创新的迅速发展奠定了基础。

珠三角城市群域经济体要善于利用已有信息网络基础的优势，积极建立健全信息传播交流平台，利用新型互联网技术如移动互联、云平台等，扩大技术创新覆盖面。同时要灵活运用互联网，构建珠三角地区知识性创新信息平台，并将企业、高校、科研机构等创新主体囊括其中。利用互联网传播速度快、覆盖范围广的特点，高效扩散知识性创新信息，大力发展多样化的创新技术信息平台，拓宽专业技术人员交流传播创新信息的渠道。

3. 建立科研成果转化机制

珠三角城市群域经济体的公共实验室建设在不断完善的过程中，已然形成了较为完善并极具特色的实验室体系。截至2019年，广东省已有30家国家重点实验室、15家国家工程实验室、5351家省级工程技术研究中心和1407家省级企业技术中心，为该区域创新能力的发展搭建了良好的平台，并提供了强有

① 21世纪经济报道：《5G基站数与用户数居全国第一，广东加速建设全国首个5G城市群》，https://m.21jingji.com/article/20201010/herald/c8dd6f9e5761fd43a67a8ede5871d0f9_zaker.html，最后检索时间：2021年7月13日。

力的科技基础设施环境。①

对于已有较为完善的实验室体系，要高效利用，积极与各科研机构合作共建研发机构和技术转化机构，并通过共享区域内的重点实验室、产业孵化基地、技术创新中心，逐步实现创新要素的流动。对于各个高校，应鼓励和支持其培养本校的特色学科，争取建立重点实验室。政府要大力发展产学研合作的科技服务体制，以此推动科技成果的转化和专利成果的产生。同时还可借鉴其他区域和国家最新的科技体系政策，引进先进理念的同时结合本土实际情况，优势互补，协调发展，不断促进创新成果产出。

二　区域创新资源环境

1. 实施人才优先发展战略，引领创新驱动

珠三角城市群域经济体在人才资源方面有绝对的优势。自 2009 年开展引进人才项目以来，"以才引才、以才育才、以才聚才"效益凸显。截至 2019 年，全省 R&D 人员 80 万人年（折合全时当量），在全国范围内排名第一，并且高层次人才队伍建设依然在不断加强。②

首先，借助良好的区位优势，珠三角要积极树立全球发展视野，充分开发利用国内国际人才资源，以人才国际化为方向，提高配置尖端创新资源的能力和水平。同时，要继续贯彻落实人才优先发展战略，加快构建人才驱动发展机制，扩大人才规模，提高人才质量，优化人才结构，实现人才发展与经济发展的深度融合，打造人才驱动发展的强力引擎。

2. 优化教育资源配置，实现教育资源多元化

优化教育资源配置，实现教育资源供给更加优质多元化，引导建设开放、便捷、覆盖城乡、满足多层次、多样化学习需求的终身公共服务体系。教育培训机构是区域创新资源环境的重要内容，包括基础教育、职业教育、培训中介等相关机构。基础教育方面，要积极普及九年义务教育，加强培

---

① 广东省统计局：《2019 年广东省国民经济和社会发展公报》，http://stats. gd. gov. cn/tjgb/content/post_ 2923609. html，最后检索时间：2021 年 12 月 4 日。

② 广东省统计局：《2019 年广东省国民经济和社会发展公报》，http://stats. gd. gov. cn/tjgb/content/post_ 2923609. html，最后检索时间：2021 年 12 月 4 日。

养中小学生的科学素养。同时，将高校作为发展要素，融入城市经济社会的发展规划中，通过科学合理调整高校设置，充分发挥"985 工程""211工程"等高水平大学的带头作用，加强高水平院校对其他院校的支持引导力度。通过优化配置珠三角区域高等教育资源，增强为沿江沿海开发一体化发展服务的能力，推动珠三角地区高校的学科专业结构优化，实现区域内教育资源的优化配置，力求形成优势突出、特色鲜明的区域高等教育学科专业结构体系，探索建立珠三角高等教育人才需求预测与学科专业设置调整联动机制，更好地衔接学科专业设置、人才培养与珠三角地区的行业发展。

3. 合理配置科研资源，提高总体创新效率

从珠三角各地市的投影分析中可以看出，珠三角不存在创新效率完全无效区，各城市大都能够有效地实现资源利用。DEA 综合效率相对最低的是深圳，还存在一定的提升空间。

数据表明，深圳发明专利密度是全国平均水平的 10 倍，而且也是新兴产业集聚地，应充分发挥核心城市的辐射作用，引导周边地市加强自身技术创新水平，提升珠三角城市群总体创新效率。珠三角地区创新资源投入冗余主要体现在科研经费支出方面，表明科研经费的投入并没有实现合理使用或高效利用，应建立完善的科研经费管理制度，保证科研经费的有效投入，并从创新技术角度着手，提升高新技术产出效率，解决资源投入增加不能带来持续的产出增加的问题。

三　区域创新政策与制度环境

1. 制定创新扶持政策，形成鼓励创新的软环境

珠三角城市群域经济体区域创新系统的发展多依赖于外资企业，尤其是在资金和技术方面，但是该区域的创新主体并非仅限于外资企业，还有内地企业、高校、科研机构、中介组织等其他创新主体。珠三角城市群中的各级政府作为市场秩序的维护者、宏观调控者，应明确其在创新市场中的引导作用，制定相关创新扶持政策，以鼓励本土创新主体。扶持政策不仅包括已有的直接财政支持，更加应该制定一系列金融、税收政策扶持创新项目，同时加强引进高

级技术人才，完善技术创新的要素配置。

2. 完善知识产权保护制度，健全相关法律法规

制度环境的不断完善有利于区域创新能力的提升。随着知识经济不断推动全球经济的发展，高新技术企业成为珠三角地区进行产业升级、发展区域竞争力的主力军。不断强调技术创新的同时，地方政府在知识产权工作方面很重视专利的申请和开发，但却忽视了后期的经营和保护。尽管目前珠三角地区的知识产权纠纷发生率并不高，但对于高新技术企业来说，有了完善的知识产权保护制度、良好的法制环境所构成的创新制度环境，维权意识才会更强，更能促进创新成果的有效产出。

制度环境的完善可从以下几个方面入手。首先，各级政府可根据自身情况设立专利奖项，鼓励创新主体进行创新活动，形成良好的创新环境。其次，要重视对自主创新知识产权的保护，完善相关法律法规，保证创新主体拥有创新成果的相关权益，为创新主体提供公平的竞争环境，为自主创新发展打造良好的制度环境。最后，要积极搭建知识产权信息平台，鼓励和保护创新活动的同时，促进科技信息的及时传播，促进企业进行技术转化获得新的科研成果，并将研发成果用于企业发展。

四　区域创新社会文化环境

1. 加强培养创新意识

人口来源的多元化赋予了珠三角地区内涵丰富的区域创新社会文化。民众更加重视对自身的价值追求，形成了独立的价值判断和价值选择。因此，应该加强对创新创业的宣传，引导公民创新意识形成，提倡全民创新，为创新发展营造良好的社会氛围。

2. 重视创新能力培养

创建区域创新社会文化环境，不仅体现在创新意识的建立，更重要的是加强创新能力的培养。从全国层面来看，珠三角地区在经济建设方面处于领先地位，同时其高校数量多，高新技术人才、R&D 研究与开发人员、科研院所等科研资源丰富。应充分利用自身优势，合理高效利用珠三角地区科研资源，加强各个高校与企事业单位的合作与优势互补，营造创新氛围，为学生提供实践

平台，促进理论与实际的不断融合。增加先进人才的交流，拓宽创新技术交流渠道，完善人才培养模式。

第二节　区域创新机制完善对策

区域创新系统的发展离不开完善的区域创新机制。珠三角城市群域经济体作为我国经济较为发达、创新发展较为领先的城市群之一，其区域创新机制相对于我国其他城市群已较为完善，但仍需强化。强化该地区的区域创新机制主要包括创新主体、创新服务支撑机制、创新学习机制、创新传导机制四个方面。

一　创新主体

珠三角城市群域经济体中的内地企业、外资企业、高校、科研机构、创新市场中介组织、各级政府均为该区域中的创新主体。其中，政府作为市场秩序的维护者、宏观调控者，应制定相关创新政策、金融政策以鼓励和引导城市群中创新主体进行创新活动，推动珠三角城市群区域创新系统的发展。

截至 2019 年，珠三角地区拥有高新技术企业数量已达到 49991 家。2019年前两个季度珠三角地区研发专利申请数量为 80.77 万件，专利授权数量52.74 万件。① 珠三角城市群域经济体的创新发展主要得益于改革开放政策，由此摆脱了体制上的约束；同时距港澳较近的优越地缘环境，吸引了大量来华投资的外资企业。现阶段高新技术企业数量较多，但区域的创新发展多依赖于外资企业带来的技术溢出效应。外资高新技术企业作为珠三角城市群的重要创新主体之一，应加强与内地高新技术企业结合，使之形成集群效应。内地企业不仅应满足于外资企业技术转换成产品中的执行环节，还应加强与外资企业的技术合作，学习和挖掘外资企业的原始技术，通过技术创新溢出效应，提高内地企业的技术创新能力。同时，应加强珠三角区域中的高校、科研所等自主创新主体的培育。政府作为引导者，应积极地提供创新政策及相关的金融政策，

---

① 前瞻产业研究院：《2021～2026 年中国高新技术产业园市场前瞻与投资战略分析报告》，https：//bg. qianzhan. com/report/search/k - % E3% 80% 8A2021 - 2026% E3% 80% 8B. html，最后检索时间：2021 年 7 月 13 日。

激发城市群中其他创新主体的创新动力，同时积极培育创新市场中介组织，加强创新成果的转化。

二　创新服务支撑机制

经济实力与创新能力的发展有着较为紧密的关系，珠三角城市群域经济体应紧抓其优越的地理环境，加强港澳合作，吸引外资，加强经济基础建设，促进经济发展，以创造良好的创新硬环境。

1. 继续加强科技中介机构的培育

珠三角城市群域经济体对于科技中介机构的建设，虽然已经取得一些阶段性成果，但仍需继续推进和完善。广州市作为珠三角地区的核心城市，是电子产业、创新产业的集聚地，要继续鼓励发展各类科技联盟组织，并在一定程度上予以经费资助或其他形式的支持；珠江口东岸产业带和西岸产业带，要继续推进小微民营科技企业服务平台的建设；同时政府也要积极参与科技金融合作，积极发展创业投资，正确引导科技信贷，以政策支持推进科技中介机构建设。

2. 积极搭建投融资平台

搭建投融资平台为科技研发企业带来充足资金，能有效支撑创新活动的持续发展。目前，珠三角地区的大型企业凭借资产规模、信用担保等优势，取得了金融机构的资金支持，保证了创新活动的持续发展进程，但对于中小规模的科技创新企业，固定资产不足、无担保、与金融行业的信息不对称等原因导致的融资困难，阻碍了创新活动的发展。因此，珠三角城市群要积极搭建投融资平台，吸引各类投资者的参与，积极共享相关信息，建立完善的管理程序，保证有潜力的中小科技创新企业的融资渠道。首先，政府可以通过优惠政策降低投资者的进入门槛，吸引银行、贷款公司、大型企业的投资；同时，积极发展风险投资，政府带头设立专项财政资金注入投融资平台，带动珠三角地区的风险投资公司、证券公司等共同建立融资方式多元化的风险投资平台，拓宽资金来源。其次，借助"互联网＋"搭建平台实现信息共享，不仅是寻求投资的中小企业要提供运营、财务状况等真实全面的信息，各类投资者也要公示投资信息，政府要及时发布经济动态、财政政策等信息。最后，要建立有效的管理程序，从寻求投资企业的审核、投资方的入驻，到协助投融资双方实现交易，都要有行之有效、公开透明的管理程序，保证各方权益。

三　创新学习机制

目前珠三角城市群域经济体创新系统学习机制是外源式的网络学习。20世纪70年代，随着改革开放政策的实施、沿海经济特区的建立，外资核心企业逐渐进入珠三角地区，形成出口导向型经济，使得政府、市场和企业形成对海外市场、投资与技术的路径依赖。在外资企业进入珠三角地区的同时，其卫星企业作为核心企业的配套企业也进入珠三角地区，形成了专业化分工的企业网络组织。这种网络组织有其特定的运转模式，当新技术、新思想、新产品在网络中某一节点产生，就会沿着网络连线迅速传递开，各创新主体会主动吸纳外国直接投资（FDI）和先进的技术溢出，并通过创新资源要素在各行为主体间流动交汇。

外源式网络学习机制系统对于珠三角地区初期的经济发展、技术创新发展起着较大的积极作用，但是随着珠三角地区的产业升级，它正在逐步发展成为亚太地区的制造业中心和现代服务业中心，仅依靠外源式网络学习机制不能满足其需求。应加快培育珠三角地区合作创新与自主创新能力，加强原始创新，同时利用外资企业的技术溢出效应，加强合作创新，形成合作创新与自主创新相结合的全新的创新学习机制，进而促进珠三角城市群区域创新系统的发展。

四　创新传导机制

珠三角城市群域经济体的创新系统是由多元主体有机连接、多层次通道网络共同支撑的动态系统，强调创新资源在区域范围内的流动、配置、使用及跨区域的交流互动，致力于技术的持续开发、迅速扩散和有效转化。

创新成果的传播与转化在创新系统的发展中有着较为突出的作用，代表投入是否得到有效利用、创新成果的产出是否惠及区域内所有的城市，必须完善创新传导机制。具体包括以下两个方面：一方面，创新市场中介组织作为创新主体之一，其主要的功能就是加强创新资源在区域内的流动、配置、扩散，使创新成果快速、有效地进行扩散与转化。因此，珠三角城市群应该依据本区域的特点打造一个真实、有效的技术信息推广交流平台或机构，以实现技术的转移，使得区域中的各个城市的创新资源共享、共用。另一方面，要打破行政区划的限制，加强区域内创新成果的横向传播，使创新产出成果惠及城市群内所有的城市，通过横向的创新传导，实现区域创新水平的协调共进。

第三节　区域创新模式的构建——增长极核自主创新 与全域合作创新相结合模式

基于前文研究，可以发现珠三角卫星平台嵌入型产业集群是一种外源型产业集群，外资企业通常将技术研发控制在自己国家的核心区域，使得在珠三角地区的技术溢出有限，无法满足该区域对创新发展的需求。作为卫星嵌入型产业集群与网络城市群耦合的代表，珠三角群域经济体需要结合增长极核自主创新与全域合作创新，建立符合自身发展的区域创新模式。

增长极核自主创新是以区域内经济发展较快的城市为核心，将有技术优势的产业发展成为区域创新特色，整合区域内各类创新要素，开展有自主知识产权的创新活动，并实现有效输出的创新过程。基于孵化器协同创新网络，搭建一体化科技创新平台，集合珠三角区域内的各类创新资源，以科研项目或创新组织为依托，增强高校与企业之间、企业与企业之间的合作力度，不断开展创新活动，提高区域整体创新水平。珠三角城市群域经济体要成功构建该创新模式，需要重视增长极核自主创新发展建设、强化创新平台的建设，推动全域协同发展、合作创新。具体构建措施如下。

一　加强增长极核自主创新发展建设

1. 鼓励增长极核自主创新

增长极核的自主创新，在技术溢出效应的推动下，能够促进珠三角城市群域经济体整体创新水平的提高。珠三角有着明显的外源性产业集群特征，外资企业大都将产业链的非核心部分置于珠三角地区完成，导致技术溢出有限，不利于提高该地区的创新水平。同时，本地企业的同质化程度较高，企业间的竞争关系多于合作关系，想要在稳定运营的同时进行自主创新活动，心有余而力不足。仅依靠现有的创新动力难以满足珠三角地区的发展需要，因此，要积极鼓励产业群内增长极核的自主创新，促进本土企业进行内部技术创新，减少对外依赖。一方面，政府可以通过财政支持，加大政府科技投入，增加区域创新资金来源，同时有针对性地引导社会资源在技术创新的研发、成果产业化等不同阶段的投入，分散创新主体的资金投入风险，提高创新主体进行自主创新活动的积极性。另一方面，政府可以从减免税收、增加补助等政策方面，激励企业加大创新活动投入比重，减少创新成果产业化阶段的重复征税，根据创新成果的产业转化程度对创新主体予以相应的补助，形成良好的示范效应，促进创新活动的成果产出与转化。

2. 培育创新特色

有自身特色的创新产业集群，能够增强区域发展的核心竞争力。随着信息时代经济的快速发展，珠三角城市群逐渐形成了以高新技术产业为核心竞争力的群域经济体。该地区的高新技术产业带是基于电子通信设备制造业，以深圳、广州等中心城市为核心，与周边其他地市相结合形成的高新技术发展区域。珠三角地区应突出高新技术产业的发展特点，培育自身高新技术产业的创新特色，充分发挥核心竞争力对区域创新发展的推动作用。一方面，政府可以从产业政策入手，完善宏观经济政策制定和执行机制，重视产业政策的引导作用，重点扶持具有显著竞争优势的高新技术企业，充分发挥带头作用，带动珠三角地区的高新技术产业发展。另一方面，政府要积极挖掘有潜力的科技型中小企业，鼓励有条件的重点企业与其结合开展具有自主知识产权的技术研发和创新活动，将其培育为珠三角地区区域创新和高新技术产业发展的重要力量。

二 推进一体化创新平台建设

1. 加强协同创新网络的构建

基于丰富的产业孵化器资源，完善协同创新网络的构建，有助于珠三角地区一体化创新平台建设。2019 年，广东省全省孵化器达 1036 家，众创空间 986 家，孵化器和众创空间数量持续 4 年位居全国首位。[①] 国家级孵化器、国

[①] 南方都市报：《产业孵化趋势明显，广东引领大中小企业融通发展双创新生态》，https：// mbd. baidu. com/ma/s/cte6YTdw，最后检索时间：2021 年 12 月 2 日。

家级孵化器培育单位以及众创空间等丰富的产业资源，逐渐形成了有广东特色的孵化育成体系。针对珠三角全域的孵化器进行资源整合，构建协同创新网络，避免各研其长、重复创新，有利于提高珠三角区域的整体创新水平。首先，根据产业特征将孵化器进行专业化分类，并共享科技资源，在垂直方向上实现产业技术领先优势；其次，在水平方向上建立联盟机制，整合各孵化器专长，实现专长互补，提高联盟整体竞争优势；最后，积极搭建孵化器之间、联盟之间的桥梁，形成协同创新网络，实现孵化器由量到质的转变。

2. 积极建设科技创新平台

在形成孵化器协同创新网络的基础上，积极建设科技创新平台，能提高区域自主创新能力，促进区域创新体系更加系统。2004 年广东省政府明确提出了要建立为中小企业服务的科技平台，2012 年科技基础条件平台建设促进会的成立，推进了平台建设和运行服务工作。对于珠三角地区的区域创新体系建设来说，科技创新平台建设可谓重中之重，其为中小企业提供技术服务的作用不容忽视。一方面，政府要明确科技创新平台的作用，重视创新平台的建设，加强政策跟进，将其上升到战略层面，构建保障科技创新平台发展的政策体系。另一方面，继续坚持"政府主导，多方共建"的原则，开展多种建设模式，将平台建设与产学研合作紧密相连，为中小企业提供技术集成、工艺配套、信息和技术开发等服务。

三　推动全域合作创新

行政区划是珠三角一体化最核心的制约因素，打破行政区划的壁垒，在技术创新方面鼓励全域合作，有利于提高区域整体创新水平，促进区域整体快速发展。珠三角城市群逐渐向网络化城镇体系转变，但广州、深圳等优先发展城市的创新能力较强，其他城镇仍有较大差距，区域内创新资源共享效率不高，无法满足珠三角区域创新系统的形成与发展，因此要克服行政区划的消极作用，集聚创新资源，整合创新要素，鼓励全域合作创新，配合区域一体化发展。一方面，政府可以结合区域创新特色，引入科研项目，在珠三角区域内集聚高校培养的应用型人才与各个行业的技术人才，给予相应的政策、财政支持，助推创新成果的产出。另一方面，可以鼓励科技创新企业以及各类研究机构，以加快某一技术领域的创新为目的，自发组建合作创新组织，该组织可以向多个企业提供创新项目，企业也可以根据自身需求选择不同的创新项目，以此来不断推动技术创新活动的发展。

第十四章
武汉城市群域经济体区域创新能力
提升对策

武汉城市群域经济体区域创新系统存在一些问题，包括综合创新能力不平衡现象突出、创新效率呈现明显的两极分化、创新产出能力低、自组织反馈的学习机制容易封闭等。区域创新能力提升的对策主要包括区域创新环境优化策略以及区域机制优化策略，然后根据自组织反馈机制的学习类型的特点，总结出要注重封闭系统主导产业的发展，以主导产业促进武汉群域经济体区域创新水平提高的创新模式。

第一节　区域创新环境优化对策

良好的区域创新环境能够为一个城市圈的长远发展奠定良好的基础。创新环境由基础设施环境、创新资源环境、社会文化环境、制度与政策环境构成，而这些要素的合理配置及优化又关系到武汉城市圈的长远发展，所以，做好这几个方面的工作能够为武汉城市圈发展提供一定意义上的借鉴。

一　区域创新基础设施环境

1. 营造有利于完善基础设施的环境

基础设施的更新改造完善关系到武汉城市圈的长远发展，是城市圈进行创新创造活动的物质载体。应在机场、公路、铁路、航运、水运等交通基础设施，大数据研究中心等信息基础设施，人工智能研发平台以及新能源等科技基础设施等方面加大投入力度，保证促进城市圈发展的资源自由顺畅地进入和流出，优化资源供给，提高资源配置效率，为城市圈内创新主体创造尽可能多的优质资源，进而激发他们的创新活力。

2. 完善各种基础设施网络

根据《武汉市城市总体规划（2010—2020年）》，着重建设以武汉为中心的路网，加强城市圈内各主要城市之间的连接。为此，要注重中心城市与周边城市在公路、铁路、航道、港口等基础设施建设方面的协同化，实现群域经济体内交通联系的"高速化"和"城际化"。

第一，抓住机遇优先建设信息基础设施网络。以互联网为核心的新一轮信息科技革命为武汉城市圈的发展提供了良好的发展机遇，是提高信息传输速度以及质量的关键，因此应该健全有关信息基础设施网络。要完善综合化、智能化、人性化、高速化的信息网络架构，加快推进落实"武汉城市圈信息高速公路"建设规划，实现区域内有关信息资源的共享，降低信息沟通交流的成本。

第二，建设独具特色的物流网等交通基础设施体系建设。虽然鄂州整体区域基础设施环境综合水平的得分不高，但可以抓住建设以顺丰物流为代表的物流交通基础设施的机遇，为鄂州打造华中最大电商物流中转基地创造良好的条件。这样既可以实现各种资源自由配置，又可以满足消费者建设商品需求网络和商品供给网络的需求，增强武汉城市圈商贸的吸收能力和辐射能力，以鄂州为起点连接周边地区，着力建设长江流域最大的商品集散地、商贸中心以及现代物流中心。

二 区域创新资源环境

1. 打造国内人才资源高地

对于一个城市来说，最重要、最难得的是支撑一个城市长远发展的人才资源。实行"城市合伙人计划"，吸引高科技人才、创新投资家、专家学者等创新主体投入城市发展的建设，结成利益共同体、奋斗共同体以及成长共同体，共担风险，共赢未来，努力把武汉城市圈打造成长江流域乃至全国的创新、创业乐园；依照市场原则引进高端人才并给予差别化的补助，对获得A轮融资的创新创业企业引进科技精英、科技行业高管、行业领军人才等给予一定的财政补贴或税收优惠；实行"千企万人"计划，鼓励各企业引进创新创业科技人才；充分发挥"华创会""新侨沙龙"等品牌作用，建设高知名度的创新创业交流平台，如"高创会"，在高新技术、先进行业发展迅速的西方发达国家建立创新人才交流中心，建立覆盖全球的人才信息数据库。

2. 建设国外人才聚集港湾

为海外留学归国人才创业提供良好的环境，积极推进海外人才储备库建设，培育一批专业化、国际化的人才中介服务机构；对符合条件的海外创新成果突出的高层次人才，可以打破职称上的限制，破格聘任；放宽外籍人才来武汉等城市办理定居的条件，简化居住证、人才签证以及外国专家证的办理手续；为海外专家学者、高层次人才办理养老保险、医疗保险、交通保险等，并给予生活上的补贴，解决他们的后顾之忧；建立国内外专家学者定期出国进行学术交流的机制，放宽出行限制，增加出行时长，丰富学术交流项目。

3. 发挥金融资源对创新的支撑作用

创新离不开投入，投入需要金融的支持。努力打造以武汉为代表的"天使之城"，打造多层次融资市场，促使发明专利、金融资产、固定资产等各类要素资源市场发展，支持科技型、创新型企业在主板、新三板、创业板、科技版上市，加快武汉股权托管交易中心发展；创新财政资金的投入方式，实行"后补助""间接补"等方式，利用金融工具，发挥财政资金的杠杆效应；各市设立市级天使投资母基金，同时同比例向全社会募集资金建立子基金，由发改委统一监管，交由第三方机构独立操作运营；为天使投资人来武汉等城市投资创新科技企业创造一切可能的条件，支持组建"长江天使汇"等天使投资俱乐部；落实对天使投资等相关主体的减税政策，完善鼓励风险投资、天使投资、股权投资、并购等基金的集聚发展政策，并提供法规文件支持。

三　区域创新政策与制度环境

1. 深化教育体制改革助力创新

深化创新教育体制改革，着重建设世界一流大学。一个地区能否实现长远发展，关键在于地区高等创新教育发展的好坏，助力武汉大学、华中科技大学建设世界一流大学，为武汉城市圈发展提供人才支撑。支持武汉大学、华中科技大学与世界一流大学建立合作机制，如共建实验室、创办国际合作教学机构、高层次人才定期交换等；支持城市圈内的高校推进教学体制改革，建立创新学院、博雅学堂以培养综合型人才；探索实行校董会、教授治校等行政、教学改革，扩大高校自主权；按照"新人用于新平台，新机制配置新资源"的原则，集中力量打造一批顺应时代发展的新学科，满足市场的发展需求；设立学术大使制度，吸引优秀的创新企业家、科学家、教授、知名学者等时代领航者来武汉、黄石、仙桃、黄冈等地讲演，并开办世界一流的学术讲堂，创办一流学术期刊；同时逐步推进职业教育体制改革，形成完整的创新教育体系。改变职业教育学院的办学体制和机制，探索职业教育"双轨制"，重点建设一批有创新教育传统的职业院校，如湖北职业技术学院、鄂州职业大学等，加快构建职业教育体系。

发挥武汉城市群域经济体科研院所的比较优势，深化各方面改革，增强整体竞争力。根据国家发展的战略需求，可部署和建设国家"大科学工程"项目，集中武汉城市圈内的高校，尤其是武汉大学、华中科技大学、中科院武汉研究所等高校及研究机构，主动争取国家实验室、大科学工程项目、多学科综合研究中心等基础性的科研项目扎根在武汉城市圈内，建设一流的特种实验研究所、创新研究院以及大科学研究中心。深化对科研院所进行的分类改革，争取逐步建立现代科研院所的管理体制机制，扩大科研院所的自主管理权以及院所内科研人员申报自主权，实行按劳分配、绩效考核的管理体制，奖励做出突出贡献的科研人员。对前沿性和竞争性的科研院所实行政府补助、科研项目经费、对外技术服务收费三方融合的办法，提高科研院所的收入。探索建立科研院所联盟，以市场需求为导向、企业为主体、政府为后盾，组织重大科技专项攻坚和协同化研究。

2. 营造优越政务环境支持创新

深化有关科技创新企业的行政审批制度改革，包括股权安排、创新项目支持等。对涉及初创的科技企业、有融资需求的科技企业、创投科技项目、高科技服务项目等，可建立负面清单制度，向全社会公布，不需要逐级审查和申报，提高办事效率；针对创新创业企业的股权激励架构转变需登记的繁琐规定，可根据各地实际情况允许股东之间在法律允许的范围内自由协商转让，不必到工商管理部门报批，但是，工商管理部门对一些申请文件涉嫌造假的企业，要严格依法对其报送材料进行实地审查。

四　区域创新文化环境

1. 注重培育高校创新文化

鼓励在校大学生勇于创新，敢于创新，不惧失败。武汉城市圈是我国重点高校的集聚地，具有除北京、上海之外的全国第三大高校集聚区的比较优势。特别是以华中科技大学、武汉大学、武汉理工大学、武汉科技大学、湖北大学等为代表的一大批重点高校，聚拢了全国众多的优秀青年人才，包括在校学生以及青年骨干教师，这些青年人才在年龄结构、知识素养、跨学科融合、创新创意、视野眼界等方面具有很大的优势，应该创造一切可能的条件激发他们的创新活力。同时，做好宣传工作，让全社会对创新创业人才有一种包容的情怀。偶尔的一次失败不代表永远的失败，只要不断反思、善于学习，一定能够在创新创业的道路上取得一定的成绩。

2. 推进大众创业，万众创新

营造良好的创业教育环境。与城市圈内的其他大学合作建立支持大学生创新发展的创业学院，定期邀请国内外知名的创新科技企业家、天使投资人到武汉等地讲授创新创业课程，使高校青年在走出校门之前接受系统的创新教育，增强有创新潜质人才的创新创业意愿，提高创新创业成功的概率。

提供有利于推进"双创"的环境条件。尽最大可能激发在校青年大学生、院校研发人才、企业高管以及留学归国人员等创新主体的创业热情，抓住当前互联网创新创业的浪潮，重点培育一大批具有创新潜力的创新主体、建设创新载体、保障创新投资机会、繁荣创新交易市场；结合城市更新的背景，鼓励全社会投资一批全透明、全要素、低成本、便利化的孵化器载体，如创客空间、创新工场、创业咖啡等，城市圈内的其他城市可参照武汉环东湖高校众创圈、大东湖创客带，建设适合自己的众创空间，同时鼓励扩大各类现有孵化器的规模，进行自我升级；对已经成立的创新企业或者组织可给予一定的优惠，如税收减免、房租补贴、宽带网络免费提速、人才公寓等。

第二节 区域创新机制提升策略

武汉群域经济体需要寻找一个适合其创新发展的体制机制，该体制机制要符合武汉城市圈发展的长远利益，而且要有助于圈层内其他城市因地制宜地找到创新发展路径。对比发现，武汉城市圈的产业发展是典型的轮轴式国家推动型，其特征是在政府的规划引导下形成并发展的。而它的创新机制需要在传统产业集群与高新技术产业集群的基础之上下功夫。这需要政府、企业、社会个体等创新主体发挥积极作用。

一 创新主体

1. 发挥企业在创新过程中的决定性作用

虽然武汉城市群域创新主体由企业、科研院所、各级政府以及中介等部分组成，但是必须强化企业在创新过程中发挥决定性作用的观念。企业应在资源配置、研发方向选择、研发人员选聘等方面具有自主选择权，应该引导所需的资源按照市场原则向企业集聚，使企业真正成为自负盈亏、自主选择、自我创新的主体；大力支持企业根据自己的实际情况成立自己的研发机构，争取实现高新技术研发机构全覆盖；尽快根据实际情况调整高新技术企业的认定标准，把高新技术服务企业纳入高新技术企业目录，争取培育引领创新浪潮的标杆性科技企业。

2. 为企业发挥创新决定性作用提供财政支持

降低政府对高新技术企业的采购门槛。支持在必要的情况下扩大对中小科技创新型企业的采购比例，制定对创新产品的认定办法，对首次投放市场的产品采取首购政策，可通过竞争性采购、竞争性磋商、单一来源采购等形式来实施首套采购；对高端智能装备首套被采购的企业给予一定的政策优惠，制定一套切实可行的推广方案，激发其他创新企业的积极性。

改革财政专项基金运行管理方式。建立普惠性财政税收政策，改变对企业的支持方式，由直接的项目申报、项目审批改为间接的投入方式，如"后奖励""后补助"等；对政府科技、产业等财政性基金的运作方式进行整合改革，集中力量办大事；推进政府财政性资金的无偿划拨方式转变为政府引导型基金和股权投资模式；完善企业研发费用的计核方法，并调整目录管理的方式，扩大免征范围；落实国家调整有关投资创新企业的限制规定的政策措施，在合理而可能的范围内允许有限责任的创新投资企业的法人享有抵扣税收的优惠政策。

二　创新服务支撑机制

1. 注重创新配套服务

完善创新创业配套服务机制。虽然武汉、鄂州、黄冈以及黄石等城市圈内城市 DEA 规模效率值投入产出效果较优，但是也要继续在创新配置方面加大投入以提高创新产出。首先，综合运用政府转移支付、政府购买、无偿资助、政府奖励等形式，鼓励支持工业设计、质量检测、电子商务、人工智能、云计算等创新创业服务平台建设。其次，注重创客网络共享空间建设，实现信息资源网络共享。通过政策集成和创新，实现线上和线下、创新和创业、投资和创业相融合，为创新创业者、投资者等众多的参与者创造一个良好的服务平台，使武汉城市圈真正成为创新创业者的乐土。最后，探索实施科技券制度，鼓励中小企业加强创新研发和投入，提升科技转化的效率和水平。

2. 发挥政府对创新的支持作用

加快推进公共数据资源共享。推进政府大数据建设，实现政府部门之间信息共享无障碍，提高部门之间沟通的效率；在数据资源安全的情况下，可把数据迁移到"政务云"，鼓励有条件的企业对政务数据进行挖掘；加快推进智慧城市的建设步伐，深入开展智慧交通、智慧医疗、智慧产业、云计算等方面的工作。

把以创新驱动为导向的评价机制和考核办法确立下来，把创新成果纳入官员升迁考核评价。把科技创新、产业转型升级、知识创造纳入区域创新评价指标体系，将其编入国民经济及社会发展规划，定期对各地区创新发展水平进行评估，并对全社会公布评估结果；各地区探索建立"创新结果豁免制度"，对地区主要负责人在重大科技创新决策方面所产生的结果，只要是客观原因造成的，都享有法律上的免责权，让决策拍板者无后顾之忧。

由主导创新转向服务创新。这需要政府官员转变工作观念，认识到自己只是"裁判"，而不能既充当"裁判"又充当"球员"，可设立专门的服务创新机构，不干涉企业具体的创新经营活动；共享武汉城市圈内其他城市有关创新的信息，建立健全共享信息机制平台；需要树立高效、透明、专业、智能的愿景，加强政府组织架构、运作模式以及服务方式的创新，打造扁平高效的政府。

三　创新学习机制

1. 群策群力共同创新

发挥智库的决策支撑作用。聚合社会上的各类资源，将高校教授、明星企业经营管理者、政府负责人、科研院所负责人等组成不同类型的智库，为政府制定创新相关的政策提供智力支持；规范各类智库发展，积极与国际著名的智库机构对接，探索与它们之间的沟通交流合作机制，提升自己的决策水平；同时鼓励各类智库积极参与城市圈的经济发展建设，尤其是创新发展，为区域创新水平的提高贡献自己的力量。

2. 树立学习标杆

武汉城市群域经济体作为自组织反馈型的学习组织，在一定程度上是封闭的，闭环的创新学习机制要树立标杆发挥先锋旗帜作用。无论是产业集聚还是区域创新，都离不开标杆性的产业创新示范区及城市，这对促进产业集聚以及提升区域创新水平都具有很好的示范作用。首先，武汉城市群要实现2030年之前培育出世界排名前500名的高新技术企业的目标，必须向高科技企业学习先进的管理经验，尤其是学习先进的研发经验，进行科技交流和合作，共同促进技术进步。其次，要建成国家级示范性的创新城市必须促进创新示范区建设。武汉要以全国甚至世界著名的创新示范区为标杆，在创新示范区规划、管理等方面进行深入学习，争取在2030年进入副省级城市创新能力前三名。最后，要向创新投入产出较高的城市学习。如孝感市创新投入改进率达 -63.63%，咸宁市的投入改进率也达到 -25.13% 以下，创新成果转化率不高，需要向创新产出较高的城市如武汉、黄冈以及黄石等城市学习，避免城市圈内创新的不协调。

四　创新传导机制

1. 通过创业活动扩大影响力

面向高校大学生组织"创新创业计划""青桐计划"等创新创业活动，对休学创业的青年学生提供合理帮助。可根据实际情况在高校开设创新创业课程，营造良好的创新创业氛围；定期举办创新创业周、科幻节等主题鲜明的活动，邀请国际国内知名的创业者、创业导师开展主题演讲，营造一种浓郁的创新氛围；定期举办创新创客营、创业大赛、创新成果展、创客马拉松等活动，争取让武汉城市圈尤其是武汉成为海内外创新创业人才的汇集地、创新创业成果的集散地。

2. 建设好创新渠道

完善的创新扩散渠道能够最大可能地促进创新成果的传播与转化。首先培育促进渠道发展的良好环境。支持科研院所、高科技企业、高等院校建立协同发展研究中心，争取来自国家更多的支持，积极构筑省区市合作、军民融合等多方合作的平台。支持企业与科研院所共建优势学科及专业、技术转让中心、成果转化平台、创新创业科技园等；推动建立科技创新资源共同开发、共同利用的机制，集合区域内优势资源，集中力量解决重大科技难题，并共享创新成果；支持有条件的科研企业、高等院校建立大型科技设备、基础设施等资源的租赁平台、后援服务平台。

第三节　区域创新模式的构建——主导产业牵引创新模式

武汉城市群域经济体具有轮轴式国家推动型产业集群——圈层城市群耦合发展的经济发展特点。产业集群的发展离不开圈层城市群这一载体，圈层城市群的圈层化、中心极化也给区域经济体产业集群的发展带来了新的特色，即国家推动型产业集群需要在不同圈层城市之间寻找到合适的发展定位，如店厂模式、总部模式、分家模式、产业链模式等模式。这就为探寻武汉城市群域经济体的区域创新发展模式、实现区域经济发展的持续快速发展创造了条件。

主导产业牵引创新模式是在群域经济体范围之内，依靠基础较好的传统产业，在做大做强传统产业的同时，实现传统产业的转型升级。同时，要注重发挥好传统产业的基础效应，带动并刺激其他产业的发展，尤其是高新技术产业的发展。总之，注重主导产业对其他产业的影响，反过来其他产业又进一步促进主导产业的做大做强，实现产业之间的深度融合。要实现主导产业牵引创新的发展模式，必须要发挥好主体产业、政府政策以及新兴产业的重要作用。为此，可从主导产业的基础性作用、政府的中间桥梁作用、新兴产业的刺激性作用这三个方面分析武汉城市群域经济体的创新发展模式，提出建设性建议。

一　注重传统产业的基础性作用

1. 注重群域经济体产业集群资源的优化配置

充分发挥主要城市产业极化效应，注重城市圈内既有资源的优化整合。首先，城市圈内资源分配相对集中，可明确不同地区的资源优势，提升产品附加值，避免同质化发展。如黄石利用丰富的煤矿等矿产资源，为城市群域经济体发展提供能源支持；鄂州形成了以轻工、电子、化工、建材、医药、服装等为主体的工业体系，可与城市群域经济体的核心圈层实现对接。其次，孝感、咸宁综合效率值分别为 0.320、0.741，即现有发展规模与最优发展规模之间存在较大差距，表明其创新效率是相对降低的，应在逐步完善工业体系、创新体系等国民经济发展体系的同时，利用其作为湖北地区重要的优质农产品生产基地的区位优势，为武汉城市群域经济体发展提供基本的粮食支持。最后，天门、潜江以及仙桃也具有非常丰富的自然资源，也应实现一定程度上的差别化发展。另外，不可忽视的是，要改变因产业群植入造成周边城镇落后的面貌，避免"灯下黑"。中心城市发展带来集群优势的同时，也造成了中心城市边缘区发展的滞后。为此，应给予一定的政策倾斜，如承接产业的转移、做好中心城市的后勤支援工作等，带动整个城市圈的发展。

2. 继续增强汽车产业集群的辐射带动作用

汽车产业是武汉城市群域经济体的重要支柱型产业，具有很强的产业集群根植性。要充分利用好汽车这一成熟的龙头产业，重点带动发展汽车的上下游产业，实现汽车行业链条的完整性、价值溢出性。首先，充分发挥龙头汽车行业的横向带动作用，如美国通用汽车公司在江夏区设立工厂，带动了周边地区

30 多家的配套厂商落户，健全了当地的汽车行业的发展链条。其次，充分发挥龙头汽车行业的纵向带动作用。成熟的汽车产业集群能够促进前向一体化和后向一体化的发展，如可带动汽车配件、汽车服务、汽车金融、汽车销售等其他产业的发展。最后，汽车产业集群的辐射带动作用也能够继续发挥中心城市的极化引领作用。汽车产业集群是武汉城市群域经济体的龙头产业，依托于成熟的中心城市武汉，也必将继续增强武汉在城市群域经济体中的辐射带动作用，形成一个正的反馈循环。

二　注重政府的中间桥梁作用

1. 注重对知识产权的保护和管理工作

要保护好主导产业、新兴产业的发展环境，必须注重对知识产权的保护，发挥政府的中间桥梁作用。对侵犯有产权保护的企业可实行快速追责制度，保障原创知识产权企业的合法权益，各地根据具体情况建立知识产权保护法院或者设置专门的保护法庭"武汉城市圈知识产权法院"；建立健全多元利益主体产权纠纷调解机制，为解决国内高科技企业产权纠纷以及"走出去"面对国外的产权侵犯，建立预警机制、提供法律咨询、组织海外维权。

建立健全知识信用管理制度。各地根据自身情况完全下放或者部分下放知识产权质押登记权利，建立知识产权市场融资风险补偿机制，简化知识产权流动、融资、入股、抵押等流程，推进建设知识产权证券化、资本化试点；加强与全球知名的创投基金、风投基金、互联网公司、创新技术推广应用公司等利益主体合作，加快构建国际化、专业化、市场化的合作平台，切实保障各方利益；建立技术交易平台，培养具有专业知识的高新技术推广队伍，立足武汉，面向整个城市圈，争取打造长江经济带技术服务转移中心，进而成为面向全国的技术服务中心。

2. 营造创新发展环境与机制

加强对创新舆论的引导。要在全社会形成一种敢为人先、不怕失败、包容失败的创新创业精神，这应该是对创新创业者最大的鼓励。应在全社会树立连续创业者的典型，鼓励向他们学习；重视科学的普惠与宣传，形成全社会尊重知识、尊重科学的良好氛围；注重传统媒体与新兴媒体的融合，增强主流媒体宣传科技创新的影响力、公信力和舆论引导能力；积极推进现代科技与传统文化相融合，打造标杆性的科教文化示范区。

建立创新驱动协调发展机制。作为武汉城市圈创新中心城市的武汉，可率先成立创新驱动委员会，委员会成员由研发机构负责人、高校负责人、国家重点实验室负责人以及创新企业负责人等组成，定期召开研讨会，把握科技发展的潮流趋势；同时委员会可下设专门的投资筹划、新产业创新发展规划、城市合伙人计划、"互联网＋"计划等专门的办公室或者委员会，负责具体的事务执行；武汉可与国家相关部门进行工作对接，争取更多支持，同时建立协调机制，争取使武汉成为国家首批系统全面创新改革试验城市，进而带动城市圈内其他城市的发展；发挥地方在涉及创新创业方面的立法保障、司法解释的作用。

三　发挥新兴产业的刺激性作用

1. 以新兴产业刺激主导产业升级

新兴产业尤其是高新技术产业的迭代升级，能够激发以汽车产业为代表的主导产业的优化升级。近年来，尤其是国家发改委于 2007 年 10 月批复武汉城市圈"两型社会"建设综合配套改革试验区之后，注重环境保护的声音就越来越强。虽然以主导产业汽车为代表的产业集群为武汉城市群域经济体的发展做出了不可磨灭的贡献，但是生产的汽车大多还不是以清洁能源为主的车型，而是随着社会的发展进步必然会淘汰的高能源消耗车型。这就为传统汽车产业转型升级带来了挑战，也就要求必须加强对新能源汽车的研发投入，巩固主导产业的优势地位。

2. 加快推进战略性新兴产业发展

推进战略性新兴产业发展不仅是为了获取先进产业的先发优势，也可以达到与主导产业相互配合、相得益彰的效果。对比其他两大城市群的创新效率，武汉城市圈综合创新效率平均值为 0.852，为三大群域经济体最低。推进战略性新兴产业发展有助于提升城市群整体技术创新效率，为赶超其他地区先进产业的发展水平，必须坚持市场需求为导向，集中力量打造信息科学技术、生命医疗健康以及智能机械制造三大战略性新兴产业，支持创建一批国家级产业创新研究中心，力争在国家产业创新体系的建设中成为重要一极。在信息科学技术产业方面，重点布局移动互联网、物联网、集成电路以及全光网络等领域，推进武汉新型存储芯片研究开发基地建设，筹划建设大数据、云计算等新兴产业集群；在生命医疗健康方面，重点发展生物医药、生物制造、生物农药以及医疗器械等产业，加快推动基因测序、干细胞与再生医学、仿生科技、靶向治疗等先进科技的发展，支持针对重大疾病的医疗器械和药物研发，努力打造国家级健康医疗产业中心；在智能机械制造方面，联合高等院校、科研院所、科技企业在人工智能领域推进快速发展，实现智能家居、智能汽车、智能机器人、智能船舶以及无人机等行业的发展，打造全国重要的智能产业装备集群。

参考文献

1. 〔德〕阿尔弗雷德·韦伯：《工业区位论》，李刚剑等译，商务印书馆，1997。

2. 安虎森：《新产业区理论与区域经济发展》，《北方论丛》1998年第2期。

3. 〔美〕安纳利·萨克森宁：《地区优势：硅谷和128公路地区的文化与竞争》，曹蓬等译，上海远东出版社，2000。

4. 〔美〕保罗·克鲁格曼：《地理与贸易》，张兆杰译，北京大学出版社，2000。

5. 本特－奥克·伦德瓦尔：《国家创新系统：建构创新和交互学习的理论》，李正风译，知识产权出版社，2016。

6. 陈春燕：《高耗能产业群循环经济发展的系统动力学模型和仿真研究》，昆明理工大学硕士学位论文，2015。

7. 陈丹宇：《区域创新系统研究的回顾与评述》，《科技进步与对策》2007年第8期。

8. 陈德宁、沈玉芳：《区域创新系统理论研究综述》，《生产力研究》2004年第4期。

9. 陈建军、杨飞：《产业集群价值链升级与县域经济转型升级——以浙江省块状经济与工业大县为例》，《产业经济评论》2014年第3期。

10. 陈杰：《中地推出自主全品类MapGIS 10.2——助力云GIS平台真正落地》，《中国科技财富》2016年第9期。

11. 陈劲、陈钰芬、余芳珍：《FDI对促进我国区域创新能力的影响》，《科研管理》2007年第1期。

12. 陈黎：《区域创新能力的形成与提升机理研究》，华中科技大学博士学位论文，2011。

13. 陈柳钦：《产业集群与区域创新体系互动分析》，《重庆大学学报》（社会科学版）2005 年第 6 期。

14. 陈佳贵、王钦：《中国产业集群可持续发展与公共政策选择》，《中国工业经济》2005 年第 9 期。

15. 陈晓明：《辽中南城市群城市竞争力实证分析》，《安徽农业科学》2009 年第 10 期。

16. 陈伟军：《浙江省 11 个地市的区域创新能力研究》，《中国商贸》2014 年第 8 期。

17. 陈雁云、朱丽萌、习明明：《产业集群和城市群的耦合与经济增长的关系》，《经济地理》2016 年第 10 期。

18. 陈章喜：《论珠三角城市群的组团式发展》，《开放导报》2006 年第 1 期。

19. 程玉鸿、田野：《大珠三角城市群一体化演进状况评估》，《城市问题》2016 年第 12 期。

20. 仇保兴：《发展小企业集群要避免的陷阱——过度竞争所致的"柠檬市场"》，《北京大学学报》（哲学社会科学版）1999 年第 1 期。

21. 代明、张晓鹏：《基于 DEA 的中国创新型城市创新绩效分析》，《科技管理研究》2011 年第 6 期。

22. 党兴华、赵璟、张迎旭：《城市群协调发展评价理论与方法研究》，《当代经济科学》2007 年第 6 期。

23. 邓焕彬：《珠三角区域一体化下交通协调发展研究》，清华大学博士学位论文，2012。

24. 丁俊、王开泳：《珠三角城市群工业生产空间的时空演化及驱动机制》，《地理研究》2018 年第 1 期。

25. 段姗、蒋泰维、张洁音、王镓利：《区域企业技术创新发展评价研究——浙江省、11 个设区市及各行业企业技术创新评价指标体系分析》，《中国软科学》2014 年第 5 期。

26. 杜龙政、常著：《中国十大城市群产业结构及产业竞争力比较研究》，《地域研究与开发》2015 年第 1 期。

27. 〔意〕G. 多西等:《技术进步与经济理论》,钟学义等译,经济科学出版社,1992。

28. 樊霞、朱桂龙:《基于 DEA 的区域创新网络创新效率评价——以广东省为例》,《科技管理研究》2009 年第 5 期。

29. 费潇:《环杭州湾地区空间网络化发展特征分析》,《地域研究与开发》2010 年第 4 期。

30. 冯更新:《中部地区城市群一体化发展研究》,《城市》2013 年第 1 期。

31. 冯勤、沈斌:《区域创新网络与浙江省块状经济的互动研究》,《浙江经济》2004 年第 10 期。

32. 符文颖、李郇:《企业创新与产业升级——珠江三角洲(广州、东莞)电子企业问卷调查报告》,《南方经济》2010 年第 1 期。

33. 傅允生:《专业化产业区的结构、功能与发展前景》,《财经问题研究》2003 年第 9 期。

34. 方创琳:《中国西部地区城市群形成发育现状与建设重点》,《干旱区地理》2010 年第 5 期。

35. 方永恒:《产业集群系统演化研究》,西安建筑科技大学博士学位论文,2011。

36. 付丹、李柏洲:《基于产业集群的区域创新系统的结构及要素分析》,《科技进步与对策》2009 年第 17 期。

37. 伏晓玮:《广西北部湾产业群与城市群的耦合发展研究》,广西大学硕士学位论文,2013。

38. 高丽娜、张惠东:《集聚经济、创新溢出与区域创新绩效》,《工业技术经济》2015 年第 1 期。

39. 盖文启、王缉慈:《论区域创新网络对我国高新技术中小企业发展的作用》,《中国软科学》1999 年第 9 期。

40. 龚荒、聂锐:《区域创新体系的构建原则、组织结构与推进措施》,《软科学》2002 年第 6 期。

41. 龚青松、厉华笑:《经济发达地区小城市群发展初探——浙江省小城镇群规划示例》,《城市规划》2002 年第 4 期。

42. 谷永芬、洪娟：《城市群服务业集聚与经济增长——以长三角为例》，《江西社会科学》2013 年第 4 期。

43. 顾建光：《依托"中心镇"城市化的新策略研究》，《经济体制改革》2015 年第 2 期。

44. 顾新：《区域创新系统的运行》，《中国软科学》2001 年第 11 期。

45. 郭凤城：《产业群、城市群的耦合与区域经济发展》，吉林大学博士学位论文，2008。

46. 郭金喜：《传统产业集群升级：路径依赖和蝴蝶效应耦合分析》，《经济学家》2007 年第 3 期。

47. 郭荣朝、苗长虹、顾朝林、张永民：《城市群生态空间结构演变机理研究》，《西北大学学报》（自然科学版）2008 年第 4 期。

48. 郭元源、池仁勇、丁峥嵘：《浙江省区域持续技术创新能力浅析》，《经济论坛》2004 年第 16 期。

49. 郝东恒、赵淑芹、王殿茹：《环渤海西岸城市群土地空间承载能力评价》，《统计与决策》2008 年第 8 期。

50. 郝生宾、于渤：《企业技术能力与技术管理能力的耦合度模型及其应用研究》，《预测》2008 年第 6 期。

51. 何传启、李宁、张凤等：《第八讲 面向知识经济时代的国家创新体系》，《刊授党校》1999 年第 7 期。

52. 何骏：《长三角城市群产业发展的战略定位研究》，《南京社会科学》2008 年第 5 期。

53. 何添锦：《浙江产业群与城市群协同发展对策》，《中国国情国力》2012 年第 1 期。

54. 黄洁、峇涛、张国钦等：《中国三大城市群城市化动态特征对比》，《中国人口·资源与环境》2014 年第 7 期。

55. 黄金川、方创琳：《城市化与生态环境交互耦合机制与规律性分析》，《地理研究》2003 年第 2 期。

56. 黄鲁成：《宏观区域创新体系的理论模式研究》，《中国软科学》2002 年第 1 期。

57. 黄鲁成：《区域技术创新系统研究：生态学的思考》，《科学学研究》2003年第2期。

58. 黄瑞芬、王佩：《海洋产业集聚与环境资源系统耦合的实证分析》，《经济学动态》2011年第2期。

59. 胡凯、朱惠倩：《我国区域创新体系：基于DEA的绩效评价》，《商业研究》2009年第5期。

60. 胡明铭：《区域创新系统理论与建设研究综述》，《外国经济与管理》2004年第9期。

61. 胡志坚、苏靖：《区域创新系统理论的提出与发展》，《中国科技论坛》1999年第6期。

62. 何晖：《武汉产业集群研究》，华中师范大学硕士学位论文，2006。

63. 何骏：《长三角城市群产业发展的战略定位研究》，《南京社会科学》2008年第5期。

64. 姜江：《长株潭产业集群创新系统研究》，中南大学博士学位论文，2013。

65. 江蕾：《基于自主创新的区域创新体系建设研究——以浙江省为例》，同济大学博士学位论文，2008。

66. 金贵等：《武汉城市圈国土空间综合功能分区》，《地理研究》2017年第3期。

67. 嵇世山：《产学研资深度融合创新创业齐头并进——清华大学在珠三角区域的创新创业孵化体系建设》，《中国经贸导刊》2017年第1期。

68.〔英〕克里斯托夫·弗里曼：《技术政策与经济绩效：日本国家创新系统的经验》，张宇轩译，东南大学出版社，2008。

69. 李翠鸿：《山东半岛产业集群与城市群互动发展研究》，山东师范大学硕士学位论文，2008。

70. 李海婴：《加快发展武汉汽车工业的思考及对策》，《武汉理工大学学报》2004年第3期，第88页。

71. 李辉、李舸：《产业集群的生态特征及其竞争策略研究》，《吉林大学社会科学学报》2007年第1期。

72. 李娟、张硕：《试论经济转轨时期我国区域创新系统发展的模式选择》，

《工业技术经济》2003 年第 3 期。

73. 李凯等：《城市群空间集聚和扩散的特征与机制——以长三角城市群、武汉城市群和成渝城市群为例》，《城市规划》2016 年第 2 期。

74. 李娣：《欧洲西北部城市群发展经验与启示》，《全球化》2015 年第 10 期。

75. 李梦琦等：《基于 DEA 模型的长江中游城市群创新效率研究》，《软科学》2016 年第 4 期。

76. 李庆东：《企业创新系统各要素的相关性分析》，《工业技术经济》2006 年第 9 期。

77. 李庆华、王文平：《企业间知识分割与产业集群演化研究》，《技术经济》2006 年第 7 期。

78. 李文博：《物联网产业群发展的制约因素与多要素联动策略：以浙江杭州为例》，《科技管理研究》2016 年第 10 期。

79. 李晓莉：《大珠三角城市群空间结构的演变》，《城市规划学刊》2008 年第 2 期。

80. 李小建：《新产业区与经济活动全球化的地理研究》，《地理科学进展》1997 年第 3 期。

81. 李一曼等：《浙江三大城镇群空间组织与结构演变》，《经济地理》2016 年第 11 期。

82. 林文武：《浙江块状经济与城市化协调发展的制度创新研究》，浙江工业大学硕士学位论文，2008。

83. 林一木：《创新争先　富民优先——关于浙江实现"两个率先"目标的深层次思考与建议》，《浙江经济》2012 年第 13 期。

84. 林迎星：《中国区域创新系统研究综述》，《科技管理研究》2002 年第 5 期。

85. 刘德学、何晖：《珠三角城市群内部职能专业化的影响因素分析》，《产经评论》2015 年第 5 期。

86. 刘东林：《城市群与产业集群发展的互动机制》，《山东财政学院学报》2008 年第 5 期。

87. 刘和东：《中国工业企业的创新绩效及影响因素研究——基于 DEA - Tobit

两步法的实证分析》，《山西财经大学学报》2010 年第 3 期。

88. 刘明广：《珠三角区域创新系统的复杂适应性及演化机理》，《技术与创新管理》2013 年第 3 期。

89. 刘喆：《中原城市群发展思路研究》，《中国市场》2011 年第 32 期。

90. 刘哲明：《产业集聚过度、技术创新与产业升级——基于珠三角产业集群的研究》，《特区经济》2010 年第 8 期。

91. 刘振新、安慰：《珠三角城市群的形成与发展》，《同济大学学报》（社会科学版）2004 年第 5 期。

92. 刘华、王涛：《基于武汉城市圈区域创新体系的产业集群创新应用研究》，《鄂州大学学报》2009 年第 4 期。

93. 刘瑾、耿谦、王艳：《产城融合型高新区发展模式及其规划策略——以济南高新区东区为例》，《规划师》2012 年第 4 期。

94. 刘曙光、徐树建：《区域创新系统研究的国际进展综述》，《中国科技论坛》2002 年第 5 期。

95. 刘玉芬、张目：《基于 DEA 的西部地区高技术产业技术创新绩效评价》，《科技管理研究》2010 年第 13 期。

96. 柳卸林、胡志坚：《中国区域创新能力的分布与成因》，《科学学研究》2002 年第 5 期。

97. 柳卸林主编《21 世纪的中国技术创新系统》，北京大学出版社，2000。

98. 柳卸林：《区域创新体系成立的条件和建设的关键因素》，《中国科技论坛》2003 年第 1 期。

99. 罗守贵、甄峰：《区域创新能力评价研究》，《南京经济学院学报》2000 年第 3 期。

100. 罗守贵：《中国产城融合的现实背景与问题分析》，《上海交通大学学报》（哲学社会科学版）2014 年第 4 期。

101. 马远军：《城市群与产业集群互动的理论与实证》，南京师范大学博士学位论文，2009。

102. 〔英〕马歇尔：《经济学原理》，朱志泰等译，商务印书馆，2005。

103. 〔美〕迈克尔·波特：《国家竞争优势》，李明轩、邱如美译，华夏出版社，2002。

104. 梅良勇、刘勇：《产业集群与产业链耦合的产业承接及其金融支持——以武汉为例》，《金融理论与实践》2011 年第 5 期。

105. 梅志雄等：《近 20 年珠三角城市群城市空间相互作用时空演变》，《地理科学》2012 年第 6 期。

106. 苗青丽：《华为公司技术创新管理研究》，武汉理工大学硕士学位论文，2007。

107. 牟群月：《产业集群与城市群的耦合发展研究——以温台沿海城市群为例》，《特区经济》2012 年第 5 期。

108. 倪琳、邓宏兵：《武汉汽车产业集群化发展与竞争优势的经济学研究》，《特区经济》2007 年第 3 期。

109. 欧朝敏、刘仁阳：《长株潭城市群城市综合承载力评价》，《湖南师范大学自然科学学报》2009 年第 3 期。

110. 潘晓琳、田盈：《基于加权主成分分析的区域创新系统绩效评价模型研究》，《科技进步与对策》2009 年第 23 期。

111. 庞晶、叶裕民：《城市群形成与发展机制研究》，《生态经济》2008 年第 2 期。

112. 彭灿：《区域创新系统内部知识转移的障碍分析与对策》，《科学学研究》2003 年第 1 期。

113. 彭惜君：《〈纲要〉实施以来珠三角产业一体化进程研究》，《广东经济》2015 年第 8 期。

114. 彭小年：《关于促进河北城市群一体化发展的建议》，《经济论坛》2014 年第 3 期。

115. 齐亚伟：《我国区域创新能力的评价及空间分布特征分析》，《工业技术经济》2015 年第 4 期。

116. 齐志峰：《产业集群竞争力理论与评价方法研究》，吉林大学硕士学位论文，2006。

117. 丘晴、丘海雄：《珠三角创新的比较优势分析——基于制度嵌入性的视角》，《南方经济》2016 年第 3 期。

118. 乔彬、李国平：《城市群形成的产业机理》，《经济管理》2006 年第22 期。

119. 冉茂瑜、周彬、顾新：《"十五"期间四川区域创新能力研究》，《科技管理研究》2010 年第 2 期。

120. 任德亮等：《回忆"神龙"落户与武汉开发区的筹建》，《武汉文史资料》2008 年第 Z1 期。

121. 任胜钢、陈凤梅：《国外区域创新系统研究新进展》，《外国经济与管理》2006 年第 4 期。

122. 任胜钢、彭建华：《基于 DEA 模型的中部区域创新绩效评价与比较研究》，《求索》2006 年第 10 期。

123. 孙宏立：《我国中部地区城市群综合竞争力提升研究》，《河南社会科学》2013 年第 2 期。

124. 孙妍：《武汉城市圈产业集群发展研究》，中央民族大学硕士学位论文，2010。

125. 宋倩：《中原城市群产业结构优化研究》，天津理工大学硕士学位论文，2014。

126. 宋之杰、金婷：《基于产业集群的河北区域创新系统建设思路探析》，《燕山大学学报》（哲学社会科学版）2010 年第 1 期。

127. 苏长青：《创新型产业集群与创新型城市互动发展机制研究》，《中州学刊》2011 年第 6 期。

128. 苏瑜、万宇艳：《中部汽车产业集群案例分析》，《中国科技论坛》2010 年第 1 期。

129. 谭俊涛、张平宇、李静：《中国区域创新绩效时空演变特征及其影响因素研究》，《地理科学》2016 年第 1 期。

130. 谭啸：《中国城市群发展的区域比较分析——基于产业集群与城市群关联发展视角》，辽宁大学博士学位论文，2012。

131. 谭伟：《社会保障与区域经济的耦合时空变异特征研究》，《湖北社会科学》2011 年第 2 期。

132. 汤玲：《珠三角城市群产业分工与专业化演进机理研究》，暨南大学硕士学位论文，2012。

133. 童中贤、王丹丹、周海燕：《城市群竞争力模型及评价体系——中部城市群竞争力实证分析》，《城市发展研究》2010 年第 5 期。

134. 万庆、曾菊新：《基于空间相互作用视角的城市群产业结构优化——以武汉城市群为例》，《经济地理》2013 年第 7 期。

135. 万广华、范蓓蕾、陆铭：《解析中国创新能力的不平等：基于回归的分解方法》，《世界经济》2010 年第 2 期。

136. 万宇艳：《中原城市群与产业群耦合发展研究》，《地域研究与开发》2015 年第 3 期。

137. 王德禄：《区域创新——中关村走向未来》，山东教育出版社，1999。

138. 王传宝：《产业集聚与武汉城市圈"两型社会"建设》，《统计与决策》2009 年第 2 期。

139. 王核成、宁熙：《硅谷的核心竞争力在于区域创新网络》，《经济学家》2001 年第 5 期。

140. 王核成、林晓：《对浙江省自主创新能力的分析》，《统计与决策》2008 年第 4 期。

141. 王鹤:《珠江三角洲制造业集群竞争力研究》，暨南大学硕士学位论文，2005。

142. 王缉慈：《关于发展创新型产业集群的政策建议》，《经济地理》2004 年第 4 期。

143. 王缉慈等:《创新的空间——企业集群与区域发展》，北京大学出版社，2001。

144. 王巾：《基于创新效率视角的中小企业科技创新路径研究——以浙江省为例》，《改革与战略》2014 年第 6 期。

145. 王景荣、徐荣荣：《基于自组织理论的区域创新系统演化路径分析——以浙江省为例》，《科技进步与对策》2013 年第 9 期。

146. 王利军、胡树华、解佳龙、于泳波：《基于"四三结构"的中国区域创新系统发展阶段识别研究》，《中国科技论坛》2016 年第 6 期。

147. 王亮：《区域创新系统资源配置效率的演进规律与创新机制研究》，吉林大学博士学位论文，2008。

148. 王琦、陈才：《产业集群与区域经济空间的耦合度分析》，《地理科学》2008 年第 2 期。

149. 王瑞林：《产业集群形成与政策引导》，《陕西省行政学院、陕西省经济管理干部学院学报》2005 年第 4 期。

150. 王山河：《中国区域创新能力的省际差异研究》，《统计与决策》2008 年第 17 期。

151. 王士兰：《论浙江省中心镇的发展与建设》，《经济地理》2001 年第 S1 期。

152. 王晓玲：《世界大城市化规律及发展趋势》，《城市发展研究》2013 年第 5 期。

153. 王晓玲：《辽中南城市群发展阶段、特征与转型》，《东北财经大学学报》2013 年第 6 期。

154. 王祖强、应武波：《从强县经济到都市圈经济——浙江经济空间结构的转型升级》，《中共浙江省委党校学报》2010 年第 6 期。

155. 王祖强：《浙江空间经济新格局：都市圈的形成与发展》，《经济地理》2011 年第 1 期。

156. 魏守华、王缉慈、赵雅沁：《产业集群：新型区域经济发展理论》，《经济经纬》2002 年第 2 期。

157. 魏心镇、王缉慈：《新的产业空间：高技术产业开发区的发展与布局》，北京大学出版社，1993。

158. 温新民、刘则渊、王秀山：《创新中技术群、企业群聚集机制》，《科学学与科学技术管理》2001 年第 6 期。

159. 吴康敏、刘艳艳：《珠三角城市群内部空间相互作用研究》，《城市观察》2016 年第 2 期。

160. 吴勤堂：《产业集群与区域经济发展耦合机理分析》，《管理世界》2004 年第 2 期。

161. 吴忠培、董丽雅、苗娴雅：《产业集群的组织特征及其研究意义》，《华东经济管理》2006 年第 8 期。

162. 吴大进、曹力、陈立华：《协同学原理和应用》，华中理工大学出版社，1990。

163. 吴伟伟、梁大鹏、于渤：《技术管理与技术能力的双螺旋耦合模式研究》，《中国科技论坛》2009 年第 11 期。

164. 吴小波、曾铮：《"圈层"经济结构和我国区域经济协调发展——基于经济地理学产业集聚理论的分析框架》，《产业经济研究》2007 年第 2 期。

165. 肖清宇：《圈层式空间结构理论发展综述》，《人文地理》1991 年第 2 期。

166. 肖龙阶：《区域创新系统的构建应强化创新网络的功能》，《科技进步与对策》2003 年第 1 期。

167. 熊勇清、李世才：《战略性新兴产业与传统产业耦合发展研究》，《财经问题研究》2010 年第 10 期。

168. 许超：《基于产业集群的东北跨行政区域创新系统研究》，吉林大学博士学位论文，2008。

169. 徐玉莲、王玉冬、林艳：《区域科技创新与科技金融耦合协调度评价研究》，《科学学与科学技术管理》2011 年第 12 期。

170. 薛源：《成渝城市群产业结构演进与城镇化协调发展研究》，西南大学硕士学位论文，2016。

171. 许庆瑞、郭斌、王毅：《中国企业技术创新——基于核心能力的组合创新》，《管理工程学报》2000 年第 S1 期。

172. 许继琴：《基于产业集群的区域创新系统研究》，武汉理工大学博士学位论文，2006。

173. 〔英〕亚当·斯密：《国富论》，胡长明译，人民日报出版社，2009。

174. 杨大刚、王学锋、金琳：《船舶产业群与国际航运中心协同关系量化比较》，《中国航海》2014 年第 2 期。

175. 杨宏进、刘立群：《基于三阶段 DEA 的高校科技创新绩效研究》，《科技管理研究》2011 年第 9 期。

176. 杨剑、梁樑：《区域创新系统风险的理论综述》，《生产力研究》2009 年第 13 期。

177. 杨倩：《开放条件下推进制造业集群发展的区域创新系统研究》，武汉理工大学硕士学位论文，2007。

178. 杨小凯、张永生：《新兴古典经济学和超边际分析》，中国人民大学出版社，2008。

179. 杨续：《武汉汽车产业集群要素分析》，《当代经济》（下半月）2007年第10期。

180. 杨迅周、杨延哲、蔡建霞：《产业群与区域技术创新体系建设》，《地域研究与开发》2001年第2期。

181. 姚士谋等：《中国城市群》，中国科学技术大学出版社，1992。

182. 姚明明、吴东、吴晓波、范轶琳：《技术追赶中商业模式设计与技术创新战略共演——阿里巴巴集团纵向案例研究》，《科研管理》2017年第5期。

183. 于洪俊、宁越敏：《城市地理概论》，安徽科学技术出版社，1983。

184. 余丽霞：《金融产业集群对区域经济增长的效应研究》，西南财经大学博士学位论文，2012。

185. 闫利芳：《资源型城市创新系统运行机理研究》，内蒙古工业大学硕士学位论文，2013。

186. 杨艳琳：《武汉城市圈"两型"社会建设中产业发展的战略思考》，《学习与实践》2008年第5期。

187. 姚禄仕、赵萌：《基于超效率DEA模型的创新型企业创新绩效评价研究——以安徽省为例》，《财会通讯》2012年第36期。

188. 余斌、冯娟、曾菊新：《产业集群网络与武汉城市圈产业发展的空间组织》，《经济地理》2007年第3期。

189. 余斌、李星明、曾菊新、罗静：《武汉城市圈创新体系的空间分析——基于区域规划的视角》，《地域研究与开发》2007年第1期。

190. 于洪俊、宁越敏：《城市地理概论》，安徽科学技术出版社，1983。

191. 俞云峰、唐勇：《浙江省的小城市培育：新型城镇化战略的路径创新》，《中共浙江省委党校学报》2016年第2期。

192. 袁鹏、陈圻、胡荣：《我国区域创新绩效动态变化的Malmquist指数分析》，《科学学与科学技术管理》2007年第1期。

193. 詹小颖、唐拥军：《广西北部湾经济区产业集聚与产业生态环境探析》，

《广西社会科学》2013 年第 9 期。

194. 赵玲玲：《珠三角产业转型升级问题研究》，《学术研究》2011 年第 8 期。

195. 赵娜娜：《我国区域创新能力评价研究》，兰州商学院硕士学位论文，2012。

196. 赵双：《中原城市群生态承载力评价研究》，河南大学硕士学位论文，2010。

197. 赵涛、牛旭东、艾宏图：《产业集群创新系统的分析与建立》，《中国地质大学学报》（社会科学版）2005 年第 2 期。

198. 赵伟：《中心城市功能与武汉城市圈发展》，《武汉大学学报》（哲学社会科学版）2005 年第 3 期。

199. 赵祥：《城市经济互动与城市群产业结构分析——基于珠三角城市群的实证研究》，《南方经济》2016 年第 10 期。

200. 赵彦云、吴翌琳：《中国区域创新模式及发展新方向——基于中国 31 个省区市 2001~2009 年创新指数的分析》，《经济理论与经济管理》2010 年第 12 期。

201. 张博榕、李春成：《基于两阶段动态 DEA 模型的区域创新绩效实证分析》，《科技管理研究》2016 年第 12 期。

202. 张伯伟、马骆茹：《地方政府引导下的区域创新模式研究——以长三角珠三角为例》，《南开学报》（哲学社会科学版）2017 年第 2 期。

203. 张博野：《武汉城市圈空间结构演化与空间整合研究》，华中师范大学博士学位论文，2015。

204. 张道刚：《"产城融合"的新理念》，《决策》2011 年第 1 期。

205. 张辉：《产业集群竞争力的内在经济机理》，《中国软科学》2003 年第 1 期。

206. 张洁音、黄友、张乐萍、段姗：《浙江省城市创新能力的评价研究——基于 58 个市（县）的创新能力分析》，《华东经济管理》2012 年第 10 期。

207. 张静、蒋洪强、卢亚灵：《一种新的城市群大气环境承载力评价方法及应用》，《中国环境监测》2013 年第 5 期。

208. 张军涛、陈蕾：《基于因子分析和聚类分析的中国区域自主创新能力评价——创新系统视角》，《工业技术经济》2011年第4期。

209. 张仁寿：《深化对"浙江模式"的研究》，《浙江社会科学》1999年第3期。

210. 张晟立：《浙江区域特色经济的产业组织研究》（上），《浙江统计》2005年第3期。

211. 张松林：《中国区域市场分割的成因及其化解——基于弗里德曼城市发展理论的分析》，《首都经济贸易大学学报》2010年第5期。

212. 张天译：《中国区域创新能力比较研究》，吉林大学博士学位论文，2017。

213. 张小刚：《基于可持续发展的城市群绿色经济发展研究——以长株潭城市群为例》，《湖南师范大学社会科学学报》2011年第5期。

214. 张秀萍、余树华：《泛珠三角产业集群与区域竞争力问题探析》，《南方经济》2005年第12期。

215. 张亚斌、黄吉林、曾铮：《城市群、"圈层"经济与产业结构升级——基于经济地理学理论视角的分析》，《中国工业经济》2006年第12期。

216. 张燕：《城市群的形成机理研究》，《城市与环境研究》2014年第1期。

217. 张颖华：《江浙区域创新能力比较分析》，《上海企业》2008年第8期。

218. 张永安、李玉华：《卫星平台式产业集群风险和控制分析》，《经济与管理》2006年第2期。

219. 张治河：《面向"中国光谷"的产业创新系统研究》，武汉理工大学博士学位论文，2003。

220. 张志红、谷少永：《广东省产业经济结构调整路径分析》，《合作经济与科技》2012年第17期。

221. 中国科技发展战略研究小组：《中国区域创新能力报告》，中国科学技术大学出版社，2000。

222. 周丽群、郑胜利：《区域优势转化与产业集群形成》，《广西经济管理干部学院学报》2004年第1期。

223. 周贤：《促进我国电子信息产业群创新道路探讨》，《现代商贸工业》2016年第11期。

224. 朱清海、李崇光:《产业集群、金融创新与区域经济发展》,《科学·经济·社会》2004 年第 3 期。

225. 朱秀梅、张君立:《科技型创业企业集群形成机制研究》,《工业技术经济》2007 年第 6 期。

226. 朱贻文、曾刚、邹琳、曹贤忠:《长江经济带区域创新绩效时空特征分析》,《长江流域资源与环境》2017 年第 12 期。

227. 朱英明:《创新环境、学习区域、集体学习与城市群竞争力研究》,《江海学刊》2007 年第 5 期。

228. 朱云平:《基于 CAS 理论的内生型产业集群困境分析》,《宏观经济研究》2012 年第 2 期。

229. A. Arundel, I. Kabla, "What Percentage of Innovation are Patented? Experimental Estimates in European Firms," *Research Policy* 27 (1998): pp. 127 – 141.

230. Nathan Rosenberg, "Technological Change in the Machine Tool Industry, 1840 – 1910", *The Journal of Economic History* 23 (1963): pp. 414 – 443.

231. T. Huybers, J. Bennett, Inter-firm Cooperation at Nature-based Tourism Destinations, *Journal of Socio Economics 32 (2003)*: pp. 571 – 587.

232. Annamaria, Inzelt, "The Evolution of University-industry-government Relationships During Transition," *Research Policy*, 33 (2004): pp. 975 – 995.

233. D. Archibugi, J. Howells, J. Michie, *Innovation Policy in a Global Economy* (Cambridge: Cambridge University Press, 1999), p. 86.

234. Arne, Isaksen, "Evaluation of a Regional Innovation Programme: the Innovation and New Technology Programme in Northern Norway, " *Evaluation and Program Planning* 22 (1999): pp. 176.

235. B. T. Asheim, Coenen L. , "Contextualising Regional Innovation Systems in a Globalising Learning Economy: On Knowledge Bases and Institutional Frameworks," *The Journal of Technology Transfer* 31 (2006): pp. 163 – 173.

236. Y. B. Asheim, *Regional Innovation Policy for Small-Medium Enterprises*, (Cheltenham: UK Edward Elgar Publishing, 2003), p. 98.

237. Autio, Erkko, "Evaluation of RTD in Regional Systems of Innovation," *European Planning Studies* 6 (1998): pp. 131 – 140.

238. K. S. Cameron, "Effectiveness as Paradox: Consensus and Conflict in Conceptions of Organizational Effectiveness," *Management Science* 32 (1986): pp. 539 – 553.

239. B. Carlsson, *"Technological Systems and Industrial Dynamics"* (New York: Springer US, 1997), p. 97.

240. R. H. Coase, "The Nature of the Firms," Economica, 4 (1937), p. 386 – 405.

241. P. Cooke, "Regional Innovation Systems: Competitive Regulation in the New Europe," *Geoforum* 23 (1992): pp. 365 – 382.

242. P. Cooke, Morgan K., "*The Associational Economy: Firms, Regions, and Innovation.*" (*Oxford: Oxford University Press* 32, 1998), pp51 – 62.

243. E. M. bergman, E. J. Feser, *Industrial and Regional Clusters Concepts and Comparative Applications*, (Virginia, Network, 1999), p. 120.

244. D. Doloreux, "What we Should Know about Regional Systems of Innovation," *Technology in Society* 24 (2002), pp. 243 – 263.

245. Duncan, *Metropolis and Region* (United States, Baltimore: Johns Hopkins Press, 1950), pp. 120.

246. Ebenezer Howard, *Garden Cities of Tomorrow* (London: Attic Books, 1985), pp. 140.

247. Edward J. Malecki. "Hard and Soft Networks for Urban Competitiveness," *Urban Studies* 39 (2002): pp. 929 – 945.

248. C. B. Fawcett, "Distribution of the Urban Population in Britain," *Geological Journal* 79 (1932): pp. 100 – 113.

249. F. Perroux, "Economic Space: Theory and Application," *Quarterly Journal of Economics* 66 (1950): pp. 80 – 90.

250. J. L. Furman, M. E. Porter, S. Stem "The Determinants of National Innovative Capacity," *Journal of Chongqing University* 31 (2002): pp. 59 – 65.

251. M. P. Feldman, *The Geography of Innovation* (Netherland: Kluwer Academic Publishers, 1994), pp. 52 – 69.

252. B. J. Gille, K. Brainch, Butler etc. trans. *The History of the Techniques: Techniques and Sciences* (America: Gordn and Breach Science Publishers, 1986), p. 498 – 499.

253. Partrick Geddes, "Gities in Evolution: An Introduction to the Town Planning Movement and to the Study of Civics," *Geographical Journal* 4 (1916): pp. 309 – 310.

254. C. Gordon, "The International Market Entry Choices of Start-up Companies in High-Technology Industries," *International Marketing* 8 (2000): pp. 33 – 62.

255. J. Gottmann, "*Megalopolis or the Urbanization of the Northeastern Seaboard*," *Economic Geography*, 33 (1957): p. 189 – 200.

256. A. Gracia, Voigt P., *Evaluating the Performance of Regional Innovation Systems.* (5th Triple Helix Conference on "The Capitalization of Knowledge: Cognitive, Economic, Social & Cultural Aspects," Italia, 2005), p. 2 – 9.

257. B. Gueneralp, M. Kreilly, K. C. Seto, " Capturing Multiscalar Feedbacks in Urban Land Change: a Coupled System Dynamics Spatial Logistic Approach," *Environment & Planning B* 39 (2012): pp. 858 – 879.

258. Hakan Hakansson. *Industrial Technological Development: A Network Approach.* (London: Crook Helm, 1987), pp. 157 – 159.

259. J. Hagedorn, M. Cloodt, " Measuring Innovative Performance: Is There an Advantage in Using Multiple Indicators?" *Research Policy* 32 (2003): pp. 1365 – 1379.

260. B. Hans, P. Cooke, Heidenreich M, eds. *Regional Innovation Systems: the Role of Governances in a Globalized World* (London: Routledge, 2004), p. 67.

261. R. Hayter, The *Dynamics of Industrial Location.* The *Factory, the Firm and the Production System*, (New York: Wiley, 1997), p. 144 – 145.

262. F. M. Hughes, " Power System Control and Stability," *Electronics & Power* 10

（1977）：pp. 49 – 51.

263. E. S. Howard, "Garden Cities of Tomorrow" Organization&Environment 16 （1965）：pp. 98 – 107.

264. John Hagel, *Net Gain: Expanding Markets Through Uitual Communities*, （America: Havard Business School Press, 1997）, p15.

265. John Friedmann, John Miller, "The Urban Field," *Journal of the American Planning Association*31 （1965）：pp. 312 – 320.

266. K. E. Weick, "Educational Organizations as Loosely Coupled Systems," *Administrative Science Quarterly* 21 （1976） 1 – 19.

267. P. Krugman, "Urban Concentration: The Role of Increasing Returns and Transport Costs," *International Regional Science Review* 19 （1996）：pp. 5 – 30.

268. L. Leydesdorff, M. Myer, "Triple Helix Indicators of Knowledge, Based Innovation Systems," *Research Policy* 35 （2006）, pp. 1441 – 1449.

269. Maillat Denis, "Territorial Dynamic, Innovative Milieus and Regional Policy", *Entrepreneurship & Regional* Development 7 （1995）：P157 – 165.

270. F. Malerba and S. Mani, *Sectoral Systems of Innovation and Production in Developing Countries* （UK: Edward Elgar Publishing limited, 2009）, p. 66.

271. Massimiliano R. Riggi, Mario A. Maggioni, "Regional Growth and the Co-Evolution of Clusters: The Role of Labour Flows", *Growth and Innovation of Competitive Regions Advances in Spatial Science* （2009）：pp. 245 – 267.

272. J. S. Metcalfe, "Technology Systems and Technology Policy in an Evolutionary Framework," *Cambridge Journal of Economics* 19 （1995）：pp. 25 – 46.

273. Michael Porter, *The Competitive Advantage of Nations* （New York: Free Press, 1985）, p. 127.

274. F. Michael, "Measuring the Quality of Regional Innovation Systems: A Knowledge Production Function Approach. " *International Regional Science Review* 25 （2002）：pp. 86 – 101.

275. Michael Fritsch, Viktor Slavtchev, "Universities and Innovation in Space," *Industry and Innovation* 14 （2007）：pp. 201 – 218.

276. M. I. Mohamad, "Exploring the Potential of Using Industrialized Building System for Floating Urbanization by Swot Analysis," *Journal of applied Sciences* 12 (2012): pp. 486 – 491.

277. Mumford, "Values for Survival," *The Journal of Philosophy 40 (1947)*, p. 193.

278. R. R. Nelson, *National Innovation Systems: A Comparative Analysis* (Cambridge: Oxford University Press, 1993), p. 94.

279. OECD, *National Innovation System* (Paris: OECD Publishing) 1977, p. 58.

280. T. Padmore, H. Gibson, "Modelling Systems of Innovation: A Framework for Industrial Cluster Analysis in Regions." *Region Policy* 26 (1998): pp. 625 – 641.

281. P. Patel, K. Pavitti, "The Nature and Economic Importance of National Innovation System," *Science Technology Industry* 1994, p. 13.

282. Patrick Geddes, "Cities in Evolution: An Introduction to the Town Planning Movement and to the Study of Civics," *The Geographical Journal* 4 (1916): pp. 309.

283. P. Petel, K. Petel, *Global Corporations and National Systems of Innovation: Who Dominates Whom?* (Cambridge: Cambridge University Press, 1999), pp. 94 – 119.

284. M. E. Porter, *Thailand's Competitiveness: Creating the Foundations for Higher Productivity* (Bangkok, Thailand: Institute for Strategy and Competitiveness, 2003), p77.

285. M. E. Porter, "Clusters and the New Economics of Competition," *Harvard Business Review* 98 (1998): pp. 77 – 90.

286. M. S. Quinn, "Practice-defining rules", *Ethics* 86 (1975): pp. 76 – 86.

287. Shahid Yusuf, "China's Macroeconomic Performance and Management During Transition," *Journal of Economic Perspectives* 8 (1994): pp. 71 – 92.

288. Stefan W. Schmitz, "Uncertainty in the Austrian Theory of Capital," *The Review of Austrian Economics* 17 (2004), pp. 67.

289. M. L. Tushman, L. Rosenkopf, "Organizational Determinants of Technological

Change: Towards a Sociology of Technological Evolution," *Research in Organizational Behavior* 14 (1992): pp. 311 – 347.

290. Wilfred J. Ethier, James R. Markusen, "Multinational Firms, Technology Diffusion and Trade," *Journal of International Economics*, 41 (1996), pp. 1 – 28.

后　记

　　2011 年我开始关注产业群和城市群耦合发展的问题。2012 年我承担了课题"产业群与城市群耦合视角下中原经济区经济发展战略研究"（编号 2012 – ZD – 098），开始真正着手对产业群和城市群耦合做较为系统的研究。2013 年，在此研究基础上成功申报了国家社会科学基金青年项目"产业群和城市群耦合视角下区域创新系统的比较研究"（编号 13CJL061）。2018 年该课题顺利结项，本书是在国家社科基金成果基础上修改而成的。

　　本书的章节安排、内容框架设计、文稿修改以及统稿工作由笔者负责。在书稿撰写过程中，孟颖、苏瑜、张纪录三位老师以及我的研究生们（罗孟竹、郝道青、周丽平、何媛媛、田雪慧、袁旭、李翘楚、郑任青、王月亭、陈伟昊、陈广璐、张沛佩）在信息搜集、数据更新、内容及文献整理等方面都给予了无私的协助。

　　感谢国家社科基金资助，感谢我的合作伙伴以及学生们认真的钻研及辛勤的付出，感谢社会科学文献出版社裴钰老师和编辑郭峰老师、陈雪老师的热心帮助。感谢我的丈夫和儿子们给我的关心和大力支持。

　　由于能力和水平有限，本书难免存在一些问题和不足，恳请各位专家和学界同行批评指正。

万宇艳

2021 年 4 月

图书在版编目（CIP）数据

区域创新系统的比较研究 / 万宇艳著 . — 北京：
社会科学文献出版社，2021.12
（郑州大学厚山人文社科文库）
ISBN 978 - 7 - 5201 - 9289 - 7

Ⅰ. ①区…　Ⅱ. ①万…　Ⅲ. ①区域经济 - 国家创新系
统 - 对比研究 - 中国　Ⅳ. ①F127

中国版本图书馆 CIP 数据核字（2021）第 217083 号

郑州大学厚山人文社科文库
区域创新系统的比较研究

著　　者 / 万宇艳

出 版 人 / 王利民
责任编辑 / 陈　雪
特邀编辑 / 郭　峰
责任印制 / 王京美

出　　版 / 社会科学文献出版社·皮书出版分社（010）59367127
　　　　　　地址：北京市北三环中路甲 29 号院华龙大厦　邮编：100029
　　　　　　网址：www.ssap.com.cn
发　　行 / 市场营销中心（010）59367081　59367083
印　　装 / 三河市东方印刷有限公司

规　　格 / 开　本：787mm × 1092mm　1/16
　　　　　　印　张：17.75　字　数：287 千字
版　　次 / 2021 年 12 月第 1 版　2021 年 12 月第 1 次印刷
书　　号 / ISBN 978 - 7 - 5201 - 9289 - 7
定　　价 / 128.00 元

本书如有印装质量问题，请与读者服务中心（010 - 59367028）联系